중국의 꿈과
민주주의

중국은 왜 민주화되지 않는가?

ARI Series of Contemporary Chineses Studies 01

China's Dream and Democracy
: Why Does China Not Democratize?

First Published 2021
by The Asiatic Research Institute at Korea University
145 Anam-ro, Seongbuk-gu, Seoul 02841, Korea
www.asiaticresearch.org

아연현대중국연구총서 01

중국의 꿈과 민주주의: 중국은 왜 민주화되지 않는가?

1판1쇄 | 2021년 10월 27일

편저자 | 이정남
펴낸이 | 이진한
펴낸 곳 | 아연출판부
등록 | 2000년 5월 24일 제6-376호
주소 | 서울시 성북구 안암로 145 고려대학교 아세아문제연구원(02841)
전화 | 02-3290-1600 팩스 | 02-923-4661
홈페이지 | www.asiaticresearch.org

값 16,000원

ISBN 979-11-89273-13-2 94300
ISBN 979-11-89273-24-8 (세트)

China's Dream and Democracy
: Why Does China Not Democratize?

아연 현대중국연구총서 01

중국의 꿈과 민주주의

중국은 왜 민주화되지 않는가?

이정남 편저

아연출판부
고려대학교 아세아문제연구원

〈차례〉

3장 ‘중국몽(中國夢)’과 중국 지식인 담론 지형의 변화
: 방향과 그 동인 ‖ 주장환

4장 중국의 민주주의 인식과 중국몽 ‖ 유은하

2부 ‘중국몽’ 실현을 위한 정치 통제와 안정화 기획

5장 중국의 당정(黨政)관계 변화
:시진핑 시대 당정기구 개혁을 중심으로 ‖ 황태연

China's Dream and Democracy

: Why Does China Not Democratize?

머리말

| 이정남 |

개혁개방 이래 중국은 권위주의 체제를 기반으로 정치 사회적 안정을 확보하면서 급속한 경제적 성장을 이룩해 왔다. 2020년 말 1인당 국민소득 1만 504달러에 육박하는 세계 두 번째 경제 대국으로 부상하였으며, 글로벌거버넌스 체제의 개혁을 통해 제2차 세계대전 이후 미국이 주도해 온 국제질서의 재구성을 주장하는 등 국제사회의 지도자로서 목소리를 내기 시작하였다. 국내적으로는 고도성장 과정에서 축적되어 온 부패와 빈부격차 등에 대한 대중들의 불만이 축적되고 각종 사회경제적 권리 요구가 등장하면서 사회적 분규(군체성 사건)가 일상화되었다.

이른바 제3의 물결로 대표되는 다수의 권위주의 체제의 민주화 과정에 대한 경험에 비추어봤을 때, 지금 중국 정도의 경제발전 수준이라면 민주화를 둘러싼 담론이 형성되고 민주화와 관련된 사회운동이 지식인 집단이나 시민사회 등에서 광범위하게 발생할 것으로 상정되지만, 현재 중국 사회에서 이러한 정황은 거의 찾아볼 수 없다. 민중에 의한 지도자의 선택과 감독 그리고 그것을 가능하게 하는 선거제도와 언론 · 출판 · 집회 · 결사의 자유 보장 등 민주주의 정의의 핵심 구성요소가 실현되는 중국의 민주화는 요원해 보인다. 왜 이러한 상황이 초래되었는가?

민주몽(民主夢: 민주주의 실현)을 압도하는 중국몽 (中國夢: 중국의 초강대국화)

중국의 민중들과 지식인 그리고 정치지도자들 사이에서 민주화를 향한 중국의 꿈, 즉 이른바 '민주몽'에 대한 구상은 안정과 단결에 기초한 부강한 중국이라는 '중국몽'에 대한 열망에 압도되고 있다. 필연적으로 분권화를 수반할 수밖에 없는 민주화는 중국의 분열과 붕괴를 초래할 수도 있는 위험하고 비효율적인 길로 간주되고 있으며, 통합과 단결 그리고 안정이라는 어젠다에 압도되고 있다. 그리고 이러한 상황은 중국이 왜 민주화되지 않는가를 설명하는 기존의 대표적인 주장들을 재평가해야 할 필요성을 강하게 대두시키고 있다.

개혁개방 정책을 통하여 시장경제 체제로의 전환과 고속 경제성장이 이루어지고, 사회적으로 사적 소유제의 재등장과 다원적 이익갈등 구조의 형성 등으로 중국은 사회경제적으로 빠른 변화를 경험해 왔다. 이처럼 민주주의 사회를 형성할 수 있는 사회경제적 조건이 형성되어 감에도 불구하고, 왜 민주화에 대한 목표와 주장은 힘을 발휘하지 못하였는가? 바꿔 말하면 왜 중국에서 민주화 담론은 경제개혁과 정치 안정의 논리를 넘어서지 못하며, 민주화를 위한 어떠한 움직임도 나타나고 있지 않는가? 이는 중국 사회가 이른바 중화민족의 위대한 부흥을 목표로 하는 중국몽이라는 블랙홀로 빠져들고 있으며, 민주주의라는 가치는 중국몽을 실현함에 있어서 고려 가능한 하나의 수단 정도로 간주되고 있기 때문으로 판단된다.

따라서 개혁개방 정책으로 인한 사회경제적 변화에 조응하기 위한 각종 정치체제 개혁의 시도들이 있었지만, 미국을 능가하는(혹은 맞먹는) 세계적인 강대국이 되는데 필요한 안정적이고 효율적인 통치 능력의 제고만 강조되었고, 민주화는 분열과 비효율의 주요 요인으로 간주되어 '민주화 없는 권위주의 체제'의 공고화만이 추진되었을 뿐이다. 다시 말하면 중국에서 민주주의는 곧 분열이고 혼란이며, 부강한 중국의 건설이라는 중국몽 실현의 장애물로 간주되어 왔다.

그리하여 중국 공산당은 그동안 정치적 변화의 압력에 직면하여 민주화가 아닌 공산당 일당(一黨) 통치를 보다 효율적으로 만들면서 공산당 통치에 대한 정당성의 기초를 더욱 공고히 하는 데 관심을 집중해 왔다. 바로 이런 시각에서 시진핑 정권이 등장하기 전까지 중국공산당은 정치개혁의 초점을 법치 · 기구개혁 · 간부 인사제도의 개혁 등 행정적인 합리화에 집중하였고, 민주주의는 기층 사회라는 아주 제한된 영역에 한정시켜 실시해왔다(Zhao 2000, 1-17; Shirk 2007, 69; Pei 2006; 이정남 2011, 1- 31).

시진핑 정권의 등장과 '중국 특색의 사회주의 발전 경로'와 '중국식 정치체제 모델' 형성에 대한 강조

시진핑 지도부의 등장 이후 '세계적 영향력을 지닌 강대국에서 글로벌 강대국'으로의 부상이 눈앞의 목표로 부상하면서 중국몽이 강대국몽으로 구체화되었고, 이에 따라 민주적 정치개혁에 대한 부정적 인식은 더욱더 큰 힘을 발휘하고 있다. 시진핑 지도부의 등장 이후 장쩌민(江澤民)과 후진타오(胡锦涛) 시기에 진행되었던 기층선거와 당내 민주화 등 민주화라는 장기적 방향성 하에서 진행되어 온 다양한 정치개혁의 실험이 후퇴하고, 대대적인 반부패 투쟁을 통한 공직기강 확립과 사상 통제의 강화, 그리고 국가안전법 제정을 통한 전 사회적 통제의 강화 등 시민사회에 대한 통제가 강화되어 왔다(이정남 2020, 7-48). 또한, 정치개혁의 방향으로 현대적인 통치(治理)제도 건설과 통치 능력의 강화가 강조되면서 민주화보다는 효율적인 권위주의 통제 메커니즘의 제도적 확립을 통한 안정적인 통치의 구현에 초점이 맞추어져 있다. 그 결과 후진타오 시기에 활발하게 전개되었던 다양한 민주화 담론은 사라지고, 이른바 '중국식 정치체제 모델'의 형성이라는 이름하에 권위주의 통치가 강화되어 왔다.

이런 정치적 변화를 통하여 개혁개방 정책 이래 중국 내에 유지되어 온 기본 가정, 즉 경제가 저발전 단계에서 과도적 정치체제로서 공산당에 의한 신권위주의 통치를 거친 후, 궁극적으로는 민주주의로 갈 것이라는 기본 전제가 벗어나기 시작한다. 중국의 '일체(동서남북중, 노농학병)'를 영도하면서 이른바 '중국몽' 실현을 이끌어낼 주도적 권력으로 공산당의 역할이 더욱더 강조되고, 강력한 권력을 장악한 공산당에 의한 강성 권위주의 통치가 이루어진다. 또한, 이른바 '중국식' 정치제도와 발전 경로를 강조하면서 공산당 영도의 강성권위주의 체제를 서구식 민주주의와 구분되는 이른바 중국식 정치체제 모델로 발전시켜 나갈 것임을 강조하기 시작했다.

중국에서 나타나고 있는 이러한 일련의 상황들을 볼 때 중국이 왜 민주화되지 않는가를 설명하기 위해서는 새로운 시각에서의 분석이 보충되어야 할 필요성을 대두시키고 있다. 즉 부강한 중국의 부흥과 강대국화의 길인 중국몽과 민주적 전환의 길인 민주몽이 동시대적 과제로 부상한 조건에 직면하여 중국몽이 전면에 부각되고 민주몽은 주변화되고 수단화된 점과 이런 결과로 인해 형성된 중국의 정치체제 변화에 대한 설명이 필요한 상황이다. 이것은 곧 제3의 물결로 대변되는 제3세계와 소동구권의 권위주의 체제의 정치개혁과 민주화 과정을 설명하는 이론으로는 중국 권위주의 체제의 변화와 발전을 설명하기 어렵다는 점을 말해 준다.

중국의 민주적 체제 전환 전망 부재에 관한 새로운 분석 시각의 필요성 : 중국몽의 민주몽에 대한 억제작용

중국공산당이 권위주의 통치를 안정적으로 지속하며 민주화로의 움직임이 나타나지 않으면서 중국이 왜 민주사회로 이행되지 않는가에 관한 연구가 다양한 관점에서 진행돼왔다. 기존 연구에서 추출된 요인은 크게 다음의 세 가지로 요약할 수 있다.

첫 번째, 공산당의 통치 능력을 강조하는 시각이다.

공산당은 통치 엘리트 내부에 통합력을 유지하면서 시장화에 따른 사회적 변화에 효과적으로 적응하는 동적인 적응 능력을 발휘함으로써 탄력적인 권위주의 체제를 유지하고 있기 때문이라는 것이다(Nathan 2003, 6-17; 郑永年 2014). 공산당이 이러한 능력을 발휘할 수 있는 것은 통치 엘리트가 각자 자신이 맡은 역할에 대한 지도력을 발휘하면서도 동시에 협의를 통하여 정책 결정을 이끌어낼 수 있는 집단지도체제가 효과적으로 작용하기 때문으로 보기도 하고(胡鞍钢, 2013), 공산당이 명확한 정치 태도와 통치력을 지닌 젊고 유능한 이상적인 간부군단을 양성하는 훈련 프로그램과 인재 충원 체계를 가지고 있기 때문으로 보기도 한다(Tsai & Kou 2015, 1-20).

두 번째, 지식인의 기득 집단화와 시민사회의 취약성을 강조하는 시각이다.

개혁개방 이후 시장화와 고속 성장이 이루어지면서 중국에서도 시민사회의 성장은 불가피한 과정을 이루었지만, 중국의 시민사회는 서구에서처럼 국가에 대항하는 잘 조직된 시민사회가 아니라 단지 중국의 경제사회구조에서 탈정치화된 영역에 머무르는 소극적인 성장을 나타내고 있을 뿐이다. 특히 천안문사태 이후 중국의 지식인들은 사회문화 영역에서 기득권을 누리는 엘리트 집단으로 부상하여, 권력 주체를 대표하는 정치 엘리트 및 자본주의를 대표하는 경제 엘리트와 이른바 '기득 엘리트 연맹'을 형성하여 개혁개방의 성과를 합법적으로 누리는 동시에 공동 이익을 추구하여 상대적으로 안정적인 통치집단이 되었다(于建嵘 2008). 다른 한편 노동자와 농민은 갈수록 경제 · 정치 · 사회 영역에서 주변화가 가속화되어 사회적인 '약자 집단'으로 전락하였지만,

이들은 단기적 경제적 이익을 둘러싼 고립 분산적 권리투쟁에만 몰두하고, 사회 핵심 이념이나 정치적 민주화를 요구하기보다는 오히려 공산당에 의존하여 자기의 권리를 보호하는 데만 관심을 보이고 있을 뿐이다. 때문에 2000년 이후 중국의 전역에서 일상적으로 발생하고 있는 수많은 대중 시위는 민주화로의 연결고리가 되지 못하고 있다(O'Brien and Li 2006; Xi 2007; Cai 2010; 于建嵘 2008; 赵鼎新 · 潘祥辉 2012; 梁平 · 陈焘 2013, 38-48; 吴忠民 2013).

세 번째, 중국의 정치 문화와 가치관을 강조하는 시각이다.

중국인들이 민주주의를 원하지 않은 것은 아니지만 이들이 원하는 민주주의는 서구식의 절차적 민주주의의 제도화보다는 유가(儒家) 사상에서 기원한 민본(民本)주의적 성격을 띠고 있다는 시각이다(Shi, 2011). 따라서 중국인들이 원하는 민주주의는 제도나 절차적인 민주주의가 아닌 실질적 민주주의이며, 이런 실질적 민주적 요구에 대한 정부의 강력한 반응성(responsiveness)을 원하고 있다. 따라서 현재 중국인의 눈에 중국공산당은 인민들의 요구에 강한 반응성을 보이고 있으므로 중국의 정치체제가 안정화되고 있다고 주장한다(王绍光 2014).

상술한 3가지 시각은 중국의 민주화에 대하여 시민사회의 성장, 시민문화, 그리고 가치관의 정립을 기본 전제 조건으로 간주하고 엘리트의 권위주의 통치 능력을 체제 안정화의 조건으로 보고 있다는 점에서, 중국 역시 제3의 물결로 대표되는 제3세계 및 소동구 민주화와 같은 길을 갈 것으로 상정하고 있는 것으로 볼 수 있다. 그러나 앞에서 살펴보았듯이 시진핑 정권의 등장 이후 중국은 '중국식 정치발전 경로'와 '중국식 정치체제 모델' 건설을 강조하면서 권위주의적 경제성장 → 시민사회 발전과 중산층의 성장 → 민주화로 연결되는 정치발전과는 다른 길을 갈 것임을 분명히 하였다. 이러한 중국의 정치개혁 및 변화에 대한 추진은 기존의 제3세계와 소동구의 민주화 과정에 기초한 민주적 전환에 대한 이론적 설명으로는 설명이 어려워 보인다. 즉 아편전쟁 이래 중국의 지식인과 정치지도자들의 생각을 장악해 온 중국의 부상이라는 '중국몽'에 대한 열망과 이것으로 인한 민주몽의 수단화와 주변화 과정을 설명해 주지 못한다.

이에 이 책에서는 초강대국으로의 길(중국몽)과 민주화로의 길(민주몽)—두 길 간의 긴장 관계라는 새로운 관점에서 중국 권위주의 체제의 안정적이고 지속적인 강화의 원인을 탐색하고자 한다. 아편전쟁 이래 중국이 놓여진 특수한 역사적 상황에서 자유, 인권, 민주 등 문명적 가치를 주변화시킨 중국몽, 즉 '중국의 부강과 부상'이라는 목표의 민주화에 대한 억제 작용을 중심으로 하여 민주화 이행의 부재와 권위주의 통치의 강화를 중심으로 한 정치 변화를 설명하고자 한다. 이런 새로운 시각에서 중국의 민주주의 이행의 부재와 정치 변화의 특징이 규명된다면, 이것을 토대로 중국 권위주의 체제의 향후 변화 경로와 함께 새로운 '중국식' 정치발전 모델에 관한 연구도 가능할 것으로 본다. 중국은 현재 '중국 특색의 민주주의'라는 모호한 담론으로 중국의 민주화에 대한 비전을 제시하고 있으나 그 구체적인 내용이 무엇이 될 것인가에 대한 명확한 규정은 부재한 상황이다. 따라서 새로운 시각에 기초한 분석을 통하여 중국이 왜 민주화되지 않는가에 대한 요인을 밝혀내는 것은, 곧 중국 권위주의 체제의 독특한 체제 전환의 특징을 분석하는 것을 가능하게 할 뿐만 아니라 미래 중국의 정치발전과 민주화 모델에 대한 상(像)을 그려내는 출발점이 될 것이다.

보다 구체적으로 이 책의 연구는 다음과 같은 중요한 의미 있는 작업이 될 것으로 사료된다.

첫째, 중국의 정치 · 사회 변화의 동인(動因)에 대한 새로운 분석 시각을 제공한다는 점이다. 그동안 민주화 또는 민주주의 실행과 관련되어 중국을 보는 시각은 대부분 서구에서 비롯된 시각이 지배적이었다. 즉 서구의 경험을 기반으로 하여 동아시아 등 제3세계의 민주화 경험에서 핵심적 역할을 한 것으로 평가되는 경제발전과 시민사회의 성장 등을 잣대로 한 근대화론 같은 단선적 틀에 근거하여 중국의 민주화 불이행과 향후 전망 등을 재단하였다. 그러나 이러한 설명의 적실성이 불충분하다는 것도 인정되고 있는 점을 고려할 때, 중국몽이라고 표현되는 강대국화를 위한 민족주의적 · 국가주의적 열망 혹은 목표를 중요한 요인으로 규정하고, 이것이 민주몽을 억제해오고 있다는 다각적인 분석을 토대로 중국의 민주화 이행 문제와 더불어 향후의 중국 정치 변화를 조망하고자 하는 이 책은 서구 중심의 시각에서 벗어나 중국의 정치 · 사회 변화의 동인에 대한 새로운 분석 시각을 제공할 수 있을 것이다.

둘째, 초강대국화의 길에 있는 중국 권위주의 체제의 체제 전환과 향후 발전 과정의 특수한 경로를 조망해 볼 수 있다는 점이다. 즉 초강대국으로의 부상이라는 민족적 · 국가적 신념과 민주화 과정의 상호작용을 밝혀줌으로써 제3세계 권위주의 국가와는 다른 강대국 중국의 권위주의 체제 변화와 발전 과정에 대한 특수한 경로를 규명해볼 수 있다는 점이다. 제3세계 민주화 과정과 달리 중국은 초강대국화의 길과 민주화로의 길로 동시에 나아가야 하는 상황에 놓여있다. 그러나 세계적인 강대국이라는 꿈의 실현이 눈앞에 놓인 중국은 강대국화의 길에 보다 더 초점이 맞추어져 있으며, 민주화라는 보편적인 목표는 주목을 받고 있지 못한 상황이다. 중국은 민주화 없이도 강대국이 될 수 있다는 구상을 하고 있는 듯이 보이는데, 따라서 이런 중국의 권위주의 체제가 나아갈 방향은 분명히 제3세계 권위주의 체제가 갈 수 있는 길과는 다른 길을 갈 것으로 보인다. 다시 말하면 중국 권위주의 체제의 변화 과정은 제3세계 민주화 길도 아닌 그리고 서구 민주주의 국가의 근대화 길과도 다른 제3의 독특한 정치발전의 길이 될 것으로 상정되는바 그 특징을 규정해보고자 했다.

셋째, 초강대국 중국의 정치발전 모델 혹은 중국에서 가능한 민주화 모델의 상(像) 도출을 시도해 볼 수 있다는 점이다. 이 책은 중국 권위주의 체제의 개혁과 변화의 독특한 과정을 중국몽이라는 중국의 특수한 역사적 요인을 매개로 하여 종합적으로 재구성함으로써 이른바 강대국 중국의 정치발전 모델 혹은 중국에서 출현 가능한 민주화 모델의 상을 그려보고자 했다. 이러한 연구는 그동안 근대화론이나 서구 중심의 시각에서는 크게 고려되지 않았던 세계적 강대국이라는, 제3세계 국가들이나 동유럽 등의 사례에서는 부재했던 새로운 요인에 주목하고, 이에 대한 분석을 통해 중국의 정치발전 모델을 탐색함으로써 기존 연구의 한계점을 보완할 수 있을 것이다.

이런 연구를 위하여 이 책은 지식인이나 정치지도자들의 중국의 정치개혁과 민주화에 대한 인식을 중심으로 분석하였다. 그 이유는 중국의 당정 최고 지도자가 중국의 정치개혁 및 정치 변화에 대한 담론 및 실행 과정을 실질적으로 주도하고 있기 때문이다. 또한 비록 제한적으로 독립된 공간에서 작동하지만, 지식인들이 민주화 혹은 정치 변화 담론 형성을 통하여 당의 정책이나 레토릭 형성에 영향을 미치기 때문이다. 그리고 이 책은 당정 지도자들의 정치 변화와 민주화에 대한 인식을 살펴보기 위해서 주로 최고 지도자의 각종 연설문과 주요 당정회의의 문건과 보고서를 중심으로 분석하였다. 또한, 지식인들의 민주화 및 정치개혁에 대안 인식을 살펴보기 위해서 중국 내 정치학자들의 각종 연구 문헌을 분석함과 동시에 심층 면접을 진행하였다.

이 책의 필진은 총 두 차례의 현장 조사 및 심층 인터뷰를 진행하였다. 첫 번째는 2018년 7월 19일~7월 25일 사이에 베이징(北京)과 상하이(上海)의 주요 대학(베이징대, 칭화대, 인민대, 중앙당교, 푸단대, 상화이사범대, 화동정법대, 화동사범대) 교수 11명을 대상으로 심층 인터뷰를 진행하였다. 이들 11명은 중국 내에서 중국의 정치개혁과 정치 변화, 비교정치

관련 대표적 학자들로서 이 책의 필자들이 중국학계의 중국 정치개혁과 정치 변화에 관한 내용을 이해하고 평가하기에 충분한 내용을 제공해 주었다. 두 번째 현장 조사 및 심층 인터뷰는 2019.07.30~08.03에 베이징(北京)과 상하이(上海)의 베이징대학, 칭화대학, 인민대학, 상하이사범대학, 화동사범대학 등 주요 대학 6명의 저명 교수와 심층 인터뷰를 진행하였다. 1차 조사 때 인터뷰 대상이었던 11인 중 이 책의 주제와 관련하여 보다 심도 있는 연구를 수행하고 있거나, 서로 다른 시각을 지닌 대표적인 학자 6인을 선정하여 이들 학자 간의 의견 차이를 비교 분석하고, 또한 2018년 이후 시각의 변화 혹은 발전이 있는지를 조사하였다. 1차와 2차 심층 인터뷰는 세미나실을 정하여 학자마다 모두 2~3시간 질문과 대답, 토론 등을 진행하는 방식으로 진행하였고, 이를 통하여 중국 내 대표적 비교정치학자들의 중국의 정치개혁과 정치 변화에 대한 이해를 이끌어낼 수 있었다.

상술한 연구를 통하여 『중국의 꿈과 민주주의:중국은 왜 민주화되지 않는가?』와 『'중국식 정치체제 모델': 강성 권위주의 체제의 등장인가?』 등 두 권의 책을 발간하게 되었고, 이 책은 첫 번째 책에 해당된다. 이 책은 머리말에 이어 2부 7장으로 구성되어 있으며, 중국몽과 민주몽과의 긴장 관계를 분석하고 중국몽 실현을 위해 강조된 통치 안정화 논리가 통치 과정에서 어떻게 관철되고 있는가를 중심으로 다루고 있다.

1부 "'**중국몽 담론의 부상과 민주주의 담론의 주변화**'**에서는 중국몽과 민주몽에 대한 이론적인 논의 및 긴장 관계에 대한 다양한 분석을 진행하였다. 이를 위해 1장에서 이정남 교수는** "**시진핑**(习近平)**의 중국몽**(中国梦)**: 민주주의 없이도 가능한가?**"에서, 시진핑의 중국몽이 민주화 없는 강대국 부상몽임을 분석하면서, 이런 민주화 없는 중국몽은 강대국몽으로서는 작동할 수 있지만, 지역 질서나 세계질서를 재구성하고 지도적인 국가로 부상하는 기초로 작용하지 못할 것임을 주장하고 있다. 이 교수는 시진핑 주석은 중국몽을 제기하고 중국 주도의 세계질서를 다시 쓰고자 하는 구상을 감추지 않고 있는데, 이러한 세계질서를 다시 쓰고자 하는 시진핑의 중국몽이 실현될 수 있을 것인가는 중국이 경제와 군사력뿐만 아니라 가치와 정치제도 영역에서도 주변국에게 매력과 영향력을 발휘할 수 있는 선진적 모델을 만들 수 있는가가 관건적인 요소라고 주장한다. 그리고 중국의 당정 문건에 대한 분석과 정치학자에 대한 면접조사에 기초하여, 중국 부상의 가시화는 시진핑 지도부나 지식인들에게 전후 미국 주도의 국제질서의 기초가 된 민주주의나 자유, 인권 등의 가치나 제도와 다른 중국식의 정치체제 모델을 모색하고자 하는 의지를 이끌어내고 있다고 평가한다. 그런데 문제는 자유, 인권, 민주주의가 보편 가치로 수용되고 있는 현 국제사회에서 중국은 아직 민주제도나 가치를 대체할만한 매력적인 정치체제 모델을 제시하고 있지 못하고 있다는 점이다. 오히려 중국식 민주주의를 언급하면서 권위주의 통치를 강화함으로써 국제사회와 주변국들에게 중국의 부상에 대한 위협의식을 제고시키고 있는 상황이다. 결국, 현재까지 나타난 시진핑 주석이 구상하는 중국 주도의 세계질서(중국몽) 구상은 주변국들에 수용 가능한 선진적인 민주 문명 질서로 비치기보다는, 강력한 군사력과 경제력에 기반한 강권적인 세계질서 구상으로 비치고 있다. 따라서 민주제도나 가치의 실현을 중국몽 속으로 끌어들여서 정착시키는 것은 향후 중국몽의 실현을 위한 최대의 과제가 될 것이라고 주장하고 있다.

2장 **"시진핑 시기 '중국몽(中国梦)' 담론의 체제 정당화 프레이밍(framing) 분석"**에서 강수정 교수는 시진핑 시기 중국 지도부가 중국공산당의 체제 정당화(legitimation)를 위한 대중 설득의 도구로서 중국몽 담론을 활용하고 있다고 주장한다. 이러한 관점에서, 그녀는 시진핑 시기 중국 지도부가 공산당의 영도권 강화에 대한 대중적 지지를 확보하기 위해 중국몽 담론을 어떻게 활용하는지에 분석의 초점을 맞춘다. 정치적 합법성 이론과 프레이밍(framing) 연구에 관한 이론적 논의에 기반하여, 중국의 대표적인 관영 언론인 인민일보의 키워드 분석과 중국 지도자들의 연설문에 대한 프레임(frame) 분석을 통해, 중국 지도부의 중국몽 담론에서 체제 정당성 강화를 위해 어떠한 프레임들이 대중 설득에 활용되는지를 분석했다.

3**장 "중국몽(中國夢)과 중국 지식인 담론 지형의 변화: 방향과 그 동인"**에서 주장환 교수는 시진핑 집권과 함께 제기된 중국몽이 중국 지식인의 담론 지형에 어떤 영향을 미쳤는지를 분석하였다. 분석 결과, 2012년 시진핑 체제의 등장과 함께 제기된 정치 이데올로기인 중국몽은 중국 지식인의 담론 지형의 국가주의 및 보수화를 촉진시켰다. 그러나 중요한 사실은 2000년대 들어 중국 지식인의 담론 지형의 국가주의 및 보수화 경향은 이미 상당히 농후해졌다는 것이다. 이렇게 봤을 때, 2000년대 이후 중국 지식인 담론 지형은 중국몽 개념 출현의 하나의 독립 변수로 볼 수 있다. 이는 중국몽 개념의 등장이 중국 지식인 담론 지형 변화의 독립 변수로 상정하는 일부 견해와는 다른 주장이다. 오히려 중국몽은 2012년 이후 지식인 담론 지형 변화의 촉진 요인으로 간주할 수 있다는 것이다. 결국 주 교수는 시진핑 체제하에서는 중국몽이라는 관방 정치 이데올로기와 지식인 담론 지형이 상호 상승작용을 일으키면서 중국 전체 담론 지형의 국가주의 및 보수화 경향이 강화될 것이라고 주장한다.

4**장 "중국의 민주주의 인식과 중국몽"**에서 유은하 박사는 중국에서의 민주주의는 서구에서와는 달리 내생적인 것이 아니라 근대 시기 외부의 충격과 위협에 대한 내부의 대응 과정에서 필요에 의해 이식된 개념임을 강조한다. 그리고 아편전쟁 이후 망국의 위기를 극복하고 강한 국가를 건설하기 위해 민주주의 개념을 중국에 처음 들여왔던 것에 착목하여, 각 시대에 있어 강한 국가 건설이라는 목표를 시대별 중국몽으로 규정하고, 중국에서의 민주주의 인식과 실천에 대해 중국몽과의 연계성 속에서 살펴보고 있다. 구체적으로 봉건 왕조 말기에 서구처럼 강한 근대 민족국가를 건설하기 위해 서구의 민주주의 개념을 들여왔고, 혁명을 통해 민주공화국을 건립하였다. 그 민주공화국이 흔들리고 약해지자 이를 대체할 강한 국가 건설을 모색하여 사회주의 공화국을 건립하였고, 민주주의는 사회주의 안에서 혁명과 국가 건설을 위해 기능하는 것으로 보았다. 그 사회주의 공화국이 위기감에 봉착하자 부강한 국가가 되기 위해 사회주의는 변형되었고, 민주주의는 변형된 사회주의 체제를 지속시키고 발전시키는 기능을 요구받고 있다. 요컨대 중국의 민주주의 인식이라는 종속변수를 좌우하는 최대 독립변수는 중국몽이라고 표현될 수 있는 각 시대의 국가 건설의 목표라고 주장한다.

2부는 중국몽 실현을 위한 정치적 통제와 안정화 기획이 어떻게 진행되고 있는가를 중심으로 분석하고 있다. 이를 위해 5장 "중국의 당정(黨政)관계 변화: 시진핑 시대 당정기구 개혁을 중심으로"에서 황태연 박사는 당정기구 개혁을 통한 공산당의 통치 강화 시도를 분석하고 있다. 그는 시진핑 집권 이후 당정관계에서 나타난 일련의 변화로 중국공산당의 당정관계에 대한 전면적 영도를 강화하고 당정관계가 일원화하는 특징을 보이면서 마치 과거 마오쩌둥 시대로의 회귀를 연상시킨다고 주장하면서, 신중국 건국 이후 당정관계의 변화 과정을 살펴보고 시진핑 시대 당정기구 개혁을 통해 나타난 당정관계의 성격과 특징을 분석함으로써 그 근거를 제시하고 있다. 중국은 1949년 건국 이후 현재까지 공산당의 집권 아래 당국가체제의 틀 안에서 정치제도 변화를 이뤘으며, 그 가운데 당정관계는 정치제도 개혁 및 정치발전과 연결된 핵심 문제라 할 수 있다. 먼저 건국 초기부터 문화대혁명을 거치는 시기까지 중국공산당이 일체를 영도하며 직접적인 정책 결정과 집행이 이뤄지는 당정합일의 형태가 나타났다. 이후 덩샤오핑 시대에 당정분리를 통한 정치개혁이 당의 인민 영도와 효과적인 국가 통치를 보장한다고 보고 당정분리를 추진하였고, 톈안먼(天安門)사건 이후 당정합일의 재건이 결정되기도 하였으며, 이후 장쩌민 시기에는 당정관계의 전제로 당의 통일적 영도를 강조하고 제도적 개혁을 추진하였다. 그 이후 후진타오 시대에는 당내 민주와 기층 민주 등 당정관계 및 정치개혁에 대한 논의가 있었다. 그러나 시진핑 집권 2기를 맞아 중국공산당 지배체제가 더욱 강화되면서 정치개혁은 쇠퇴하였다. 특히 2018년 실시된 당정기구 개혁은 '당 영도 일체'의 원칙 아래 '당정분리(党政分开)'가 아닌 '당정분공(党政分工)'을 강조하면서 '당'과 '정부(국무원)'로 이원화되었던 사무기구를 당 중앙 조직으로 통일하는 등 당 조직의 정부 기능에 대한 관리 권한 강화 및 관리기구 신설 등 당정일원화의 특징이 나타난다고 분석하고 있다.

6장 "**중국공산당의 간부 교육과 정치적 통합**"에서 이문기 교수는 중국공산당이 다양한 도전요인에도 불구하고 정치통합을 효과적으로 이룩할 수 있었던 요인을 간부교육체계와 성과를 통해서 설명하고 있다. 개혁개방 이후 시장화, 다원화, 세계화의 증대에도 불구하고 중국공산당은 뛰어난 적응 능력으로 국가 발전과 통합에 성공을 거두었다. 방대한 국가 규모와 날로 복잡하고 어려운 국내외 환경에서 중국공산당은 어떻게 일원적인 권력구조를 유지할 수 있었고, 나아가 국가 전반에 대한 정책적 침투 능력을 발휘할 수 있었을까. 이 교수는 그 답의 일단을 간부 교육체계의 효능에서 설명하기 위해 세 가지 질문을 제기한다: 학습정당으로서 중국공산당의 전통은 어떻게 계승 발전되어 왔는가? 중국공산당의 방대한 교육체계는 어떻게 작동되는가? 간부 교육이 당의 정치적 통합과 통치 능력 향상에 어떻게 기여하는가? 결론적으로 그는 중국공산당 간부 교육의 제일 목표는 당 중앙의 지도이념과 정책에 대한 정확한 이해와 충성심 제고에 있음을 설명한다. 비록 간부 교육의 효능이 중국공산당의 강한 생명력과 정치 안정의 모든 것을 설명할 수는 없지만, 당의 통치 효율성과 정치적 통합력을 높이는 매우 중요한 미시적, 조직적 기반이라는 점을 주장하고 있다.

7장 **"중국 권위주의 정치기획의 쟁점과 전망"**에서 정주영 박사는 시진핑 집권기 중국 정부의 권위주의 통치의 안정화를 이끌어내기 위한 정치적 기획의 핵심을 '거버넌스(治理)' 개혁과 이에 대한 법제화 · 제도화를 정치개혁의 전면에 부각시킴으로써, 그간 '민주'담론 안에서 실추되고 공격받았던 공산당 일당독재의 지배정당성을 견고히 지켜내는 권위주의 통치의 세련된 제도화로 설명한다. 그녀는 중국이 대표 선출과 권력 견제 등 시민의 정치적 권리를 근간으로 하는 '민주'가 아닌 '통치의 과정'과 '사회의 참여'에 더 큰 가중치를 부여함으로써 '민주'와 관련된 보편적 담론의 핵심적 쟁점들을 비틀어버리는 궤변적 담론을 만들어가고 있다고 주장한다. 또한 중국이 추진하고 있는 개혁이 실제로는 철저하게 공산당의 계획과 통제하에서 이루어진다는 점에서 용어 사용에 있어서의 문제를 제기하며 '거버넌스'가 아닌 '치리'로 사용할 것을 제안하였다. 현재 시진핑 집권기의 정치개혁을 관통하는 '치리 개혁'은 당과 국가 치하에서 사회의 불안정 요소를 국가의 이익에 부합하게 관리하는 목적을 가지며, 참여 주체와 정부와의 관계 또한 엄격하게 하향적이고 통제적이라는 점에서 보편적 '거버넌스(governance)'라기보다는 '통치'의 다른 형태로 규정된다. 종합적으로 분석했을 때, 현재 중국의 권위주의 정치기획은 공산당 영도와 국가의 권력에 기반한 통치(government)의 확대와 세련화에 지나지 않는다.

이 책은 한국연구재단의 일반공동연구지원사업의 연구 결과물을 모아서 책으로 편집한 것이다. 이 연구를 수행하는 동안 필자들은 정례화된 월례 세미나, 학술회의 개최, 현장 조사 및 심층 인터뷰의 조직화 등을 통하여 강도 높은 토론을 전개하여 다양한 학술적 쟁점에 대한 시각을 공유하고자 했지만, 중국의 정치적 상황과 미래에 대한 각 필진의 인식 차이도 있음을 밝혀둔다. 그리고 본 연구는 현재 중국의 정치적 상황과 국내외적 중국정치연구의 현황을 고려할 때 매우 절실하게 요구되는 중요한 주제이므로 매우 의미 있는 연구 성과로 평가될 수 있지만, 동시에 여전히 추가적으로 진행해야 할 많은 연구과제를 남기고 있는 아쉬움도 있다. 본 연구를 토대로 추후에 중국의 정치개혁과 정치변화, 민주화에 대한 보다 심화된 연구가 나오길 기대한다. 마지막으로 이 책이 나오기까지 고생해 준 아연출판사 관계자분께 진심으로 감사드린다.

2021년 7월 23일

[참고문헌]

이정남. 2011. "민주주의에 대한 중국의 인식: 비교 역사적 관점을 중심으로", 『아세아연구』 3권 54호(2011.09).

이정남. 2020. "시진핑 '신시대' 중국의 정치체제: 당국가체제의 '진화'와 새로운 패러다임의 권위주의 체제의 등장," 『중소연구』 44권 3호(2020, 가을),

胡鞍钢. 2013.『中国集体领导体制』, 北京: 中国人民大学出版社

赵鼎新・潘祥辉. 2012. "媒体民主转型与社会运动-专访芝加哥大学社会学科教授赵鼎新," 『社会科学论坛』 第4期.

吴忠民. 2013. "中国中近期社会动汤可能性的研判," 『东岳论从』 第34卷 第1期.

梁平・陈焘. 2013. "群体性事件:"老问题"与"新动向"的交织与治理策略-基于h省的实证调研," 『河北法学』 5月(第5期).

郑永年. "中国式民主模式初步形成," 『多维新闻』(검색일: 2014.06.10).

王绍光. 2014. "中国的"代表型民主"," 『中共杭州市委党校学报』2014年 1期, 『共识网』 (검색일:2014.07.08).

胡鞍钢. "中国集体领导制的运作方式," 『爱思想』(2013.09.27).

于建嵘. 2008. "转型中国的社会冲突-对当代工农维权抗争活动的观察和分析," 『领导者』2008年 3月 수록, http://www.21ccom.net/articles/dlpl/szpl/2010/0120/article_440.html (검색일: 2010.01.20).

Cai, Yongshun. 2010. *Collective Resistance in China: Why popular protests succeed or fail*, Stanford University Press.

Lee, Jung-Nam. 2013. "Perceptions of Democracy among Intellectuals in Contemporary China: Evidence from Study on Political Scientists in Beijing and Shanghai" *Asian Perspective*, volume 37, number 3 (July-Sept. 2013)

Nathan, Andrew J. 2003. "China's Changing of the Guard: Authoritarian Resilience." *Journal of Democracy*, Volume 14, Number 1, January 2003.

O'Brien, Kevin J. & Li, Lianjiang. 2006. *Rightful Resistful in Rural China*, Cambridge University Press.

Pei, Minxin. 2006. *China's trapped transition: the limits of developmental autocracy*, Cambridge, Massachusetts, London, England: Harvard University Press.

Shi, Tianjian. 2011. "Overcoming Superstition of 'Democracy'" http://www.chinaelections.org(accessed October 10, 2011).

Shirk, Susan L. 2007. China: Fragile Superpower, Oxford University Press.

Tsai, Wen-Hsuan & Kou, Chien-Wen. 2015. "The Party's Disciples: CCP Reserve Cadres and the Perpetuation of a Resilient Authoritarian Regime," *The China Quarterly* Vol. 221, March 2015.

Xi, Chen. 2007. "Between Defiance and obedience: Protest Opportunism in China," *Grassroots Political Reform in Contemporary China*, Harvard University Press.
Zhao, Suisheng. 2000. "A Tragedy of History: China's Search for Democracy in the Twentieth Century," ShuiSheng Zhao(ed), *China and Democracy*. New York: Routledge.

1부

‘중국몽’ 담론의 부상과 민주주의 담론의 주변화

1장

시진핑(习近平)의 중국몽(中国梦) : 민주주의 없이도 가능한가?[1]

| 이정남 |

Ⅰ. 서론

2012년 11월 29일 시진핑 주석이 6명의 공산당 정치국 상무위원을 이끌고 중국역사박물관에 전시된 '부흥의 길'을 참관하면서 "중화민족의 위대한 부흥을 실현하는 것은 바로 중화민족의 근대 이래로 가장 큰 꿈이다."라고(习近平 2012) 언급한 것이 이른바 '중국몽' 담론의 본격적 등장의 출발점이었다. 그는 2013년 3월 12기 제1차 전국인대 폐막 연설에서도 9차례 '중국몽'을 언급하면서, "중화민족의 위대한 부흥이라는 중국몽의 실현은 국가 부강, 민족 진흥, 인민 행복이다. 중국몽은 민족의 몽이면서 동시에 개개 중국인의 몽이다."라고 재차 언급했다(习近平 2013). 그 이후 중국의 학계에서도 중국몽에 대한 엄청난 글이 쏟아져 나왔다. 그리하여 중국몽은 시진핑 등장 이후 중국의 각종 학술 담론에서 가장 많이 등장하는 핵심어 중의 하나가 되었다.

2012년 11월 8일 18차 당대회 개최일부터 2018년 8월 30일 사이에

---

1 이 글은 "시진핑(习近平)의 중국몽(中国梦): 팍스 시니카(Pax-Sinica) 구상과 그 한계"(『아세아연구』 제61권 4호(2018년))를 수정 · 보완한 것이다.

중국몽을 핵심어로 하여 CNKI(중국논문 수록 사이트)에 수록된 문장만 27,429개로, 그중 2017년 10월 18일 19차 당대회 개최일 이후부터 2018년 8월 30일까지 사이에 발표된 문장은 총 2,053개이다. 이처럼 18차 당대회 이후 중국몽을 주제로 한 문장의 극적인 증가는 2000년 1월 1일부터 2012년 11월 7일 18차 당대회 전날까지 확인된 문장이 251편에 불과한 점과 비교해 볼 때 매우 의미 있는 변화로 간주할 수 있다. 바로 이것은 비록 중국몽이 근대 이래 중국인의 의식 속에 줄곧 자리해온 중요한 목표였지만, 시진핑 주석의 등장 이후 중요한 통치 담론으로 급격하게 부상했음을 알 수 있게 해주기 때문이다.

2013~2017년 사이에 중국에서 발표된 중국몽에 관한 각종 연구 문헌을 분석한 한 연구는 중국몽에 관한 중국학계의 연구를 크게 중국몽의 함의, 의의, 지도사상으로서의 역할, 실현 경로 및 중국과 해외의 중국몽 연구에 대한 비교 등 5가지 관점에 기초해 총괄했다: 첫째, 중국몽의 본래 의미에 관한 연구로, 중국몽의 본래 의미는 중화민족의 부흥을 말하는 것이고, 민족 부흥을 위해 필요한 것은 강력한 국가 능력과 인민의 하나 된 마음에 기초한 협력이다; 둘째, 중국몽의 등장은 깊은 역사와 문화적 연원을 가지고 있고, 근대 이래 중화민족의 구국을 위한 항쟁과 밀접한 관련이 있다; 셋째, 중국몽은 교육, 과학기술, 외교 등 각종 영역에서의 지도사상이다; 넷째, 중국몽을 어떻게 실현할 것인가에 관한 연구이다; 다섯째, 중국몽을 미국몽과 비교 분석하는 연구로, 중국몽은 집단주의적 가치를 더 주목하면서 개인과 중국몽을 밀접히게 결합시키는 것이 특징이라면, 미국몽은 개인의 이익을 우선하는 개인주의적 가치에 기초하고 있다(孟文楚 · 曹学娜 2018, 92-94).

특히 중국몽의 실현 방식과 관련하여 시진핑은 '중국의 길'을 가야 하고, '중국의 정신'을 드높여야 하며, '중국의 역량'을 결집해야 한다고 언급하고 있다(习近平 2013). 그리고 중국학계에서는 군중의 주체적 역할의 발휘, 당의 영도적 역할,[2] 중국 특색의 사회주의 길의 실현, 개혁개방의 실현, 대외적 환경의 확보, 담론 주도권의 확보, 소프트파워의 제고, 경제력과 법치 수준의 제고 등 다양한 내용이 언급되고 있다(赵五一 2017, 72-73). 그러나 민주화가 중국몽 실현의 주요 조건이 되어야 하는가에 관한 연구나 언급은 거의 없는 상황이다. 적어도 현재까지는 중국몽 실현 청사진 속에 민주몽이 부재하거나 주변화되어 있음을 부정할 수 없다.

중국몽에 대한 비전 제시와 이것에 기초한 정치, 사회, 경제개혁에 대한 플랜의 제시는 공산당이 위로부터 개혁을 통하여 정치발전을 끌어갈 수 있다는 인식에 기초한 것이다. 서구와 제3세계의 근대화 과정에서는 시민사회의 발전과 시민사회가 주도하는 정치 변화의 길이 일반적 관례가 되어 왔지만, 개혁개방 이후 중국의 정치개혁 특징은 적어도 현재까지는 강력한 힘을 가진 공산당에 의한 위로부터 기획된 정치 변화의 길을 걸어왔고 앞으로도 이 길을 걷고자 하고 있다. 이처럼 위로부터 기획된 중국몽 달성이라는 거대한 민족주의 프로젝트는 중국의 민주화 실현이라는 이른바 '민주몽'을 주변화시켰지만, 이것은 중국몽 실현의 발목을 잡는 중요한 요인이 될 것이다. 그 이유는 근대 이래 자유, 민주와 인권에 대한 가치와 제도가 보편 가치로 간주되고 있는 상황에서, 이른바 '강국몽'과 '민주몽'을 대립적인 관계가 아닌 공생적 관계로 전환시키지 않고서는 중국몽의 실현은 사실상 현실화되기 어렵기 때문이다.

따라서 이 글은 중국몽의 내용적 구성에서 민주몽이 어떠한 비중을

---

2 심층면접 11번 응답자는 '영도(lead)'의 개념을 '지도(guide)'와 구분해서 사용하면서, '영도'를 상호작용 관계가 아닌 매우 강력한 강제성이 작용하는 관계로 정의하였다. 그리고 현재 공산당의 영도와 과거의 영도와의 차이점은 더욱더 서열화되고 강제성이 강화된 점이라고 설명했다. 이 글에서도 11번 응답자의 정의와 동일한 의미로 영도의 개념을 사용하고 있다.

차지하고 있는가에 대한 분석에 기초하여, 글로벌 강대국으로 부상하고 있는 중국이 중국몽의 구현을 위해 건설하고자 하는 팍스 시니카(혹은 중국 주도의 세계질서) 구상이 민주화없는 강국몽의 실현에 그칠 것인지, 아니면 민주주의라는 보편 가치를 담보한 민주적 강국몽의 실현으로 구체화될 수 있을지를 평가하고자 한다. 더 나아가 이런 평가에 기초하여 팍스 시니카 건설이라는 시진핑의 중국몽 구상이 지닌 한계를 살펴보고자 한다.

이를 위해서 이 글은 중국 정치지도자의 각종 연설이나 학자들의 연구논문 등의 문헌 분석과 심층 면접이라는 두 가지 연구 방법을 사용하였다. 필자는 2018년 7월, 7일에 걸쳐 베이징(베이징대(北京大) 2명, 칭화대(清华大) 3명, 중앙공산당교(中央党校) 2명)과 상하이 지역(화동정법대(华东政法大) 1명, 화동사범대(华东师范大) 1명, 상하이사범대(上海师范大) 1명, 푸단대(复旦大) 1명)의 정치학자(국내정치 전공) 11인에 대해 심층 면접을 진행했다. 이들 중 3인은 미국과 유럽에서 박사학위를 취득하였으며, 8인은 중국에서 박사학위를 취득했다. 3명의 교수는 정년퇴임을 하였지만 계속해서 학과에서 강의하고 있고, 나머지 8명의 교수는 모두 현직 교수들이다. 이들 11명의 교수와 직접 면담을 통해 중국몽이 제기된 배경과 주요 내용, 그리고 민주몽과의 관계에 대해 질문을 던지고 의견을 집약했다.

II. 세계질서의 형성 조건과 민주주의 제도와 가치

Pax Americana 혹은 Pax Sinica 등으로 표현되는 세계질서나 제국(帝國) 질서는 모두 일국적인 범위를 초월하여 글로벌 혹은 지역적 영향력을 지닌 강대국에 의해서 주도되는 국제질서를 통칭하는 개념이다.[3] 시진핑이 19차 당대회에서 중국 건설 100주년이 되는 2049년에 중국이 "종합국력이나 국제적 영향력을 선도(领先)하는" 국가가 될 것이라고 언급한 점에 비추어 볼 때(习近平 2017), 중국의 부상으로 표현되는 중국몽도 중국 주도의 지역 혹은 글로벌 질서의 건설과 연결되어 사고 될 수밖에 없다. 그렇다면 하나의 강대국이 국제질서 혹은 세계질서에서 헤게모니 국가가 되기 위해서는 어떠한 조건이 갖추어져야 하는가?

키신저는 "세계질서는 한 지역이나 문명이 공정한 합의의 특징과 힘의 분배에 관해 전 세계에 적용 가능하다고 생각하는 개념을 설명하는 것이며, 국제질서는 이러한 개념들을 전 세계의 세력균형에 영향을 미칠 정도로 넓은 지역에 실질적으로 적용하는 것"이라고 정의한다. 그리고 세계질서든 국제질서든 모두 두 가지 요소, 즉 정당성과 세력균형을 기초로 삼는다고 주장한다. 다시 말하면 허용 가능한 행동 범위를 규정하는 일반적으로 인정받는 일단의 규칙들과 그 규칙들이 무너진 경우에 하나의 정치 단위가 다른 모든 정치 단위를 예속시키지 못하게 만들며 제한을 가하는 세력균형을 기초로 한다는 것이다(헨리 키신저 2016, 14-15). 이런 관점에서 그는 우리 시대에 세계질서를 추구하려면 지금껏 대체로 독립적인 현실을 살아온 여러 사회의 인식들을 다루어, 다양한 역사적 경험과 가치를 공통의 질서로 만들 수 있는가가 관건이라고 주장한다(헨리 키신저 2016, 19). 이런 주장에 기초해 볼 때, 한 국가가 세계질서

3 키신저에 따르면 세계질서라는 개념은 그 시대 정치인들에게 알려진 지리적 범위까지만 적용되었다. 이 패턴은 다른 지역에서도 반복되어 나타났는데, 대체로 그 당시의 지배적인 기술로는 단일한 글로벌 체계를 운영하기가 힘들었기 때문이다(헨리 키신저 2016, 12). 이 글에서 사용하는 세계질서도 특정 강대국이 경제력, 군사력, 그리고 문화와 제도 등의 소프트파워 자원에 기초하여 일정 범위 내에서 문명권 형성에 기초하여 주도권을 행사하는 국제질서라는 의미로 사용하고 있다. 따라서 지리적인 범위에서 반드시 글로벌 차원이 아닌 지역적일 수도 있다.

(혹은 국제질서)를 주도하고자 한다면 기본적으로 경제력이나 군사력 등의 힘에 기초한 세력균형을 유지할 수 있는 능력도 중요하지만, 본국뿐만 아니라 그 시대의 일정 범위의 국가들이 공동으로 수용 가능한 보편적인 공동의 규칙 혹은 문명이나 가치를 제시할 수 있어야 함을 알 수 있다.

그렇다면 세계질서를 구성하고 주도하기 위해서는 어떠한 공통의 규칙 혹은 가치가 필요한가? '제국(帝國)'을 연구하는 한 학자는 제국을 형성할 수 있는 조건으로 다음 3가지를 제시하고 있다: 첫째, 한 시대의 국제관계에 대하여 중요한 영향을 남긴 매우 강력한 정권으로 광대한 영토와 다수 민족을 통치한다; 둘째, 민주정치체제를 전제로 하지 않는다. 제국은 최소한 원칙상으로 절대 권력을 지닌 군주가 통치한다. 따라서 문화와 정서, 지위 정체성에서 모두 서로 다른 정도에서 평민 계층으로부터 분리된 엘리트들이 지배적 지위를 차지한다; 셋째, 제국은 통상 위대한 종교와 고상한 문화를 보유하고 세계의 문명사에 대하여 중대한 영향을 미칠 수 있어야 한다(Lieven 2000, 8). 이 정의에 기초해서 보면, '제국 질서'를 확립하기 위한 조건으로 위대한 문화와 종교 등은 필요하지만, 민주주의 제도나 가치가 반드시 필요한 것은 아님을 알 수 있다.

그러나 세계질서를 형성하기 위해서는 해당 시대에서 선진적 문화와 정치제도가 중요한 조건임을 부정할 수 없다. 이것은 먼훙화 퉁지대 교수가 로마(Pax Romana), 영국(Pax Britannica), 미국(Pax Americana) 등 이른바 3대 제국 질서의 공통점을 분석한 데서도 확인할 수 있다: 첫째, 패권을 확립하기 위해 강력한 경제와 군사력이라는 물질적 능력에 기초하였고, 특히 기술이 힘의 구조 속에서 가장 중요한 지위를 차지하였다; 둘째, 선진적 문화 형태와 정치제도가 정신적 기초가 되었다; 셋째, 패권의 확립과 유지는 모두 대외 확장 주도적 전략에 기초하고, 군사력 사용 의지를 강조하고 동맹 전략을 보조로 한다. 특히 그는 선진적 문화와 정치제도로 인한 흡인력은 패권을 수립하고 유지하는 데 있어 소리 없이 부드럽게 만물을 촉촉이 적시는 것과 같다고 주장하면서, 3대 패권 질서의 공통된 특징은 정치 문화와 국내 정치제도 모두가 선진적이었고, 문화적 우월감과 흡인력이 있었다고 주장한다(门洪华 2006, 60-61).

이처럼 국제질서에서 패권 국가가 되기 위해서는 선진적 문화와 제도 등을 통해 주변국에 대한 흡인력을 확보하는 것이 중요한 전제 조건이다. 비록 민주주의 제도와 가치가 반드시 주변국을 끌어들이는 중요한 전제 조건이 아니라 할지라도, 해당 시대를 대표하는 선진적 제도와 가치 문화가 주변국을 강대국 주도의 세계질서로 결집시키는 중요한 요소라는 것은 분명하다. 따라서 당대에 부상하고 있는 중국 역시 중국 주도의 세계질서를 수립하기 위해서 현시대의 선진적 정치제도와 가치, 문화를 갖추어야만 한다. 여기서 중국의 가능한 선택은 현시대의 보편 가치와 선진적 제도를 수용하거나, 새로운 선진적 가치와 제도를 제시하여 이것을 대체시킬 수 있어야 한다.

제2차 세계대전 이후 미국 주도의 자유주의 세계질서에서 시장, 자유, 인권, 민주주의 등이 보편 가치로 자리하고 있다. 브레진스키는 로마제국, 중화제국, 대영제국, 몽골제국 등 역사 속의 제국과 현재의 미국 주도 세계질서를 평가하면서, 역사 속의 제국 중 어떤 경우도 진정으로 세계적 수준의 제국을 형성하지 못했지만, 미국은 이것이 가능했다고 주장한다(Z. 브레진스키 2003, 27-42). 또한, 그는 과거 제국들은 귀족적 정치 엘리트에 기초해서 수립되었고, 대부분은 본질적으로 권위주의 내지는 절대주의적 체제에 의해서 지배되었지만, 미국은 과거 그 어떤 제국보다 포섭전략을 강조하고 민주적 원리와 제도가 지닌 호소력을 십분 활용하여, 미국에 의존적인 외국 엘리트에게 간접적인 영향력을 행사하는 방식에 크게 의존하고 있다고 주장한다. 이런 점에서 미국이 구가하고 있는 국제적 우월성이 불가피하게 이전의 제국과 유사해 보여도 그 차이는 훨씬 더 명확하다고 주장한다(Z. 브레진스키 2003, 44-45). 즉 미국 패권의 확립은 대중문화, 이데올로기와 민주제도 등의 전파에 훨씬 더 의존했다. 그리고 민주주의 이상과 미국의 정치 전통을 결합하여, 미국의 문화 제국주의 의식을 진일보 강화했다. 이런 미국의 정치적 민주주의와 경제발전에 대한 강조는 세계가 미국의 방식을 모방하고 전파하도록 했다. 미국은 미국화 운동을 전개하고, 일련의 문화와 가치 저장장치, 생활방식, 경제구조양식과 정치 관념 등 무형의 정신을 수출하여, 세계 각지의 민중이 문화 심리적 측면과 행위 방식에서 미국과 유사하도록 해서 미국 패권의 정신적 포로가 되도록 했다(Z. 브레신스키 2003, 46-50).

아이켄베리와 나이 역시 로마제국질서 및 대영제국질서와 다른 미국적 패권 질서는 영토 정복이나 타국에 대한 통제, 자원 약탈 등의 방식이 아니라, 세계 정치, 경제 등 각 영역에서 국제제도를 만들고, 동시에 중요한 지정학적 영역에서 동맹 관계를 수립하는 방식을 통해 확립되었다고 주장한다. 바로 미국을 핵심으로 하는 국제제도를 만들었고, 미국의 패권은 이 속에서 확립되었다는 것이다(Ikenberry 2004, 609-630; Nye Jr. 2015). 또한, 칭화대의 옌쉐통 교수도 모든 패권 체계를 군사력에 기초하여 강제적인 방법을 통하여 자신의 해외 이익을 실현하는 것으로 인식하지만, 미국은 과거의 패권국과 달리 군사력에만 의존하여 자신의 의지를 타인에게 관철한 것이 아니라 미국 주도의 제도 패권 체계를 건립한 점을 주요한 특징으로 지적하고 있다(阎学通 2000, 23).

이처럼 제2차 대전 이후 미국 주도의 자유주의 국제질서는 자유, 인권, 민주주의 등의 가치와 제도가 보편적이고 선진적인 것으로 간주되고 수용되면서 확립되었다. 그리고 탈냉전과 함께 소련 주도의 국제질서가 와해되면서 자유, 인권, 민주주의 등은 전 세계적 범위에서 보편 가치로 수용돼왔다. 그러나 키신저는 조만간 모든 국제질서는 그 질서의 응집력에 문제를 일으키는 두 추세, 즉 정당성을 다시 정의하려는 추세와 세력균형의 중요한 변화에 직면할 게 분명하다고 주장한다(키신저 2017, 408-409). 현재 새로운 세력균형을 이끌어내면서 정당성을 다시 추구하려는 국가는 의문의 여지 없이 중국이다.[4] 중국은 현재 중국몽을 제기하고 중국 주도의 국제질서를 다시 쓰고자 하는 시도를 개시했다.

그렇다면 중국이 재건설하고자 하는 중국 주도의 세계질서는 당대의 보편 가치와 선진적 제도로 수용되고 있는 민주주의 제도와 가치에 기초한 민주적 문명 질서가 될 것인가? 아니면 보다 선진적인 이른바 '중국식'의 새로운 정치제도와 보편 가치에 기초한 문명 질서를 수립하고자 하는가? 중국 주도 세계질서의 구상에서 민주제도와 가치는 어떠한 위상을 점하고 있는가?

---

4 주윈한(朱云汉) 타이완대 교수는 현재 미국 주도의 세계화 모델은 더 이상 지속되기 어렵고, 국제질서는 시급한 수리가 필요하다고 지적하면서, 중국이 새로운 세계 지도자 모델을 수립할 기회가 생겼다고 주장한다. 그 근거는: ①장기적 고속 성장의 거대한 잠재력이 있고, 비서방국가의 발전을 이끌 잠재력이 있으며, 다수의 개도국과 큰 상보성을 지니고 있고; ②중국이 기초로 하고 있는 사회주의 시장경제와 공산당 영도 체제는 국가기구가 다국적 자본이나 군수산업 이익집단에게 장악되지 않도록 할 수 있어, 민중의 생존발전권리의 우선적 보장 및 국가자본에게 우선적 지위를 보장할 수 있어, 자본의 수탈성과 파괴성을 효과적으로 차단할 수 있으며; ③중국이 가장 좋은 사회발전 모델을 탐색하고 있고, ④중국의 엘리트들이 깊이 수용하고 있는 전통적 천하관, 의리관 등의 사유 방식과 도덕적 관념의 영향으로 약자에 대한 책임을 지려고 하기 때문이다(朱云汉 2018).

III. 시진핑의 중국몽, 중국 주도의 세계질서(Pax Sinica) 구상인가?

근대 이래 중화세계질서가 붕괴하고 서구 주도의 베스트팔렌체제로 강제로 편입되면서, 중국인들은 줄곧 중화민족의 부흥이라는 중국몽을 꾸어 왔다. 이같은 중국몽의 궁극적인 지향점은 문명 강대국으로서 중국이 지역 혹은 글로벌 질서를 주도하는 것이지만, 그 구체적 내용은 중국이 놓인 역사적인 조건에 따라 지속적으로 변화하면서 발전되어 왔다.

청 말 이래 제국주의의 침략 속에서 망국의 길로 급속하게 내몰리던 중국의 최고 국가 목표는 부국강병이었다. 이 시기에 사회적 다윈주의(Social Darwinism) 관점에 기초한 국기주의가 전통적 천하 가치관을 압도했고, 덕성이나 민생을 강조하기보다는 국가의 부강을 민족 부흥의 중심 척도로 삼았다. 고대의 천하주의는 덕성이나 덕치를 핵심으로 하는 문명관이었지만, 청말민초(淸末民初)에 와서 문명의 주체에 변화가 발생하면서 중국의 천하주의 덕성 문명은 서방을 주체로 하는 자유민주주의적 현대문명으로 전환되었다. 그리하여 전통적 천하와 국가의 관계는 문명과 부강의 충돌로 변화되었다. 당시 중국이 추구한 국가이성의 목표는 민족의 부상과 부국강병으로, 이것은 천하주의적이고 근대 세계주의적 가치 목표인 정의, 평등, 자유를 대체하였으며, 그 결과 부강과 문명 사이에서 봉합할 수 없는 파열이 나타났다. 한마디로 청 말 이래의 구국과 민족 부흥의 과정에서 부강이 문명을 압도하였고 국가이성이 근대적 보편 가치를 압도했다(许纪霖 2017, 8).

이처럼 만청(晩淸) 시기 제국주의 열강과의 경쟁과 동시에 서구 문명의 동방에 대한 정복이라는 현실에 직면하여, 당시 청 말의 지식인들은 국가의 부강을 추구할 때 서방과 같은 문명국가를 자기의 목표로 삼았다. 그러나 청말민초 중국은 잠시 (자유, 민주, 인권 등)문명적 가치 추구를 내려놓고, 부강한 근대 민족국가 건설에 몰두함으로써 문명 강국보다 부강한 강국을 추구하는 데 주력하게 되었다(许纪霖 2017, 218-246). 따라서 이 시기의 중국몽의 주요 내용은 바로 '부국강병의 국가 건설'로 규정할 수 있다.

1949년 신중국의 건설 이후 중국몽은 크게 3단계의 변천 과정을 통해서 구체화되어 왔다. 그것은 마오쩌둥 시기의 '건설' 단계와 덩샤오핑 시기의 '발전' 단계, 그리고 시진핑 시기의 '세계적 강대국으로의 부상' 단계로 나눌 수 있다. 류밍푸(刘明福) 중국국방대 교수는 근대 이래 중화민족이 고난에서 벗어날 수 있었던 것은 마오쩌둥, 덩샤오핑, 시진핑 등 3인의 민족 부흥 전략 사상이 있었기 때문이라고 주장한다. 즉 20세기 상반기에 '전쟁과 혁명'의 시대, 20세기 하반기의 '평화와 발전'의 시대, 21세기 상반기의 '개혁과 창조 혁신'의 시대에서, 마오쩌둥과 덩샤오핑, 그리고 시진핑은 각각 각자의 시대를 열고 국가를 건강한 발전의 길로 이끌었다고 주장했다(『多维新闻』 2017.03.19). 이것을 다시 표현하면, 중국몽은 마오쩌둥 시대에는 주로 사회주의 중국의 건설로 나타났고, 덩샤오핑 시대에는 경제발전으로 표현되었으며, 그리고 시진핑 시대에 이르러서 개혁과 창조 혁신을 통한 새로운 글로벌 강대국 중국의 건설이 된 것으로 설명할 수 있다(崔一楠 · 李群山 2018, 66-71; 邵帅 · 刘刚 2018, 1-6).

이런 해석은 필자가 인터뷰한 11명의 중국 내 정치학자들의 중국몽에 관한 규정에서도 뚜렷하게 나타났다. 가령 응답자들은 중국몽을 "국가의 몽, 문명국몽이 아닌 강국몽(응답자1)" "민족의 몽이고 과거 영광의 회복, 문명 강대국이 될지는 두고 봐야 함(응답자4)" "세계 초강대국몽(응답자5)" "슈퍼파워몽(응답자6)" "중화민족의 위대한 부흥, 과거에는 진흥몽, 현재는 부흥몽(응답자8)" "국가의 부강이라는 강국몽(응답자9, 10)" "권위주의 통치 이데올로기이고, 구중국몽은 복수몽이고 신중국몽은 문명몽(응답자11)" 등 다양한 말로 설명했다. 그럼에도 불구하고 중화민족의 부흥, 강대국으로의 부상이라는 점에 대해서 다수가 동의하였으며, 다만 민주적 문명 강대국의 실현 가능성에 대한 전망에서 회의적 전망을 내놓은 것이 특징이다.

특히 8번 응답자는 근대 이래 중국인의 중국몽이 민족의 '진흥몽'이라면, 시진핑이 제기한 중국몽은 '부흥몽', 즉 지역 혹은 글로벌 질서를 이끄는 강대국몽으로 구체적으로 구분했다. 이런 응답을 통해서 현재 중국 지식인들 인식 속의 시진핑의 중국몽은 근대 시기의 복수, 부국강병 등의 구국적 내용의 소극적 성격보다는, 글로벌 강대국으로 부상한 중국이 과거 중화세계질서처럼 중국 주도의 새로운 세계질서의 수립 가능성에 초점을 맞추어 이해되고 있음을 알 수 있다.

글로벌 강대국으로서 중국 주도의 세계질서 재건에 대한 꿈은 시진핑의 각종 연설에서도 확인할 수 있다. 우선, 19차 당대회 보고에서 제시된 비교적 구체화된 중국몽 실현의 일정표를 통해서 확인할 수 있다. 시진핑은 2049년까지 두 단계로 된 중국의 발전 목표를 제시했다. 첫 단계인 2020~2035년에는 이미 달성한 전면적 샤오캉(小康) 사회의 기초 위에서 '사회주의 현대화를 기본적으로 실현한다.'라는 목표를 제시하고 있다. 이 단계는 경제발전만이 아니라 과학기술, 지역과 계층 간 격차 해소, 법치와 현대적 거버넌스의 제도와 능력 실현, 소프트파워 증강, 사회적 거버넌스 제도의 발전, 환경문제 해결 등 경제를 뛰어넘어 전방위적인 선진국화를 달성하는 것이 목표이다. 두 번째 단계인 2035~2049년에서는 2035년까지 달성한 현대화에 기초하여, 부강, 민주, 문명, 조화, 아름다운 사회주의 현대화 강국을 건설하고, 종합국력과 국제 영향력에서 '선도적인' 강대국 시대에 본격적으로 진입할 것임을 제시하고 있다(习近平 2017).

상술한 두 단계로 된 발전 목표를 통해서 볼 때, 중국이 추구하는 것은 문명국가로서 하나의 문명권을 형성한 중국 주도의 세계질서임을 알 수 있다. 물론 중국의 지식인들 사이에 현실적으로 중국 주도의 세계질서보다 아시아 혹은 동아시아 질서가 수립될 가능성이 높다는 인식도 높게 자리하고 있다. 가령 심층 면담자 11번은 흥미롭게도 가능한 중국몽의 실현 형태로 중국 주도의 아시아 지역 질서를 언급했다. 그는 지금까지의 중국몽이 일종의 '복수몽'이었다면, 앞으로 신중국몽은 '문명몽'이 되어야 한다고 주장했다. 그리고 아시아에서 중국을 중심으로 하는 문명권을 형성하여, 아시아 국가 간의 공통 가치가 어우러진 아시아 지역 질서를 기초로 한 강대국을 건설해야 함을 강조했다. 이런 결과는 필자가 2017년 1월 상하이와 베이징 지역 44명의 국제 정치학자에 대한 설문조사에서도 나타났다. 당시의 조사 결과는 신국제질서가 중국 단일의 패권 질서(2.27%)가 될 가능성은 거의 없고, 몇몇 강대국에 의한 다극질서(50%)나 중국 단일 주도의 동아시아 질서(47.73%)의 등장 가능성이 큰 것으로 나타났다.[5]

그럼에도 불구하고 시진핑의 중국몽이 중국 주도 세계질서의 재건이라는 것은 그가 최고 지도자로 등장한 이후 언급하거나 추진하고 있는 대외정책 관련 각종 담론이나 정책의 추진을 통해서 확인할 수 있다. 주지하다시피 2012년 말 19차 당대회를 거치면서 중국은 글로벌 강대국으로서의 정체성을 부각시키면서 글로벌거버넌스 체제 개혁을 중요한 외교정책의 방향으로 제시하고 있다. 2014년 외사공작소조회의에서 '중국 특색'의 강대국 외교를 표명한 후, 이것은 19차 당대회를 통해서 신시대 대외정책의 형태로 구체화되었고, 2018년 전국인대를 통하여 강대국 외교를 위한 제도적이고 인적인 구성까지 윤곽을 제시

5 그 외 현재의 미국 단일 패권질서가 지속될 것 29.54%, 중미 공동통치 18.18%, 기타 및 무응답이 9.90%로 나타났다. 응답자는 5개 질문에 대한 복수응답이 가능했다(이정남 2018, 55).

하는 등(『联合新闻网』 2018.03.15), 본격적으로 강대국 외교의 태세를 갖추었다. 그동안 중국은 자국의 정체성을 '개발도상국' '동아시아 지역 (강)대국(地区大国)'으로 정립해 왔지만, 시진핑은 처음으로 '중국 특색'의 강대국 외교를 외교 목표로 제시하고 중국의 글로벌 강대국 지위를 명확히 제기하기 시작했다. 그리고 중국 외교가 반드시 중화민족의 위대한 부흥에 복무해야 한다고 언급하면서 2035년까지 기본적인 현대화, 2050년까지 종합 강대국이 되어 국제사회를 선도할 것임을 분명히 했다(金灿荣 2017, 9-13).

또한 그는 글로벌거버넌스 체제 개혁을 중요한 외교정책의 목표로 제기하였다. 그는 2013년 3월 브릭스 회의에서 글로벌거버넌스 체제는 세계의 경제적 세력 구도의 변화에 따라 변화해야 한다는 언급 이후 (『齐鲁晚报』 2016.10.02), 2015년 9월 정치국집단학습회에서 글로벌거버넌스 체제에 대한 변화의 불가피성과 개혁의 필요성을 강조하면서, 국제질서와 국제체계에 '규칙을 정하고 방향을 결정'하는 것이 거버넌스 체제 개혁의 핵심임을 강조했다. 그리고 이러한 거버넌스 체제의 변화 과정에서 중국은 국제질서를 '학습하고 적응하는(学习适应)' 역할에서 벗어나 '개혁을 추진하는' 역할을 함으로써 글로벌거버넌스 체제의 불공정하고 비합리적 배치를 변혁하여 더 공정한 신국제질서를 수립할 것임을 강조했다(李建广, 杜文明, 邱耀洲, 冯慧文 2015). 시진핑 주석이 등장한 이후 제기된 일대일로 전략, 아시아인프라투자은행(AIIB)과 브릭스(BRICS) 은행이라 불리는 신개발은행(NDB)의 설립, 새로운 아시아안보체계수립 구상의 제시 등은 바로 이런 거버넌스 체제 개혁의 일환으로 간주할 수 있다.

이처럼 시진핑 주석의 등장 이후 중국은 강대국 외교를 본격적으로 전개하면서 미국과 '규칙 다시 쓰기'를 통한 세계질서를 둘러싼 경쟁에 돌입했다. 이제 중국은 미국과 맞먹는 글로벌 강대국의 한 축으로서 세계질서의 변화를 통해 신세계질서 수립을 이끌어내겠다는 구상을 감추지 않고 있다(鄢一龙 · 崔京 2017). 이런 상황에 대해 상하이사회과학원 황런웨이(黄仁伟) 교수는 다소 빠른 감이 있지만 중미 관계의 핵심은 국제질서를 둘러싼 경쟁으로 전환되었음을 나타내는 것이라고 규정짓고 있다(黄仁伟 2015). 이런 점은 중국이 이제 글로벌거버넌스 체제의 참여자에서 중요한 지도자가 되고자 하며, 글로벌거버넌스에서 중국의 중요한 역할에 대한 국제사회의 기대에 조응해 국제질서 변혁의 목표를 적극적으로 이끌어가겠다는 인식의 전환이 일어나고 있음을 의미한다.

시진핑 등장 이후의 이러한 중국의 외교 전략 변화의 내용과 그것의 역사적 의미는 진찬룽 인민대 교수의 논문에서 명쾌하게 나타나고 있다: 이제 중국은 글로벌 강대국으로서 역사 무대의 중앙으로 회귀하였고 세계 또한 새로운 시대에 진입하였다. 미래 세계의 세력 구도는 미국이 바라는 바와 같은 '1초 다강'이나 중국이 그동안 종종 말해왔던 바와 같은 '다극구도'가 되지 않을 것이고, 중미라는 두 개의 초강대국과 기타 몇몇 일반 강대국으로 구성된 '양초다강' 구도가 될 것이다. 따라서 중국은 이제 스스로 실천적 '역사적 자각'에 기초하여 '역사의 종언'에 대한 종결을 선언하고, 서구의 모델과 다른 발전 경로, 이론, 제도, 문화를 기초로 한 '중국식의 역사발전의 길'을 가야 한다. 이런 중국의 전략적 선택은 근대 이래 중국의 세계에 대한 "자극 → 반응"식의 상호작용 및 그 대응이라는 특징을 철저하게 변화시켰다. 이것은 중국의 최고 지도자의 "세계 속의 중국"과 "중국 속의 세계"의 관계에 대한 역사적 자각을 반영하는 것으로 주동적이고 진취적 사고의 반영이며, 백여 년 이래의 중국이 서방을 미래의 이상 상태로 하는 잠재적인 설정을 변화시킨 것이다(金灿荣 · 张昆鹏 2018).

중국의 이런 대외전략의 전환은 미국 내의 중국에 대한 인식에도 큰 영향을 미쳐, 최근 미국의 학계와 정계에서 중국이 부상한 국력에 기초하여 미국 주도의 자유민주주의 국제질서를 수정하고자 하는 전략적 경쟁자가 되었다는 시각이 급부상했다(Li & Liang 2018; 郭至君 2018). 특히 미국은 가치 영역에서 중국의 영향력 강화와 미국의 영향력 약화에 대하여 매우 중시하고 있으며, 중국 내부의 중국 모델에 관한 토론이 중국의 경험을 세계에 전파하여 미국 주노의 자유민주주의 발전모델에 도전하는 것으로 인식하면서, 대중국 억제정책을 통하여 중국을 약화시키고 중국의 도전을 막아야 한다는 주장이 범람하고 있다(Steinberg 2018).

그렇다면 글로벌 강대국을 꿈꾸는 중국에게 민주적 제도와 가치는 어떤 위상을 점하고 있는가?

IV. 민주주의, 시진핑 중국몽의 주요 내용인가?

중국 주도의 세계질서를 수립하고자 하는 시진핑의 중국몽에서 민주제도와 가치의 구현이라는 '민주몽'은 어떤 지위를 차지하고 있는가? 이것을 파악하기 위해 시진핑 등장 이후 민주주의에 대한 언급 및 담론 구조의 변화를 분석하는 방법과 지식인들의 인터뷰 자료를 활용하여, 시진핑의 중국몽이 과연 민주몽을 내용으로 담보하고 있는가를 분석하고자 한다.

1. 단론을 통해서 본 시신핑의 중국식 민주주의의 본질

시진핑은 중국몽의 실현을 위해 민주제도와 선진문화 건설의 중요성을 강조하고 있다. 그는 2014년 9월 인민대표대회 건설 60주년 기념 연설에서 "민주주의가 없으면 사회주의가 없고, 사회주의 현대화가 없으면 중화민족의 위대한 부흥도 없다."라고 언급했다(习近平 2014a). 또한 그는 19차 당대회 보고에서 문화강국 건설을 중화민족의 위대한 부흥의 핵심 조건으로 언급하면서, 중국 특색의 사회주의 문화는 5천 년 중국 역사에서 발전된 우수한 전통문화와 사회주의 선진문화가 결합된 것임을 강조했다(习近平 2017). 이것은 시진핑 정권이 중국이 글로벌 강대국으로 부상하는 데 있어 민주적 정치제도와 가치, 선진적 문화의 확립을 중요한 조건으로 인식하고 있음을 의미한다.

문제는 시진핑이 민주주의를 강조하면서도 중국의 조건에 걸맞는 중국식 민주주의를 수립해야 한다는 입장을 견지하고 있는 점이다. 그는 세계 모든 국가에 적용 가능한 모델은 없으며, 정치제도는 각국의 역사, 문화, 경제 사회 발전에 기초하여 장기적이고 점진적이며 내생적 발전의 결과로 만들어지기 때문에, 중국의 민주주의도 중국식의 길을 가야 함을 강조한다. 그러면서 그는 한 국가의 정치제도가 민주적이고 효율적인가를 판단하는 기준으로 8가지를 제시했다: ①법에 기초한 국가 영도 층의 질서 있는 권력 승계, ②모든 인민이 법에 기초하여 국가와 사회 업무, 그리고 경제, 문화 사업에 참여하는가, ③인민 군중의 이익표출 요구가 잘 이루어지는가, ④사회 각 방면에서 국가의 정치 생활에 효과적으로 참여하는가, ⑤정책 결정의 과학화와 민주화, ⑥각 방면의 인재들이 공평한 경쟁을 통해 당정 관료체제로 진입하는가, ⑦공산당이 헌법과 법률체계에 기초하여 국가 사무에 대해 영도를 하는가, ⑧권력의 운용이 효과적으로 제약되고 감독 되는가(习近平 2014a).

그런데 최소 정의 기준에 따라 민주주의 체제로 정의될 수 있으려면 다음 3가지의 기본적 조건이 충족되어야 한다: ①모든 정부의 요직을 차지하기 위해 폭력 사용은 배제하되 규칙적으로 치러지는 개인들 혹은 집단(특히 정당) 간의 의미 있고 광범한 경쟁; ②지도자와 정책을 선택하는 데 있어서 최소한 규칙적이고 공정한 선거를 통해 사회집단(성인집단)이 배제되지 않을 만큼 매우 포괄적인 수준의 정치참여; ③정치참여와 경쟁이 완전하게 이뤄지고 있음을 보증하기에 충분한 수준의 표현, 결사, 참여의 자유 등의 정치적, 시민적 자유가 보장되어야 한다(Diamond · Linz · Lipset 1988, xvi). 이런 관점에서 보면 상술한 시진핑이 언급한 민주적인가에 대한 판단기준은 민주주의가 작동하는 데 필수적인 구성요소들이 빠져 있다.

시진핑이 제시한 8가지 기준은 공산당의 영도, 권력 승계의 제도화, 당정에서 법치의 구현, 정책 결정의 과학화, 공정한 인재 등용, 권력에 대한 감독, 그리고 인민의 이익표출과 국가사회업무에 대한 참여로 요약할 수 있다. 그런데 이 내용에는 민주주의의 최소 기준인 3가지 구성요소가 빠져 있다. 공산당이 당정에 대한 '영도적' 지위를 지니고 있고, 인민 스스로가 정치지도자를 결정하고 감독할 수 있는 정치참여 메커니즘이 부재하며, 다만 공산당의 영도하에 각종 사회, 경제, 문화 사업의 운영에 참여할 수 있는 권한만 지니고 있을 뿐이다. 그리고 권력에 대한 효과적인 감독을 얘기하지만, 영도적인 지위에 있는 공산당을 감독할 수 있는 수직적이고 수평적인 감독 메커니즘도 부재한 상황이다. 따라서 시진핑이 주장하는 중국식의 민주주의가 과연 민주주의의 기본적 내용을 담보한 상태에서 다양한 민주주의 제도의 하위 유형 중의 하나인가에 대한 근본적인 문제를 제기할 수 있다.

시진핑의 민주주의에 대한 이런 인식은 후진타오 시기보다 퇴행적이다. 후진타오 지도부는 계급과 체제를 초월한 보편적 가치로 민주주의를 공개적으로 인정하기 시작하면서 중국 내에 민주주의에 대한 일련의 시각 변화를 나타냈다(이정남 2010, 49-53). 후진타오는 2006년 미국 방문에서 민주주의를 인류 역사의 공동의 가치로 언급하였고(汉广 2008), 원사바오 총리 역시 2006년 9월 해외 기자와의 인터뷰에서 민주주의는 인류가 공동으로 추구한 가치이고, 공동으로 창조한 문명의 성과로 인정하였다(汉广 2008). 특히 원자바오는 2007년 2월 전국인대 정치 보고에서 "민주주의를 보편적 가치로 인정하고, 민주주의, 법, 자유, 인권 등은 자본주의만이 독특하게 가지고 있는 것이 아니고, 인류가 긴 역사 속에서 공동으로 추구한 가치이고, 공동으로 창조한 문명의 성과"라고 언급했다(汉广 2008). 비록 역사적으로 다른 시기와 다른 지역이나 국가에서 등장한 민주주의이지만, 민주주의는 이들 모두에서 공통으로 포함된 가치로 규정했다(房宁 · 藩维 · 杨鹏 2008).

물론 후진타오 시기에도 이른바 중국식 민주주의를 모색해야 한다는 점을 강조했지만(张维为 2008), 그럼에도 불구하고 기층 민주주의의 확대, 도시와 농촌의 인구비례에 근거한 인민대표대회 선거제도의 개혁, 당내 민주의 확대 등 일련의 민주적 제도화에 훨씬 더 수용적 태도를 취했다. 일례로 2007년 17차 당대회의 보고서는 인민민주주의를 사회주의의 생명으로 강조하고, 사회발전에 따라 인민의 적극성을 높이기 위해 정치체제 개혁을 추진하여 민주주의 확대, 법치국가건설, 인권존중과 보장을 실현해야 한다는 등의 상당히 진전된 내용을 담았다. 또한 민주주의가 발전하기 위해서는 제도적 완비만이 아니라 법치, 자유와 평등, 정의 등에 대한 시민의식의 제고가 필수적임을 강조하고, 처음으로 기층군중자치제도를 민주주의 실현의 주요한 형식 중의 하나로 추가했다(胡锦涛 2007).

그러나 시진핑이 등장한 이후 민주주의 담론에 퇴행적 변화가 뚜렷하게 나타나고 있다: ①사회주의의 생명으로서 인민민주주의에 대한 강조는 사라지고 세계에는 하나의 정치체제 모델, 하나의 지존(至尊)만이 있는 것이 아님을 강조하면서 중국식 민주주의의 건설에 강조점을 두고 있다; ②17차 당대회에서(후진타오 시대에 개최) 인민이 주인이 되는 것을 강조하고 이것을 사회주의 민주정치의 본질이고 핵심이라는 점에 강조점을 둔 것과 달리, 19차 당대회에서는 당의 영도에 강조점을 두고 있다. 국가정치 생활에서 당은 영도적 지위에 있고, 인민대표대회, 정부, 정치협상회의와 법원 등에 대한 당의 집중되고 통일된 영도를 강화해야 하며, 당의 영도가 인민이 국가를 효율적으로 통치하는 것을 보증한다고 강조했다; ③17차 당대회에서 민주주의 발전을 위한 주요한 제도적 기초로 기층민주주의를 강조했다면, 19차 당대회 보고에서는 기층민주주의를 더 이상 강조하지 않고 간단히 한 구절로 언급한 정도였다; ④협상민주주의를 공산당 영도의 주요한 방식으로, 중국 사회주의 민주정치의 특유한 형식이고 독특한 장점으로 언급하면서, 협상민주제도 건설을 통해 인민의 정치참여를 보장해야 한다고 강조한다; ⑤17차 보고에는 의법치국이 사회주의 민주정치의 기본 요구라는 점을 강조하고 인권 존중과 보장, 인민의 평등한 정치참여와 권리의 보장을 강조했다면, 19차 보고에서는 공산당 의법치국영도소조의 법치 건설에 대한 통일적 영도를 강조하고, 인권 존중과 보장, 인민의 평등한 정치참여와 권리의 보장을 언급하지 않고 있다.

상술한 19차 보고에 나타난 중국식 민주주의는 한마디로 '공산당 영도' 하의 '협상 방식'을 통한 인민의 사회, 경제, 문화 등 각 영역의 경영 활동에 대한 참여로 요약할 수 있다. 비록 시진핑 정권이 민주주의의 작동 기제로 선거를 부정하지는 않지만, 협상민주주의를 민주주의의 중요한 실현 방식으로 강조하고,[6] 이것이 당의 영도를 실현하는 중요한 방식이고 사회주의 민주정치 특유의 형식이자 독특한 장점이라고 강조

6 2014년 9월 21일 정치협상회의 성립 65주년 기념식에서 시진핑은 중국 특색의 민주주의의 실현의 제도적인 형식으로 선거와 투표를 통한 인민의 권리 행사 및 협의를 통한 사회 각 방면에서 의견일치의 확보라는 두 가지 형식을 언급했다. 그리고 이 두 가지 형식은 상호 대체하거나 부정할 수 없고, 상호 보완적인 관계로 서로 협력함으로써 각자의 장점을 더 잘 실현할 수 있는 관계라고 언급했다(习近平 2014b).

하고 있다(『学习时报』 2016.06.30). 그러나 협상민주주의는 선거민주주의의 문제점을 보충하기 위하여 등장한 것으로 선거민주주의가 실현되었을 때만이 협상민주주의가 실현될 공간과 가치를 지닐 수 있다는 점에서 선거민주주의가 전제되지 않은 중국에서 그 역할에 분명한 한계가 있다(陈剑 2016). 더구나 다양한 정치적 한계 속에서도 현급이라는 제한된 수준에서 그나마 진행되고 있는 인민대표대회 직접선거나 기층 수준의 직선에 기초한 자치의 발전도 더 이상 강조되지 않는 상황이다.

이런 내용은 시진핑이 중국식 민주주의를 강조하지만, 실제로는 그가 제기한 중국식 민주주의는 민주주의가 담보해야 할 기본적 내용이 포함되지 않은 '중국식' 정치체제 모델로 평가할 수 있다. 필자가 인터뷰한 2번 응답자는 이런 중국식 민주주의의 비민주적 특징을 잘 설명해 주었다. 그는 중국식 민주주의는 서구의 선거, 다당제, 삼권분립, 자유 등의 개념이 빠진 "권력 집중(대일통) + 시장 + (협상 메커니즘을 통한) 공민 참여 + 법치(자유주의를 초월한)"를 주요 내용으로 하며, 민주주의의 핵심 내용이라고 할 수 있는 다당제와 선거에 기초한 지도자 선출 등을 빼고 협상과 법치 등의 주변적인 내용만을 강조하고 있어, 이것을 민주주의로 개념화하기보다는 다른 새로운 정치체제 개념을 사용하여 설명해야 하는 것이 더 적절하다고 주장했다. 한마디로 '민주주의'라는 용어가 담고 있는 개념으로는 설명될 수 없다는 것이다.

결국, 민주정치체제의 본질을 주권자인 민중에 의한 지도자의 선택 및 감독이라고 볼 때, 이것을 가능하게 하는 가장 중요한 정치참여 방식은 자유롭고 공정한 선거이며, 또한 이것이 가능하도록 민주적 권리의 보장이 제도화되어야 한다. 이런 관점에서 볼 때, 당 영도 하의 권위주의 거버넌스 체제 구축을 강조하고, 민주주의 실현의 중요한 형식으로 협상민주주의를 강조하고 있는 시진핑 주석의 중국식 민주주의 발전 방향은, 민주화 없는 일당 영도의 권위주의 통치제도화로 규정할 수 있다. 따라서 시진핑 정권이 주장하는 이른바 '중국식 민주주의'도 서구 역사의 산물로서 근대 이래 보편적 가치로 수용되고 있는 민주주의와는 구분되는 새로운 개념을 사용하여 설명해야 할 필요성이 있는 정치체제 모델로 간주할 수 있다.

2. 심층 면담을 통해 본 시진핑의 중국식 민주주의의 본질과 중국몽과의 관계

민주주의와 중국몽의 관계에 대한 심층 면접에서 필자는 중국학자들에게 두 가지 차원에서 질문을 던졌다. 하나는 민주적 제도의 가치는 중국몽의 중요한 구성요소가 되어야 하는가, 다른 하나는 시진핑의 중국몽에서 민주제도와 가치는 어떠한 지위를 점하고 있는가이다. 심층면접 결과는 크게 3가지로 나타났다.

첫째, 중국은 서구식 민주주의가 아닌 중국식 정치발전의 길로 나갈 것이라는 시각이다(응답자 2번, 5번, 7번, 3번, 8번, 9번). 이 시각을 견지하는 학자들은 글로벌 강대국으로의 부상이 눈앞의 현실이 되면서 중국몽이 중요해지고 민주주의나 다른 가치가 덜 중요해졌으며, 선거민주주의가 만족스럽지 못한 하나의 도구로 간주하기 시작했다고 응답했다(응답자9). 특히 2번 응답자는 개혁개방 이후 대부분의 중국 지식인들은 기본적으로 중국이 권위주의라는 일정한 과도기를 거친 후 자유민주주의의 길로 갈 것이라는 자유주의적 사고를 지녀왔지만, 2008년 이후 중국의 부상이 성큼 다가오면서 서구의 길이 아닌 중국식의 길을 가야 한다는 사고가 등장하기 시작했다고 답했다. 그 이후로 정치학자들 사이에 중국이 걸어온 길을 서방 이론으로 설명할 수 없다는 일종의 컨센서스가 형성되었고, 자유민주주의에 대한 보편 가치가 부정되었으며 중국식의 길을 사고하기 시작했다는 것이다. 여기서 말하는 중국식 모델은 서구의 선거, 다당제, 삼권분립, 자유 등의 개념이 빠진 "권력 집중(대일통) + 시장 + (협상을 통한)공민 참여 + 법치(자유주의 초월)" 등을 내용으로 하고 있다. 비록 민주주의의 핵심 내용이 다당(혹은 집단) 경쟁과 선거에 기초한 지도자 선출이지만, 중국은 이것을 빼고 협상과 법치 등의 주변적인 것만 강조하고 있어 이것은 민주주의라기보다는 다른 새로운 개념으로 설명해야 한다고 언급했다. 덧붙여서 실제로 18차 당대회 이후 민주주의는 더 이상 당 지도부의 정치 담론에서 등장하지 않고 있으며, 중국이 미래에 중국식 모델에 좀 더 자신감이 생긴다면 '민주주의'라는 말을 더 이상 사용하지 않을 수도 있다고 주장했다. 결국 이런 주장은 민주정치 모델과는 구분되는 새로운 중국식의 정치체제 모델을 내용으로 한 강대국 실현을 추구하고자 하는 것으로 해석할 수 있다.

둘째, 중국의 정치체제는 일정한 과도기를 거쳐서 서구식 민주화의 길로 갈 것이라는 시각으로(1번, 4번, 6번, 11번 응답자), 시진핑의 중국몽에는 민주몽이 포함되어 있지 않으며, 시진핑의 중국몽은 민주몽이 빠진 강국몽에 불과하다고 응답했다. 이 시각의 주요 내용은 다음과 같다: 민주주의는 반드시 시장경제, 엘리트 간 경쟁, 인민의 자치 의식, 권력분립을 보장해야 한다. 현재 중국은 중국식 민주주의를 얘기하고 있지만, 이것은 주권재민(主權在民)이 아닌 공산당 영도 하의 주권재당(主權在黨)에 기초한 것이며, 민주적 절차보다 결과를 중시하는 것이 특징이다. 시진핑이 19차 당대회에서 '문명, 부강, 민주' 강대국을 얘기하지만, 이것은 '중국식 민주주의' 담론에 불과하며 민주주의라고 볼 수 없다. 따라서 시진핑이 구상하는 중국은 부강한 국가는 되겠지만 민주적 문명국이 되기는 어려울 것이다. 중국의 정치발전은 현재 과도적으로 권위주의 통치를 거친 후에 민주적 정치발전이 이루어질 것이며, 따라서 중국에서 민주주의는 상당히 먼 미래에 천천히 이루어질 것이다.

세 번째, 중국은 자유민주주의 길도 중국식 민주주의도 아닌 권위주의 체제의 길로 갈 것이라는 시각이다(10번 응답자). 10번 응답자는 중국은 중국식의 길이 아닌 자유주의적 정치발전의 길을 걷겠지만, 민주주의 체제의 등장이 아닌 권위주의 체제가 장기적으로 제도화될 것으로 전망했다. 그는 중국공산당의 통치 실적이 양호하고 체제에 대한 안정감이 강화되면 인민에게 더 많은 자유를 제공할 것이고, 그렇게 되면 인민들도 공산당 타도를 원치 않아서 싱가포르식의 권위주의 체제로 가면서 공산당의 영향력이 지속되는 권위주의 체제가 유지될 것으로 전망했다. 결국, 이 시각도 시진핑의 중국몽을 민주주의를 포괄하는 문명몽보다는 부강몽으로서 규정하고 있음을 알 수 있다.

상술한 심층 면접 결과를 종합하면 시진핑의 중국몽에 민주몽이 포함되어 있지 않다는 점에서는 공통점을 찾을 수 있다. 그러나 '중국식 정치발전의 길'을 강조하는 학자들은 민주주의 정치체제 모델이 아닌 중국식 정치체제 모델로 중국몽이 실현될 수 있다고 가정하고 있다. 다만 이런 중국식 정치체제 모델을 주장하는 응답자들 다수는 중국식의 정치제도와 가치가 보편적인 것으로 수용되어 중국이 세계질서를 주도하는 문명 강대국이 될 수 있을 것인가에 대해서는 명확한 대답을 내놓지 않았다. 2번 응답자만이 중국식 민주주의는 중국몽의 중요한 내용이지만, 이것은 중국만의 특수한 모델로서 장기적으로 주변국에 수용되면서 보편성을 띠기가 어려울 것이라고 언급했다. 더 나아가 중국이 대일통(大一統) 관념을 버리기 전에는 주변국에서 보편적으로 수용 가능한 정치체제 모델을 찾기 어려울 것이라고 언급했다(응답자2). 한편 중국이 권위주의라는 과도기를 거쳐 '자유민주주의 길'로 갈 것이라고 보는 시각은, 민주몽이 없는 중국몽의 실현은 불가능하기 때문에 민주적 제도와 가치를 담보하고 있지 않은 시진핑의 중국몽은 실현되기 어려울 것이며, 장기적으로 중국이 민주화되었을 때만이 중국몽은 실현 가능성이 있다고 전망했다.

V. 결론

시진핑 주석의 등장 이후 중국은 강대국 외교를 본격적으로 전개하면서 미국과 세계질서에 대한 '규칙 다시 쓰기' 경쟁에 돌입했다. 이제 중국은 미국과 맞먹는 글로벌 강대국의 한 축으로서 글로벌거버넌스 체제 개혁을 주도하여 새로운 세계질서를 수립하고자 하는 구상을 공공연히 밝히고 있다. 세계질서를 다시 쓰고자 하는 시진핑의 중국몽이 실현될 수 있으려면 중국이 경제와 군사력뿐만 아니라 가치와 정치제도 영역에서도 주변국에 매력적 영향력을 발휘할 수 있는 선진적 모델을 만들 수 있어야 한다. 제국의 역사를 보면 세계적 범위든 지역적 범위에서든 제국 혹은 세계질서를 건설하기 위해서는 강력한 군사력과 경제력 못지않게 결정적으로 중요한 조건이 가치와 문화영역에서 국제사회로부터 보편적 수용을 이끌어내는 것이기 때문이다.

따라서 중국도 가치와 제도영역에서 국제사회로부터 수용 가능한 모델을 제시하여 보편적 지위를 획득했을 때, 중국이 일정 범위에서 영향력을 지닌 문명권을 이룰 수 있다. 시진핑 주석은 중국이 2050년까지 문명, 부강, 민주, 조화를 구현한 종합 강대국으로 부상할 것을 제시하고, 민주주의와 중국의 전통문화 및 사회주의 선진문화가 결합된 문화강국을 수립해야 함을 강조하고 있다. 이것은 시진핑의 중국몽이 선진적 가치와 문화, 제도에 기초한 글로벌 강대국몽이고, 일종의 중국 주도 세계질서의 형성을 목표로 하고 있음을 말해 준다.

문제는 시진핑이 말하는 민주주의와 문명의 내용이 과연 무엇인가이다. 시진핑 주석이 행한 각종 연설문에 나타난 담론을 분석해보면, 시진핑의 민주주의에 대한 인식은 민주주의가 담보해야 할 핵심 요소가 배제된 이른바 '중국식 민주주의'이다. 시진핑의 중국몽에 민주주의가 담보되지 않았다는 점에 대해서 필자가 행한 직접 면담 대상자들도 모두 동의하는 바이다. 따라서 중국 부상의 가시화는 시진핑 지도부나 지식인들에게 미국 주도의 국제질서 기초가 된 민주주의나 자유, 인권 등의 가치나 제도와 다른 중국식의 정치체제 모델을 모색하고자 하는 의지를 이끌어내고 있는 것으로 보인다. 2010년을 전후로 중국 지식인들 사이에서 중국의 정치발전에 대한 전망에서 자유주의 길과 중국식의 길이라는 두 갈래의 분화가 일어나고 있으며, '중국식의 길'을 사고하는 지식인이 늘어나고 있는 것도 이런 상황을 반영하는 것으로 보인다.

청 말에 중국은 민주와 인권, 주권 등, 서구의 근대적 보편 가치를 수용하기 시작했지만, 제국주의 국가들의 침략으로부터 구국의 길을 가기 위해서 민주몽을 뒤로한 채 부국강병이라는 이른바 강국몽을 중국몽의 주요 내용으로 삼았다. 신해혁명을 통해 민주몽과 강국몽을 결합하고자 했으나 혁명에 실패한 후 민주몽은 줄곧 중국 역사에서 강국몽에게 자리를 내주고 주변적 위치를 점해 왔다. 100여 년이 훌쩍 지나 글로벌 강대국으로의 부상이 목전의 현실이 되었음에도, 시진핑의 중국몽의 내용 속에는 여전히 민주몽이 부재한 것을 발견할 수 있다. 이것은 아직 미완의 근대화로 인해 경제발전이 우선되고 민주화가 후순위로 간주됨으로써 나타난 과도기적인 현상인가? 아니면 시진핑 주석이 구상하는 미국과 다른 새로운 문명 강대국 구상 속에는 민주적 가치가 포함되어 있지 않은 것을 의미하는가?

상술한 각종 당성 문건이나 연설문에 대한 분석을 통해서 볼 때, 적어도 현재까지 설명되고 있는 시진핑의 중국몽은 후자에 해당한다. 그런데 문제는 국제사회에 매력적인 영향력을 발산하여 새로운 보편 문명을 형성할 수 있는 중국식 정치체제 모델에 대한 뚜렷한 비전을 아직 제시하지 못하고 있다는 점이다. 다시 말하면 자유, 인권, 민주주의가 보편 가치로 수용되고 있는 현 국제사회에서 중국은 아직 민주주의 정치 보넬을 대체할만한 더 매력적인 정치체제 모델을 제시하고 있지 못하고 있다. 오히려 중국식 민주주의를 언급하면서 권위주의적 통치를 강화함으로써 국제사회와 주변국들에 중국의 부상에 대한 위협 의식을 제고시키고 있는 상황이다. 즉 중국식 민주주의는 국제사회에서 서구의 선거민주주의보다 더 선진적인 정치체제 모델로 인식되기보다는 권위주의 통치의 하나의 유형으로 비치고 있을 뿐이다. 이것은 바로 시진핑의 중국몽인 팍스 시니카 구상을 실현하는 데 커다란 걸림돌로 작용하고 있다.

결국, 현재까지 나타난 시진핑 정권이 구상하는 중국 주도의 세계질서(중국몽) 구상은 주변국들에 수용 가능한 매력적인 민주적 문명 질서로 비치기보다는, 강력한 군사력과 경제력에 기반한 강권적인 패권 질서 구상으로 비치고 있다. 따라서 중국이 말한 부강, 민주, 문명, 조화를 담보한 종합 강대국이 되기 위해서는, 그동안 주변화시켜 온 민주몽을 어떻게 끌어안고 구현해 갈 것인가를 적극적으로 사고할 필요가 있다. 즉 민주몽을 중국몽 속으로 끌어들여서 국내외 거버넌스 체제 속에 정착시키는 것은 향후 중국몽의 실현을 위한 최대의 과제가 되어야 할 것이다.

「 참고문헌 」

이정남. 2010. "민주주의에 대한 중국의 인식: 비교 역사적 관점을 중심으로," 이정남 편, 『민주주의와 중국』, 서울: 아연출판부.

이정남. 2018. "중국이 구상하는 세계질서 상(像)-중국은 어떤 강대국이 될 것인가?" 이정남 편, 『중국의 꿈: 중국이 지향하는 강대국 초상』, 서울: 아연 출판부.

Z. 브레진스키 지음, 김명섭 옮김. 2003. 『거대한 체스판: 21세기 미국의 세계전략과 유라시 아』, 서울: 삼인.

헨리 키신저, 이현주 역. 2016. 『헨리 키신저의 세계질서』, 서울: 민음사.

习近平. 2012. "承前启后 继往开来 继续朝着中华民族伟大复兴目标奋勇前进," 『新华网』(2012.11.29).

习近平. 2013. "习近平在十二届全国人大一次会议闭幕会上发表重要讲话," 『新华网』(2013.03.17).

习近平. 2017. "决胜全面建成小康社会 夺取新时代中国特色社会主义伟大胜利 — — 在中国共产党第十九次全国代表大会上的报告," 『新华社』(2017.10.27).

习近平. 2014a. "在庆祝全国人民代表大会成立60周年大会上的讲话," 『人民日报』(2014.09.06)(2版).

习近平. 2014b. "在庆祝中国人民政治协商会议成立65周年大会上的讲话," 『新华网』(2014.09.21).

胡锦涛. 2007. "高举中国特色社会主义大旗帜,为夺取全面建设小康社会新胜利而夺门:在中国产党第十七次全国 代表大会上的报告," 『人民罔』(2007.10.15).

孟文楚 · 曹学娜. 2018. ""中国梦"文献述评(2013-2017)," 『世纪桥』 第4期.

赵五一. 2017. "回顾与展望:"中国梦"研究综述," 『湖北经济学院学报(人文社会科学版)』 第11期(11月).

门洪华. 2006. "西方三大霸权的战略比较-兼论美国制度霸权的基本特征," 『当代世界与社会主义』 第2期.

阉学通. 2000. 『美国霸权与中国安全』, 天津: 天津人民出版社.

李扬帆. 2015. ""中华帝国"的概念及其市世界秩序:被误读的天下秩序," 『国际政治研究』 第5期.

朱云汉 2018. "重构中的世界秩序与中国国际担当," 『经济导刊』 6月刊 http://www.aisixiang.com/ data/110084.html (검색일: 2018.05.24).

许纪霖 著. 2017. 『家国天下-现代中国的个人国家与世界认同』, 上海: 上海人民出版社.

金灿荣. 2017. "十八大以来的中国外交理论和实践创新," 『当代世界』 10期.

郭至君. 2018. "孙哲答中评:中国握中美关系主动权," 『中评社』 (2018.11.28).

斯坦伯格, 詹姆斯(Steinberg,
James). 2018 "中美关系的机遇和挑战,"(美国前常务副国务卿詹姆斯 · 斯坦伯格의 北京语言大学 강연)(2018.11.19)

金灿荣 · 张昆鹏. 2018. ""新时代"背景下未来十年世界趋势分析与中国的战略选择,"

『东北亚论坛』1期.
崔一楠 · 李群山. 2018. "新时代关于民族复兴中国梦的多维度历史考察,"『西南科技大学学报(哲学社会科学版)』4期.
邵帅 · 刘刚. 2018. "从毛泽东大同理想到习近平中国梦思想 — — 中国特色社会主义发展的历史逻辑,"『河南科技学院学报』5期 .
李建广, 杜文明, 邱耀洲, 冯慧文. 2015. "500年未有之变局! 习近平对国际局势做5点最新判断,"『人民日报』(2015.10.14).
鄢一龙 · 崔京. 2017. "世界向何处去?-"两极相联"的全球新秩序," http://www.aisixiang.com (검색일 : 2017.03.16).
黄仁伟. 2015. "中美关系核心问题已转为国际秩序之争,"『澎湃新闻』(2015.06.01). 汉广. 2008. "胡温论民主等普世价值,"http://www.chinaelections.org/NewsInfo.asp?NewsID =1225 21(검색일: 2008.06.18).
房宁 · 藩维 · 杨鹏. 2008. "中国民主的三个视角, 三种表述,"http://www.chinaelections.org/NewsInfo. asp?NewsID=44891(검색일: 2008.07.16).
张维为. 2008. "'普世价值'的来龙去脉," http://www.chinaelections.org/PrintNews. asp?NewsID=13 4581(검색일: 2008.09.24).
陈剑. 2016. "协商民主与中国政治发展,"http://chenjian.blog.21ccom.net/?p=292 (검색일: 2016.07.29).
"明确毛邓习断代 习近平思想正式落地,"『多维新闻』(2017.03.19).
"特稿 : 强化的外交体系与外界疑虑,"『联合新闻网』(2018.03.15).
"把协商民主作为国家战略,"『习近平时代』选载,『学习时报』(2016.06.30).
"政治局集体学习一年两次聚焦"全球治理"者,"『齐鲁晚报』(2016.10.02).
Diamond, Larry · Linz, Juan · Lipset, Seymour Martin(eds). 1988. Democracy in *Developing Countries*, Vol. 2: Africa (Boulder: Lynne Rienner).
Ikenberry, G. John. 2004. "Liberlism and Empire: Logics of Order in the American Unipolar Age," *Review of International Studies*, Vol.30.
Li, Cheng & Liang, Diana. 2018. "Washington's search for a new paradigm on China," *China and US Focus*, Vol. 18 (November 22, 2018).
Lieven, Dominic. 2000. *Empire, The Russian Empire and Its Rivals*, London : John Murray.
Nye, Jr., Joseph S. 2015. "American hegemony or American primacy?," https://www.project-syndicate.org/(2015.03.09).

2장

시진핑 시기 '중국몽(中国梦)' 담론의 체제 정당화 프레이밍(framing) 분석[7]

| 강수정 |

Ⅰ. 서론

시진핑(習近平) 집권 이후, '중국몽(中国梦)'은 중국 정치에서 중요한 개념이자 정치 담론(political discourse)의 핵심 키워드가 되었다. 시진핑은 중국공산당 총서기로 선출된 직후인 2012년 11월 29일 중국공산당 정치국 상무위원들을 대동하고 국가박물관에서 '부흥의 길(复兴之路)'이라는 전시회를 참관하는 자리에서 담화를 발표하면서 처음으로 '중국몽'을 언급하였다(新华时政 2012.11.30). 이 담화에서, 중국몽과 관련하여 "중화민족의 위대한 부흥의 실현이 근대 이후 중화민족의 가장 위대한 꿈이며, 이 꿈에는 여러 세대에 걸친 중국인의 숙원이 응집되어 있다"라고 규정하면서, "중국공산당 성립 100년이 되는 해(2021년)에는 전면적인 샤오캉(小康) 사회 건설이 목표를 반드시 실현하고, 신중국 성립 100년이 되는 해(2049년)에는 중화민족의 위대한 부흥의 꿈을 반드시 실현하도록 하며 이를 실현하기 위해서는 반드시 중국의 길을 따라, 중국의 정신을 드높이며, 중국의 역량을 응집시겨야 한다"라고 주장하였다(新华网

7 이 글은 『중국연구』 77권(2018)에 게재된 저자의 논문을 수정 · 보완한 것이다.

2012.11.29). 국가주석의 자리에 오른 시진핑은 2013년 3월 17일 12기 전국인민대표대회 폐막식에서도 25분간의 연설에서 '중국몽'을 9차례나 언급하며 다시금 이를 강조했다(新华网 2013.03.17). 이후 현재까지 중국몽은 중국의 정치적 담론에서 핵심 키워드로 자리 잡았고, 블랙홀처럼 많은 이슈가 중국몽이라는 거대 담론(meta-discourse) 아래 하나로 귀결되는 양상을 보이고 있다.[8]

이렇듯 시진핑 지도부가 '중국몽'을 적극적으로 강조하고 선전하면서, 중국 안팎에서는 그 의미와 정치적 함의에 관한 다양한 연구가 이루어졌다.[9] 학자들은 이전 장쩌민 시기 '삼개대표론(三个代表论)'이나 후진타오 시기 '조화사회(和谐社会) 건설'과 '과학적 발전관(科学发展观)'과 같은 새로운 개념과 이론이 도입되었을 때와 마찬가지로, 시진핑 시기 중국 지도부가 전면에 내세우고 있는 '중국몽'이라는 새로운 개념의 정확한 의미를 파악하기 위해 애쓰면서 다양한 해석을 내놓았다. 이처럼 기존의 '중국몽'에 관한 연구가 그 개념을 이해하거나 그것이 가지는 전략적, 정책적 함의를 분석하는 데 초점이 맞추어져 왔다면, 이 장은 중국 지도부가 선전하는 중국몽 담론에 분석의 초점을 맞추어 그러한 담론이 어떠한 프레이밍(framing)을 통해 체제 정당성(regime legitimacy) 강화를 위한 대중 설득에 활용되는지를 분석한다. 최근 권위주의적 탄력성(authoritarian resilience)에 관한 연구에서, 체제 정당성에 대한 대중 설득(mass persuasion)의 중요성이 광범위하게 논의되어왔다.[10] 시진핑 시기

---

8 정치적 거대 담론(political meta-discourse)은 정치나 통치와 관련한 담론의 구조나 체계에서 상부 단계나 포괄적 단계에 속하는 담론을 의미한다(Zhang 2010).

9 관련 연구는 다음을 참조. 公茂虹 2013; 魏建国 2013; 张明 2013; 张定鑫 2013; 孟东方 · 王资博 2013; 单培勇 2013; 郭良婧 · 郭广银 2013; 李君如 2013; 王树荫 · 温静 2013; 史为磊 · 李之团 2013; 孙帅 2014; 杨方 2017; Zhao 2014; Wang 2014; Mahoney 2014; Zheng 2014; Li 2015; Zhang 2015; Liou & Ding 2015; Callahan 2014.

10 관련 논의는 다음을 참조. Holbig & Gilley 2010; Schatz 2009; March 2003.

중국공산당 지도부는 체제 정당성 강화를 위해 군중 노선과 이데올로기 캠페인을 재강조해왔다(The Diplomat 2013.12.27; South China Morning Post 2013. 04.20). 본 연구는 시진핑 지도부가 체제 정당화를 위한 대중 설득의 도구로서 '중국몽' 담론을 활용하고 있다고 본다. 이러한 관점에서 이 장은 중국 지도부가 체제 정당성 강화를 위해 중국몽 담론을 어떻게 활용하는지에 분석의 초점을 맞춘다. 데이비드 비담(David Beetham)의 정치적 정당성(political legitimacy)에 관한 이론적 논의에 기반하여 프레이밍(framing) 연구를 활용한 담론 분석을 통해, 시진핑 시기 중국공산당의 통치 정당성 강화를 위한 중국몽 담론의 활용에 관한 경험적 분석을 시도한다. 여러 세대를 거쳐 중국의 정치 엘리트들은 중국 인민들로부터 통치 정당성을 지속적으로 확보하기 위한 노력 속에서 공식 프레임(official frame)들을 대중 설득에 활용해왔다(Bonder & Heep 2013). 이러한 관점에서 이 장은 시진핑 시기의 중국몽 담론에서 중국 지도부가 정치적 정당성에 대한 대중 설득을 위해 구체적으로 어떠한 프레임들을 활용하는지를 살펴보고자 한다.

이 장은 다음 세 부분으로 구성된다. 먼저, 본 연구의 이론적 기반이 되는 정치적 정당성에 관한 이론과 방법론적 기반이 되는 프레이밍 연구에 대한 기존 논의를 살펴본다. 둘째, 중국의 대표적인 관영 언론인 인민일보(人民日报)에 대한 키워드 분석을 통해, 시진핑 시기 중국의 정치적 담론에서 강조되는 주요한 키워드와 프레임들이 무엇인지를 확인한다. 셋째, 중국 지도부의 연설문에 대한 담론 분석을 통해, 중국몽 담론에서 어떠한 프레임들이 체제 정당화를 위한 대중 설득에 활용되는지를 살펴본다.

II. 이론적 논의
: 정치적 정당성(political legitimacy) 이론과 프레이밍(framing) 연구

최근 권위주의적 탄력성에 관한 연구에서 권위주의 체제의 정치 엘리트들이 체제 정당성을 지속적으로 확보하는 데 있어서 대중 설득의 중요성이 광범위하게 논의되어왔다.[11] 하지만, 권위주의 체제에서 대중 설득과 체제 정당성 사이의 관계에 대해서는 충분한 이론적, 경험적 연구가 이루어지지 못했다. 기존 연구들에서는 체제 정당성 확보에 있어서 대중 설득의 중요성에 관한 개념적, 이론적 틀이 제대로 마련되지 못했고, 이에 대한 체계적인 경험적 연구도 부족했다. 기존 연구에서 일부 학자들이 국가 행위자에 의해 만들어진 공식 프레임들이 정치적 정당성을 재생산하려는 목적을 담고 있다고 주장해왔지만, 그러한 주장을 뒷받침하는 이론적 틀이 제시되지는 않았다. 따라서 본 연구는 정치적 정당성(political legitimacy) 이론과 프레이밍(framing) 이론을 체제 정당화 과정에서 대중 설득을 위한 정치적 프레임의 활용을 설명하는 이론적 틀로 활용한다. 더 나아가, 정치적 정당성 이론과 프레이밍 연구 방법을 접목하여, 중국공산당 지도부의 통치 정당성 확보를 위한 대중 설득의 과정에서 공식 프레임의 활용에 대한 이론적 설명과 경험적 분석을 시도한다.

립셋(Seymour Martin Lipset)에 따르면, 정치체제의 정당성(legitimacy)은 "현재의 정치체제가 그 사회에 가장 적절한 것이라는 믿음을 불러일으키거나 그러한 믿음을 유지하게 하는 능력"이라고 정의한다(Lipset 1981). 립셋의 연구는 주로 민주주의 체제와 민주화 과정에 관한 것이었

11 관련 논의는 다음을 참조. Holbig & Gilley 2010; Schatz 2009; March 2003.

지만, 그의 체제 정당성에 대한 정의는 모든 형태의 정치체제에 보편적으로 적용될 수 있다. 하지만 더글라스 노스(Douglass North)의 주장처럼, 정치체제는 변화하는 환경에 적응해야 하고, 정치적 정당성은 지속적으로 재생산되어야 한다(North 1990). 따라서 정치적 정당성을 확보(생산)・유지(재생산)・강화(확대 재생산)하는 것은 동적인 과정이며, 그 정당화(legitimation)의 과정에 대한 이해가 필요하다.

데이비드 비담(David Beetham)은 정치적 정당성에 관한 좀 더 구체적인 모델을 제시한다(Beetham 1991). 그의 모델은 정당화의 과정과 그 과정에서 이데올로기(ideology)의 역할을 고려한다. 여기에서 정당화의 과정은 체제 정당성을 재생산하기 위한 사회와의 소통과 상호작용의 과정을 의미한다. 비담에 따르면, 어떤 정치체제에서든지 정치권력의 정당성에 대한 판단 기준은 (1) 그것이 정해진 규칙을 따르고, (2) 그 규칙이 공유된 믿음에 근거하여 정당화될 수 있고, (3) 그 권력관계에 종속된 이들이 동의하는가에 달려있다. 첫째, 정해진 규칙(법 혹은 관례)에 따른 통치는 정치적 정당성을 확보하는 데 있어 충분조건은 아니지만 필요조건이다. 따라서 규칙의 위반은 정치권력이 부당하다고 인식하게 한다. 둘째, 공유된 믿음에 근거하여 이러한 규칙의 규범적 정당성을 확보하는 것은 정치적 권위의 정당성의 원천이라고 할 수 있는 인민주권(popular sovereignty), 자연법(natural law), 과학 법칙(scientific doctrine), 신명(divine command), 전통(tradition) 등에 근거하거나, 정치적 목표와 기준이 '공동의 이익'을 위한 것임을 보여주는 것과 관련이 있다. 비담에 따르면, 대부분의 현대 국가들에서 그 사회의 "공동의 이익"을 위한 통치를 선전하는 것은 정치권력을 정당화하는 중요한 요소 중 하나이다. 셋째, 정치권력에 대한 대중들의 동의 여부는 정치적 정당성을 판단하는 중요한 지표 중 하나이다. 따라서 대중들의 동의 철회나 적극적인 반대 의사표시는 정치권력의 권위를 실추시키고 그러한 정치권력을 부당한 것으로 인식하게 한다.

대중은 특정 정치체제에서 정치권력의 행사에 대한 규범적 정당성의 기반을 제공한다는 점에서, "현재의 정치체제가 그 사회에 가장 적절한 것"이라는 대중의 믿음은 체제 정당성의 중요한 요소이다. 그러한 대중의 믿음은 두 가지 원칙과 관련이 있다. 하나는 차별(differentiation) 혹은 분리(separation)의 원칙이고, 다른 하나는 공동체(community) 혹은 공동 이익(common interest)의 원칙이다(Beetham 1991, 76-77). 먼저, 차별의 원칙은 정치지도자들을 대중으로부터 분리하고 그들이 대중에 대한 지휘권을 가지는 것을 정당화하는 정치지도자의 자질과 관련이 있다. 즉, 특정 정치체제에서 통치 권력이 정당하다고 인식되기 위해서는 그 정치체제에서 정치지도자를 선택하는 데 있어서 자질이 있는 자를 선택하고 자질이 없는 자는 배제함으로써 우월한 자질을 가진 자에 의한 통치가 이루어질 수 있어야 한다(Beetham 1991, 7). 둘째, 공동체의 원칙은 특정 정치체제에서 통치 권력이 봉사하는 공동의 이익과 관련이 있다. 그것은 정치지도자와 대중을 연결하고, 특정 정치세력의 통치로부터 정치지도자들과 더불어 대중들이 얻을 수 있는 이점을 보여주는 것이다.

만약 특정 정치체제에서 정치권력자들의 통치가 이러한 원칙들에 관한 대중의 믿음과 일치하지 않을 때, 그 체제는 정당성을 상실하게 된다. 이러한 정당성의 결여는 통치 방식의 변화에 기인하기도 하지만, 통치 방식에 변화가 없더라도 대중들의 믿음에 변화가 생겨 통치 권력이 지지 기반을 잃거나 상황의 변화가 통치 권력의 정당화 근거를 약화시키는 경우에 발생할 수도 있다(Beetham 1991, 17-18). 이처럼 체제 정당성은 일단 획득하더라도 영원히 유지되는 것이 아니라, 지속적인 정당화의 과정을 통해 재생산되어야 한다.

본 연구는 이러한 정치적 정당성 이론에 근거하여, 시진핑 시기 중국공산당이 정치권력을 정당화하고 체제 정당성을 강화하기 위해 중국몽이라는 장기적 비전에 관한 정치적 거대 담론(political metadiscourse)을 어떻게 활용하는지를 살펴보고자 한다. 이러한 연구를 위해, 본 연구는 기존의 사회운동 연구에서 주로 사용되어온 프레이밍(framing) 이론을 체제 정당성 연구에 활용한다.[12] 즉, 정치적 정당성 이론과 프레이밍 이론의 접목을 통해, 중국 지도부의 체제 정당성 확보를 위한 대중 설득의 노력에 있어서 공식 프레임의 활용에 대한 이론적 설명을 시도한다.

로버트 엔트만(Robert M. Entman)에 따르면, 프레임(frame)은 문제를 정의하고, 그 원인을 진단하고, 도덕적인 판단을 하고, 해결책을 제시한다(Entman 1993). 프레이밍 과정(framing process)은 특정한 정보를 전략적으로 배치하거나 반복함으로써 혹은 그 정보를 문화적으로 친숙한 상징들과 연결시킴으로써, 사람들로 하여금 특정 문제에 주목하게 하고, 그들이 그것을 어떻게 이해하고 기억할지 그리고 그것을 어떻게 평가하고 그에 대응할지에 영향을 미친다(Snow & Benford 1992, 137). 공식 프레임(official frame)은 정치적 정당성을 재생산하기 위한 기제로 활용되어왔다(Cunningham & Browning 2004; Helbling 2010; Noakes 2005, 104; Noakes & Johnston 2005, 18). 즉 체제 정당성 확보를 위한 대중 설득의 과정에 공식 프레임이 활용될 수 있다. 비담의 정치적 정당성에 관한 이론과 엔트만의 프레이밍 이론을 이러한 공식 프레임에 관한 연구에 적용해 보면, 공식 프레임의 선전은 인지된 정당성의 결여에 대응하여 대중 설득을 통해 통치 권력의 정당성을 재생산하려는 노력으로 이해될 수 있다(Holbig 2009, 14-15). 정치지도자들은 대중의 불만에 대응하여 그들의 통치 능력과 공동의 이익을 위해 봉사하겠다는 결의에 대한 대중

12 프레이밍(framing) 이론과 관련된 논의는 다음을 참조. Snow & Benfor 1988; Benford & Snow 2000.

의 신뢰를 회복할 수 있도록 그들의 통치를 정당화하는 새로운 정치적 프레임을 구성한다. 이러한 정당화의 지속적인 과정은 특정 체제에서 정치지도자들과 대중을 연결하는 피드백 루프(feedback loop)로 볼 수 있다. 만약 새롭게 구성된 프레임에 대한 대중들의 반응이 좋지 않아 정치지도자들이 통치 권력에 대한 대중의 신뢰를 얻는 데 실패한다면, 통치 권력은 정당성이 결여된 채로 남아 있거나 새로운 통치 정당성을 상실하게 된다. 이런 경우, 정치지도자들은 좀 더 성공적인 정치적 프레임을 만들기 위해 노력하면서 새로운 프레임을 구성하기 시작할 것이다. 정치적 프레임들의 성공, 즉 그 프레임들에 대한 대중의 공감을 이끌어내는 것은 그들의 일관성, 그 사회의 문화적 유산, 내러티브, 상징들과의 양립 가능성 등에 달려있다(Noakes & Johnston 2005, 15).

권위주의 체제에서 체제 정당성을 재생산하기 위한 하나의 중요한 메커니즘으로서, 국가는 체제 정당화의 공식 프레임들을 국영 언론과 선전(propaganda)을 통해 대중들에게 전파한다. 중국은 언론이 국가의 통제하에 있고 광범위한 프로파간다 시스템을 가지고 있어서, 그러한 언론과 프로파간다 시스템을 활용하여 국가의 공식 프레임들을 대중들에게 선전해왔다. 또한, 권위주의 체제에서 정치지도자들은 자신들의 통치 능력과 공동의 이익에 봉사한다는 결의에 대한 대중의 신뢰를 강화하고 구체적인 정책과 사건에 대한 대중의 인식에 영향을 미치기 위해 공식 이데올로기(official ideology)와 같은 이데올로기적 프레임을 제공함으로써 정치적 정당성을 강화하려 하기도 한다. 여기에서 공식 이데올로기는 국가 행위자들이 자신들의 정치적 정당성을 강화하기 위해 강조하거나 선전하는 정치적 개념들의 집합이라고 할 수 있다(Freeden 1996). 이러한 이데올로기적 프레임은 개별적 프레임들을 하나의 큰 틀 안으로 통합시킴으로써 개별 프레임 간의 일관성을 확보할 뿐만 아니라, 그것들을 그 국가의 집단적 기억(역사적 경험)과 연결함으로써 그 사회의 문화적 토대(문화적 유산, 내러티브, 상징들)와의 양립 가능성도 확보할 수 있다. 이러한 관점에서, 중국몽에 관한 정치적 거대 담론은 시진핑 시기 중국 지도부가 내세우는 공식 이데올로기 중 하나라고 볼 수 있는 '중국몽'의 이데올로기적 프레임을 담고 있으며, 그 틀 안에는 개별적인 공식 프레임들이 유기적으로 연결되어 있다고 볼 수 있다.

공식 프레임들과 공식 이데올로기들은 그 주창자와 목적에 있어서는 차이가 없지만, 그 개념적 범위에서 상당한 차이가 있다. 공식 프레임들은 구체적인 대상, 문제, 상황을 규정하기 위해 개념들을 활용하지만, 공식 이데올로기들은 좀 더 추상적이고 포괄적인 틀이다. 공식 이데올로기들은 서로 다른 프레임들과 그들의 주요한 개념적 구성요소들 사이에 연결고리를 만듦으로써 하나의 장기적인 정치적 비전(vision)을 제공한다. 그러한 정치적 비전은 그 국가의 집단적 역사적 기억을 밝은 미래(공동의 이익에 봉사하겠다는 정치지도자들의 결의의 실현)에 대한 약속과 연결한다. 이런 점에서 공식 프레임과 공식 이데올로기는 상호 보완적일 수 있다. 공식 이데올로기들은 공식 프레임들의 이론적인 기반을 제공한다면, 공식 프레임들은 공식 이데올로기의 주요한 개념들을 구체적인 정치적 이슈에 적용함으로써 이론의 구체적인 내용들을 보여준다. 따라서 정치적 정당성을 재생산하려는 노력 속에서 공식 이데올로기들은 공식 프레임들과 같은 목적을 추구하고, 공식 이데올로기의 변화는 공식 프레임의 변화를 가져온다. 대중들의 공감을 얻기 위해서 공식 이데올로기와 프레임들은 기존의 문화적 내러티브들에 기반해야할 뿐만 아니라 변화하는 정치·사회적 맥락도 고려해야 한다(Snow & Benford 1988). 따라서 공식 이데올로기와 공식 프레임들의 변화는 적응과 지속성 사이에서 대안을 찾아가는 과정으로 특징지을 수 있다.

III. 시진핑 시기 주요 정치적 키워드와 프레임
: 인민일보 키워드 분석을 중심으로

시진핑 시기 중국공산당이 강조하는 정치적 키워드와 공식 프레임은 무엇일까? 본 장은 앞서 살펴본 이론적 틀에 기반하여, 중국의 대표적인 관영 언론이라고 할 수 있는 인민일보의 키워드 빈도 분석을 통해 시진핑 시기 강조되는 정치적 키워드와 공식 프레임들을 확인한다. 이러한 분석을 위해 인민일보 공식 데이터베이스의 키워드 검색을 활용하여 특정 키워드의 출연 빈도수를 측정하였다.[13] 시진핑 시기 어떠한 정치적 키워드가 자주 언급되었는지를 확인하기 위해 크게 후진타오 시기(2002. 11~2012.10)와 시진핑 시기(2012.11~2018.07)를 나누어 인민일보 기사에서 중국몽(中国梦), 중국공산당의 영도(领导), 정치개혁 관련 주요 키워드들의 출연 빈도수를 산출하여 비교해 보았다. 또한, 시진핑 시기에 제19차 당대회 이후의 변화를 확인하기 위해, 시진핑 2기(2017.10~2018.07)의 키워드 빈도수를 별도로 산출하였다.

먼저, 시진핑 시기와 그 이전 시기를 비교할 때 '중국몽'은 시진핑 시기 인민일보에서의 등장 빈도가 9,584회로 전체의 95%가 시진핑 시기에 언급되었던 것을 확인할 수 있다. 중국몽의 핵심 프레임이라고 할 수 있는 '중화민족의 위대한 부흥'이나 '민족 부흥'의 경우도 시진핑 시기 각각 7,169회(전체의 70%)와 1,984회(전체의 56%) 언급되면서 후진타오 시기의 2,703회(전체의 26%)와 932회(전체의 26%)에 비해 빈도수가 급격히 증가했다. '중국몽'은 시진핑 집권 이후 공식적인 정치적 키워드로

13 1946년 5월부터 2018년 7월까지의 전체 인민일보 기사(1,916,626건)에 대한 키워드 검색을 수행했으며, 본 연구에서 특정 키워드의 출연 빈도수는 특정 키워드가 등장하는 인민일보 기사의 수를 의미한다.

등장했으며 언론을 통해 자주 언급되면서 대중들에게 전파되었다고 볼 수 있다. 중국몽의 핵심적인 프레임이라고 할 수 있는 '중화민족의 위대한 부흥', '민족 부흥' 등은 시진핑 이전에도 사용되었지만, 시진핑 집권 이후 '중국몽'과 함께 더 빈번하게 사용되고 있음을 알 수 있다. 시진핑 시기 '중화민족의 위대한 부흥'이 언급된 7,169회 중의 5,653회가 '중국몽'과 함께 언급되었으며, '민족 부흥'의 경우는 1,984회 중의 1,171회가 '중국몽'과 함께 언급되었다.

〈표 1〉 인민일보의 키워드 빈도 분석: 중국몽(中国梦) 관련

키워드	전체	후진타오 시기	시진핑 시기	시진핑 2기
	1946.05~2018.07	2002.11~2012.10	2012.11~2018.07	2017.10~2018.07
전체	1,916,626	385,193	228,523	30,179
중국몽 中国梦	10,092	77	**9,584**	1,475
중화민족의 위대한 부흥 中华民族伟人复兴	10,229	2,703	**7,169**	1,621
민족 부흥 民族复兴	3,526	932	**1,984**	497
강국몽 强国梦	398	53	**276**	45
애국주의 爱国主义	20,851	**3,648**	1,501	226

제19차 당대회를 기점으로 시진핑을 핵심으로 하는 당 중앙을 중심으로 권력 집중이 강화되고 당의 영도권이 강화되는 일련의 움직임이 나타나고 있다. 이러한 변화는 관영매체의 '중국공산당의 영도'와 관련된 프레임들에서도 확인할 수 있다. '당의 영도'는 중국 지도부가 여러 세대에 걸쳐 지속적으로 강조해온 주요한 정치적 프레임 중 하나이다. 하지만 덩샤오핑 이후 강조되어왔던 '집체영도(集体领导)'에 대한 언급은 시진핑 시기 상대적으로 감소했으며, 중국공산당의 영도권 강화를 의미하는 '당이 일체를 영도한다(党是领导一切的)' '당의 전면적 영도(党的全面领导)', '당의 모든 사업에 대한 영도(党对一切工作的领导)', '당 중앙의 권위와 집중되고 통일적인 영도 견지(维护党中央权威和集中统一领导)'라는 공식 프레임들은 제19차 당대회 이후에 본격적으로 등장하면서 시진핑 집권

2기에 빈번하게 사용되고 있었다. 당정일체화를 통해 당의 영도권 강화를 제도화하려는 움직임이라고 볼 수 있는 당정기구개혁의 경우도, '당과 국가기구 개혁(党和国家机构改革)'이라는 공식 프레임이 제19차 당대회 이후 등장하여 시진핑 집권 2기에 본격적으로 언급되기 시작했음을 확인할 수 있다.

〈표 2〉 인민일보의 키워드 빈도 분석: 중국공산당의 영도 관련

키워드	전체	후진타오 시기	시진핑 시기	시진핑 2기
	1946.05~2018.07	2002.11~2012.10	2012.11~2018.07	2017.10~2018.07
전체	1,916,626	385,193	228,523	30,179
당의 영도 党的领导	28,112	**3,415**	3,236	848
당의 영도 견지 坚持党的领导	3,245	1026	**1,438**	376
집체영도 集体领导	2,610	**309**	174	13
영도핵심 领导核心	5,364	**1,435**	1323	272
당이 일체를 영도 党是领导一切(的)	222	0	**138**	108
당의 전면 영도 党的全面领导	242	0	**235**	235
당의 모든 사업에 대한 영도 党对一切工作的领导	108	0	**105**	105
당 중앙의 권위와 집중 통일된 영도 견지 维护党中央权威和集中统一领导	379	0	**376**	338
당과 국가기구개혁 党和国家机构改革	152	0	**151**	151

이에 반해서, 정치개혁 관련 키워드와 프레임들을 살펴보면, '민주'에 관한 언급은 시진핑 시기에 후진타오 시기와 비교하면 그 빈도가 상대적으로 다소 감소하긴 했지만, 10,544회로 상당히 많이 언급되었음을 알 수 있다. 민주의 구체적인 내용과 관련하여서는 '법치'와 '협상 민주', '기층협상'과 같은 키워드의 빈도수는 증가하였지만, '당내 민주', '기층 민주', '선거 민주'와 같은 이전 시기에 강조되었던 정치개혁의 주요 키워드들의 등장 빈도수는 감소하였음을 확인할 수 있다. 이는 시진핑 시기 중국 사회주의 핵심 가치관 중에 하나로 '민주'를 내세우면서 '민주'는 여전히 중요한 정치적 키워드로 남아 있지만, 민주의 구체적인

내용에서는 '당내 민주', '기층 민주', '선거 민주'보다는 '법치'와 '협상 민주'에 더 강조점을 두고 있음을 알 수 있다. 또한, 중국의 정치개혁과 관련하여 '인민을 중심으로(以人民为中心)'라는 프레임이 시진핑 시기에 2,304회(전체의 96%) 언급되면서 그 이전 시기와 비교할 때 매우 빈번하게 사용되고 있음을 확인할 수 있다. 이는 개혁을 추진하는 데 있어서 대중 설득을 통해 정치적 정당성과 대중적 지지를 확보하기 위한 시진핑 시기의 정치적 프레임 중 하나로 해석된다.

〈표 3〉 인민일보의 키워드 빈도 분석: 정치개혁 관련

키워드	전체	후진타오 시기	시진핑 시기	시진핑 2기
	1946.5~2018.7	2002.11~2012.10	2012.11~2018.7	2017.10~2018.7
전체	1,916,626	385,193	228,523	30,179
민주 民主	14,5304	**20,044**	10,544	1,675
의법치국 依法治国	7,692	2,272	**3,479**	605
법치 法治	19,352	5,707	**9,841**	1,675
민주법치 民主法治	1,267	**800**	415	82
당내 민주 党内民主	2,261	**951**	301	54
사회주의민주社会主义民主	8,172	**2,575**	1,022	230
민주집중제 民主集中制	5,406	**1,069**	797	117
기층선거 基层选举	433	**46**	42	7
기층 민주 基层民主	1,919	**968**	364	41
인민민주 人民民主	15,576	**991**	690	148
민주선거 民主选举	2,782	**720**	220	36
민주감독 民主监督	4,873	**1,770**	1,029	209
기층협상 基层协商	121	2	**117**	37
협상민주 协商民主	948	96	**819**	157
인민을 중심으로 以人民为中心	2,384	74	**2,304**	992
인민이 국가의 주인 人民当家作主	3,214	**1,317**	920	253
인민을 위해 봉사 为人民服务	26,945	**3,945**	1,945	368

정리하자면, 인민일보의 키워드 분석을 통해서 볼 때, 시진핑 집권 이후 '중국몽'의 실현이 장기적 비전으로 제시되면서 중국몽과 관련된 키워드들이 강조되고 빈번하게 사용되었음을 확인할 수 있다. 이와 함께, 제19차 당대회 이후에는 '당의 영도권 강화'와 관련된 프레임들이

새롭게 구성되어 부각되고 있음을 확인할 수 있다. 이에 반해 정치개혁과 관련된 키워드들에서는 사회주의 핵심 가치관의 하나로 민주가 여전히 자주 언급되지만, 민주의 구체적 내용에서는 '당내 민주' '선거 민주' '기층 민주' 등이 더 이상 정치개혁의 주요한 어젠다로 강조되지 않고 있으며, 정치적 정당성을 강화하기 위한 대중 설득의 측면에서는 '법치', '협상 민주'와 같은 키워드와 '인민을 중심으로'라는 프레임이 주로 사용되고 있음을 알 수 있다.

IV. 중국몽 담론의 체제 정당화 프레이밍 분석

2012년 11월 시진핑 집권 이후 중국 지도부는 "중국몽(中國夢)"이라는 새로운 슬로건을 내세웠다(人民日报 2012.11.30). 시진핑은 당 총서기로 선출된 직후 처음으로 '중국몽'을 언급한 담화에서, "중화민족의 위대한 부흥의 실현이 근대 이후 중화민족의 가장 위대한 꿈"이라고 규정하면서, "신중국 성립 100년이 되는 해(2049년)에는 중화민족의 위대한 부흥의 꿈을 반드시 실현"하겠다는 포부를 밝혔다(新华网 2012.11.29). 이후 전국인민대표대회 연례회의부터 해외 순방까지, 시 주석은 대중 연설들에서 중국몽을 중요한 키워드이자 주제로 강조해왔다(人民网 2013.06.19). 그뿐만 아니라, 중국공산당의 선전부는 다양한 자원들을 활용해 중국몽을 선전해왔다. 중국공산당 중앙선전부 부장 류치바오는 인민일보 사설에서 중국몽의 중요성을 설파하면서, 중국몽은 새로운 지도부의 강령이자 당과 국가의 미래에 대한 정치적 선언이며, 중국 특색의 사회주의를 발전시키기 위한 주요한 전략적 사고임을 강조했다(人民日报 2013.07.08). 중국공산당의 중국몽에 대한 대대적인 선전 캠페인은 중국몽이 시진핑 지도부의 대표적인 공식 이데올로기로 자리 잡았음을 보여준다.

2017년 10월 제19차 당대회를 통해 시진핑 지도부는 집권 2기를 열었고, 당대회에서의 정치 보고를 통해 집권 2기의 청사진을 제시했다(人民日报 2017.10.28). 시진핑은 3시간 25분간의 연설에서 3만여 단어를 사용하였는데, '(신시대) 중국 특색의 사회주의'를 69회로 가장 많이 언급했고, 이어 '중화민족의 위대한 부흥(32회)', '반부패 투쟁(20회)', '샤오캉(小康) 사회 실현(17회), '중국몽(13회)'을 여러 차례 언급했다. 이 연설을 통해 시진핑은 "2020년부터 2035년까지 샤오캉(小康) 사회의 전면적인 기초 아래 사회주의 현대화를 기본적으로 실현하고, 2035년부터 21세기 중반까지 부강하면서도 아름다운 사회주의 강국을 건설하겠다."라고 밝히면서, 이를 '신시대 중국 특색 사회주의'라는 통치 이념으로 설명했다. 이는 시진핑 지도부가 집권 1기에 제시한 '중국몽'을 다시 강조하면서, '중화민족의 위대한 부흥'으로 요약되는 중국몽을 보다 구체적으로 세분화한 일종의 로드맵을 제시한 것으로 해석된다.

본 장은 중국의 중국몽 담론에 나타나는 프레임들에 대한 보다 구체적인 분석을 시도한다. 앞서 살펴보았던 이론적 논의들에 기반하여 시진핑 시기 중국 지도부의 공식 이데올로기 중 하나라고 할 수 있는 '중국몽'에 관한 담론에서 중국 지도부가 구체적으로 어떠한 공식 프레임들을 구성하여 정치적 정당성을 강화하려 하는지를 분석한다. 시진핑 시기 중국 지도부, 특히 시진핑의 연설문들에 대한 내용분석을 통해 중국 지도부가 체제 정당성 강화를 위한 대중 설득의 기제로서 어떠한 중국몽 프레임들을 활용하는지 살펴보고자 한다. 중국 지도부가 체제 정당성을 강화하기 위해 활용하는 공식 프레임은 크게 세 가지 측면으로 나누어 살펴볼 수 있다. 첫째는 중국몽의 실현이라는 국가적 목표를 개인의 목표와 연결시키는 것이다. 즉 중국몽의 실현을 통해서만이 개인의 목표도 실현 가능함을 역설한다. 둘째는 중국몽의 실현이 중국공산당의 역사적 사명임을 강조하면서, 중국몽의 실현 과정에 있어서 당의 중심적 역할을 강조하는 것이다. 이러한 프레임은 당의 통치 능력과 당이 인민을 위해 봉사한다는 결의를 강조한다. 셋째는 중국몽을 실현하는 데 있어서 중국의 예외성(exceptionalism)과 중국 특색의 경로에 대한 강조이다. 이는 중국 특색의 사회주의 사상에 기반을 둔 중국 특색의 발전 경로를 통해서만 중국몽의 실현이 가능하다는 주장으로, 궁극적으로 당의 영도권 강화를 정당화하는 논리로 활용된다.

1. 국가의 꿈과 인민의 꿈의 연계

시진핑 지도부가 들어서고 '중국몽'이 중국 정치 담론의 중요한 키워드이자 주제로 부각되면서, 중국 학계에서는 이에 관한 다양한 연구가 이루어졌다. 학자들은 이전 장쩌민 시기 '삼개대표론(三個代表論)'이나 후진타오 시기 '조화사회 건설'과 '과학적 발전관'과 같은 정치적 슬로건이 도입되었을 때와 마찬가지로, '중국몽'이라는 새로운 정치적 슬로건의 정확한 의미를 파악하기 위해 애쓰면서 다양한 해석을 내놓았다.

하지만 '중국몽'은 그 이전의 정치적 슬로건과는 달리 그 개념의 외연이 넓어 다양한 해석이 가능하다. 중국몽을 '중화민족의 위대한 부흥'이라는 목표로 쉽게 이야기하지만, 그것이 명확히 무엇을 의미하는지를 규정짓기 어렵고 그 실체가 상당히 모호한 개념이라고 할 수 있다. 이러한 개념의 모호성은 다양한 사회계층들을 그 꿈 안에 통합시키려는 시도에 상당 부분 기인한다고 볼 수 있다. 즉 중국몽은 부강한 국가를 이루려는 집단적 목표뿐만 아니라 사적인 행복을 이루려는 개인적인 목표까지도 포괄한다. 중국 정부는 대중 선전을 통해, 개인의 행복은 부강하고 단합된 중국의 부흥에 달려있음을 강조하면서 개인의 꿈을 국가적 목표에 연계시킨다(求是网 2016.09.23; 新华社 2017.10.18). 시진핑은 중국몽을 "국가의 부강, 민족의 부흥, 인민의 행복을 실현하려는 것"이라고 정의하면서, "중국의 꿈은 결국 인민의 꿈으로 귀결되며 반드시 인민과 긴밀히 관계를 유지해야 한다."라고 강조해왔다(广州日报 2013.06.09; 新华网 2012.11.29). 이는 중국공산당이 내세우는 중국몽의 거대 담론 안에서 국가의 꿈과 개인의 꿈을 연계시킴으로써, 국민적 단합을 촉진시키고 개개인의 역량을 결집시켜 집합적 꿈을 실현한다는 대중 설득의 프레임을 구성한다. 시진핑은 2013년 당대회 연설에서 "우리 13억 인민은 사명을 명심하고 하나로 단합하여 지혜와 역량을 모아 강력한 불패의 힘을 형성해야 한다."라고 강조했다(新华网 2013.03.17).

기층 사회에서 사회적 불평등, 환경문제 등 각종 문제를 둘러싼 사회적 불만과 시위가 증가하면서, 시진핑 지도부는 정치적 정당성에 대한 대중적 지지를 강화하기 위해 중국몽을 대중들과 연결시키는 데 특별한 노력을 기울여왔다. 시진핑과 당 선전부는 국가와 당의 목표로서만 중국몽을 강조하는 것이 아니라 그 꿈이 중국인 각 개인을 위한 것이기도 하다는 점을 대중들에게 설득하려는 노력을 기울였다. 즉 국가의 발전, 민족의 부흥을 위한 이러한 꿈의 실현은 개인의 꿈을 실현하는 데에도 중요하다는 프레임을 구성하는 것이다. 실제로 시진핑은 대중 연설에서 중국의 꿈을 일반 대중들이 관심을 기울이는 이슈들(주택, 고용, 보건, 교육, 환경)과 연계시킴으로써, 중국 인민들로 하여금 국가가 내세우는 '중국몽'이 자신들과 밀접한 연관이 있다고 느끼게 하려는 노력을 기울여왔다.

이와 관련하여 중국몽 담론이 강조하는 또 하나의 프레임은 "인민을 중심으로"라는 것이다. 앞서 인민일보의 키워드 분석에서도, 시진핑 집권 이후 "인민을 중심으로"라는 프레임의 사용이 급격하게 증가했음을 확인할 수 있었다. 시진핑은 제19차 당대회 연설에서, 중국몽을 실현하는 데 있어서 "인민을 중심으로" 해야 함을 강조했다. 이러한 프레임 하에서 중국 지도부는 "당의 대중노선을 치국이정(治國理政)의 모든 활동에 관철하고, 행복한 삶에 대한 인민의 지향을 분투의 목표로 삼아, 인민에 의지하여 역사적 위업을 창조해야 한다."라고 주장하면서 당의 대중노선을 강조했다(新华社 2017.10.18). 중국의 꿈을 실현하기 위해서는 인민대중과 밀착하고 인민과 단합하여 당이 제기한 목표와 과업을 수행하기 위해 노력해야 한다는 것이다. 이러한 당의 대중노선을 통해, "당의 강력한 영도와 굳센 분투로 중화의 모든 자녀의 끊임없는 분발을 격려하고, 한마음으로 중국의 꿈을 만들어가야 한다"라고 역설했다(新华社 2017.10.18). 이처럼 중국몽 담론의 프레임들은 당과 인민대중을 연결하고 중국 인민들을 하나로 단합시키는 사회적 접착제의 역할을 일정 부분 수행함으로써 중국공산당의 정치적 정당성 강화를 위한 대중 설득에 활용되고 있다고 볼 수 있다.

2. 새로운 시대 중국공산당의 역사적 사명과 당의 중심적 역할 강조

마오쩌둥 시기 중국공산당은 중국 노동자 · 농민 계급을 대표하는 혁명 정당으로서 프롤레타리아독재와 공산주의의 이상을 실현하는 것을 당의 사명으로 삼고 '계속혁명론(继续革命论)'이라는 이데올로기적 프레임에 기반하여 체제 정당성을 확보하고자 했다. 이에 반해, 덩샤오핑 시기 중국공산당은 현대화와 경제발전을 국가의 최우선 과제로 삼고 사회주의 초급 단계론에 기반하여 체제 정당성을 강화하고자 했다. 하지만 1990년대 초 소련과 동유럽 사회주의의 몰락으로 공산주의 이데올로기가 쇠퇴하면서, 중국공산당은 체제 정당성과 사회적 단합을 강화하기 위한 기제로서 중국의 역사와 문화, 애국주의에 기반한 '중화민족의 위대한 부흥'의 프레임을 활용하기 시작했다. 중국공산당이 당의 새로운 비전을 제시하는 데 있어서 '중화민족의 위대한 부흥'이라는 프레임을 사용하기 시작하면서, 당의 사명은 더 이상 공산주의의 실현에 있는 것이 아니라 중국이 누렸던 과거의 지위와 영광을 회복하려는 민족주의적인 이상을 추구하는 것이 되었다.

장쩌민은 공개 연설에서 여러 차례 '중화민족의 위대한 부흥'을 언급하면서 그것이 역사와 시대가 부여한 당의 사명임을 강조했다(中国网 2002.06.11). 2002년 11월 제16차 당대회 정치 보고에서 그는 '중화민족의 위대한 부흥'을 9차례 언급하기도 했다(中国日报网 2002.11.18). 장쩌민에 비해, 후진타오는 '중화민족의 위대한 부흥'이라는 민족주의적 내러티브를 훨씬 더 즐겨 사용했다. 실제로 많은 대중 연설에서, 그는 당원들과 인민대중들에게 중화민족의 위대한 부흥을 위한 노력을 당부하면서 연설의 끝을 맺곤 했다(新华网 2011.10.09). 2007년 10월 제17차 당대회에서 발표된 정치 보고에서 그는 '중화민족의 위대한 부흥'을 7차례 언급하며 당의 역사적 사명임을 강조하였다(人民日报 2007.10.25). 2011년 10월 신해혁명 100주년 기념 연설에서는 3600자 길이의 연설문에서 무려 23번이나 '중화민족의 위대한 부흥'을 언급했으며 이는 중국 언론에 대대적으로 보도되기도 했다(南方日报 2011.10.10). 시진핑 시기의 중국몽 담론은 '중화민족의 위대한 부흥'을 강조하는 이러한 민족주의적 내러티브의 연장선상에서 이해할 수 있다. 시진핑은 제19차 당대회 보고에서 중화민족의 위대한 부흥의 중국몽은 신시대 중국공산당의 역사적 사명임을 다시금 강조했다(新华社 2017.10.18).

중국의 역사적 경험과 집단적 기억은 중국의 역사 인식과 '중화민족의 위대한 부흥' 프레임을 이해하는 데 중요하다. 중국에서 "부흥"이라는 키워드는 중국의 역사적 경험과 집단적 기억에 뿌리를 두고 있다.

중국인들은 과거 중화제국의 일원으로서 이뤘던 고대 문명의 성과에 대해 강한 자부심을 가지고 있는 한편, 아편전쟁을 시작으로 서구와 일본 제국주의 세력들의 침략으로 얼룩진 치욕스러운 역사적 경험에 대한 집단적 트라우마도 가지고 있다. 국력과 지위의 쇠락을 경험한 후에, 중국인들은 과거의 국력과 지위를 회복하겠다는 강한 의지를 지니게 되었다. 이러한 역사적 경험과 집단적 기억에 기반하여 과거 중화민족이 누렸던 영광과 국력을 회복하겠다는 국가적 의지를 표출한 것이 바로 '중국몽' 담론이다. 앞서 이론적 논의에서 살펴봤듯이, 정치적 프레임은 그 국가의 역사적 경험과 집단적 기억, 문화적 토대에 기초할 때 대중들의 공감을 이끌어내는 데 유리하다. 따라서 중국몽 담론에서 '중화민족의 위대한 부흥' 프레임은 중국 정치지도자들에게 대중 설득의 유용한 자원이 된다. 여러 세대에 걸쳐 중국 정치지도자들은 정치적 정당성에 대한 대중적 지지를 얻기 위해 중국의 집단적 트라우마와도 같은 역사적 경험을 활용하여 공식 프레임을 만들고 활용해왔다. 그들은 자신들의 역사적 사명은 중국이 과거에 누렸던 지위와 영광을 회복하는 것임을 강조하면서, 대중들에게 그 원대한 집단적 과제를 더 잘 수행하기 위해 개인적 이익을 희생할 준비가 되어 있어야 한다고 말한다. 민족 부흥의 원대한 꿈은 정치적 자유와 시민권의 제한, 인터넷과 언론 통제 등을 정당화하기 위해 활용되기도 했다. 중국 정치지도자들은 이러한 강압과 통제는 궁극적으로 국가의 원대한 꿈을 이루기 위해 불가피한 과정이라고 주장한다.

또한, 중국몽 담론은 다수의 중국인이 동의하거나 지지하는 미래에 대한 비전을 제시한다. 모든 집권 정당들은 통치의 정당성을 재생산하기 위해 미래에 대한 비전을 제시하는 것이 중요하고, 그들의 미래 비전은 당이 내세우는 대의명분에 대한 대중의 동의와 지지를 끌어내기 위한 설득력 있는 동기를 부여할 수 있어야 한다. 따라서 당의 정치적 정당성을 구축하기 위해, 특정 정당은 당의 사명을 명확히 제시하고 미래에 대한 당의 비전을 구체적으로 설명할 필요가 있다. 권위주의 체제에서 통치 권력이 제공하는 정치적 담론은 정권의 이익을 대표하고 종종 정치지도자들이 대중들에게 제시하고자 하는 장밋빛 미래를 담고 있다. 예를 들어, 마오쩌둥 시기에 공식 프레임은 공산주의 이상의 실현에 관한 것이었다. 마오쩌둥은 억압과 불평등이 없고 물질적 재화와 식량이 풍족한 이상적인 공산 사회를 그렸다. 이러한 사회에서 대중들은 개별적인 필요에 따라 그들이 원하는 것을 얻을 수 있었다. 개혁개방 시기, 덩샤오핑은 현대화와 경제발전을 국가의 최우선 과제로 설정하고 '4대 현대화(농업, 공업, 과학기술, 국방)'의 비전을 제시했다.

시진핑의 중국몽 담론에는 '두 개의 100년'이라는 프레임이 자주 사용된다. 이는 민족 부흥의 추상적 개념을 좀 더 구체화한 것으로, 시진핑은 "중국공산당 창당 100주년이 되는 해(2021년)에는 샤오캉(小康) 사회의 전면적 달성이라는 목표가 반드시 실현될 것이고, 중화인민공화국 건국 100주년이 되는 해(2049년)에는 부강하고 민주적이며 문명적이고 조화로운 사회주의 현대화 국가 건설이라는 목표가 달성되며, 중화민족의 위대한 부흥이라는 꿈도 반드시 실현될 것이라고 확신한다."라고 중국의 미래에 대한 비전을 제시했다(新华网 2012.11.29.). 이처럼 시진핑의 중국몽 담론은 미래에 대한 장밋빛 비전을 대중들에게 제공하는 전통적 프레임을 유지한다. 이런 점에서 중국몽 담론은 덩샤오핑의 '4대 현대화' 담론이나 후진타오의 '조화사회' 담론과 유사하다. 이러한 담론들은 모두 당의 미래 비전의 실현이 주택, 교육, 보건, 사회복지 등의 민생 현안들의 개선을 가져올 것이라는 믿음을 중국인들에게 심어주려는 것이다. 그러나 서로 다른 시기에 등장한 이러한 담론의 가장 중요한 메시지는 중국 지도부는 인민대중이 중국공산당의 영도 하에서만 더 나은 삶에 대한 꿈이 실현될 수 있다고 믿기를 바란다는 것이다.

즉, 중화민족의 위대한 부흥은 중국공산당의 통치하에서만 가능하다는 것이다.

시진핑은 제19차 당대회 보고에서 "중국공산당은 민족의 독립과 인민의 해방, 국가의 부강과 인민의 행복을 추구하는 중국 인민의 투쟁에 중심이었음"을 지적하면서, "당은 세계정세가 심각하게 변화하는 역사적 과정에서 시종일관 앞줄에 서고, 국내외 각종 위험과 시련에 대응하는 역사적 과정에서 줄곧 중국 인민의 기둥이 되며, 중국 특색의 사회주의를 견지하고 발전시키는 역사적 과정에서 줄곧 강력한 영도의 핵심이 되어야 한다."는 점을 강조했다(新华社 2017.10.18; 人民日报 2017.10.28). 중국 신화사의 평론 위원은 사설에서, "중국 특색 사회주의의 가장 본질적인 특징은 중국공산당 영도에 있고, 중국 특색 사회주의 제도의 최대 우월성은 중국공산당 영도"라고 지적한다(新华社 2018.08.25). 그는 "당의 영도를 유지하는 것이 중국이 위험과 도전에서 승리하고 발전의 새로운 모멘텀을 끊임없이 창조하는 데 가장 근본적인 요소"임을 강조한다. 따라서 "중화민족의 위대한 부흥이라는 역사적 사명을 위해, 시진핑을 핵심으로 하는 당 중앙의 기치 아래 당정군민학(党政军民学), 동서남북중(东西南北中) 모두를 당이 영도하는 것이 중요하다."라고 지적하면서, "모든 분야의 끊임없는 발전을 추동하기 위해 가장 근본인 것은 당이 모든 사업에 대한 영도를 유지하는 것"이라고 역설한다(新华社 2018.08.25).

시진핑 시기 중국 지도부의 중국몽 담론은 소위 '새 병에 담긴 오래된 포도주'와 같다. 그것은 장쩌민과 후진타오 시기의 민족 부흥의 담론과 비교할 때 그 내용 면에서는 크게 새로운 것이 없지만 '중국몽'이라는 새로운 프레임으로 포장되었다고 할 수 있다. 따라서 '중국몽'은 시진핑 지도부가 내세우는 새로운 캐치프레이즈이자 공식 이데올로기라고 볼 수 있지만, 민족 부흥이라는 핵심 개념은 새로운 것이 아니다. 비록 중국몽 담론을 본격적으로 활용하기 시작한 것은 시진핑 지도부이지만, 국가 혹은 중화민족을 부흥시킨다는 개념은 중국 정치지도자들이 이미 여러 세대를 거쳐 다양한 프레임들을 통해 정치적으로 활용해왔다. 중국의 정치지도자들은 민족주의적 정서를 불러일으켜 자신들의 정치적 정당성을 강화하고 자신들의 통치에 대한 대중적 지지를 확보하기 위해 그러한 프레임들을 활용해왔다고 볼 수 있다. 특히, 1989년 천안문 사건 이후 탈냉전 시기를 겪으면서 체제 정당성의 위기를 맞은 중국공산당은 당에 대한 정치적 지지를 확보하고 일당 통치체제를 정당화하는 도구로서 그러한 프레임들을 자주 활용해왔다.

3. 중국몽의 실현을 위한 중국 특색의 경로 강조와 당의 영도권 강화

시진핑 지도부의 중국몽 담론에서 나타나는 또 하나의 프레임은 중국몽을 실현하는 데 있어서 중국 특색의 경로에 대한 강조이다. 즉 중국의 예외성(exceptionalism)을 강조하면서, 중국 특색의 경로를 통해서만 중국몽의 실현이 가능하다는 주장이다(CNTV 2014.02.21). 시진핑은 중국몽 담론을 정당화하는 논리로 '신시대 중국 특색의 사회주의 사상'을 제시했다. 그는 중국몽과 신시대 중국 특색의 사회주의 사상의 관계를 다음과 같이 설명한다: "중국 특색의 사회주의의 길은 사회주의 현대화를 실현하고 인민의 행복한 삶을 창조하는 필수적인 길이다. 중국 특색의 사회주의 이론 체계는 당과 인민을 지도하여 중화민족의 위대한 부흥을 실현하게 하는 올바른 이론이다. 중국 특색의 사회주의 제도는 당대 중국의 발전과 진보를 위한 근본적인 제도적 보장이다. 중국 특색의 사회주의 문화는 당 전체와 전국 각 민족 인민이 용감하게 전진하도록 격려하는 강력한 정신적 힘이다. 당 전체는 더욱 의식적으로 우리의 길에 대한 믿음과 이론에 대한 믿음, 제도에 대한 믿음, 문화에 대한 믿음을 강화해야 한다."(新华社 2017.10.18).

이렇게 중국몽을 실현하기 위해서는 새로운 시대에 맞는 중국 특색의 사회주의 사상에 기반하여 중국 특색의 발전 경로를 견지해야 함을 강조하는 프레임은 궁극적으로 중국몽의 실현 과정에서 시진핑을 핵심으로 하는 당 중앙으로의 권력 집중과 당의 영도권 강화를 정당화하는 논리를 제공한다. 시진핑은 "중국 특색의 사회주의의 가장 본질적인 특징이 중국공산당의 영도이고, 중국 특색의 사회주의 제도의 가장 우월한 점도 중국공산당의 영도이며, 당이 최고의 정치적 영도 역량임을 명확히 하는 것"이라고 말한다(新华社 2017.10.18). 이러한 담론의 프레임은 중국 특색의 발전 경로를 통한 중국몽의 실현은 결국 중국공산당의 영도 하에서만 가능하다는 논리 구조를 완성한다. 시진핑은 "새로운 시대의 중국 특색의 사회주의 사상을 기반으로 하여 중국 특색의 사회주의 발전 경로를 통해 사회주의 현대화와 중화민족의 위대한 부흥을 실현하고, 샤오캉(小康) 사회의 전면적 건설이라는 토대 위에서 이번 세기 중반까지 부강하고 민주적이고 문명적이고 조화롭고 아름다운 사회주의 현대화 강국을 건설하기 위해서는" 무엇보다 먼저 "모든 사업에 대한 당의 영도를 견지해야 한다."라는 점을 강조한다(新华社 2017.10.18).

시진핑은 이러한 당의 영도권 강화를 보다 구체적으로 다음과 같이 설명한다: "당과 정부, 군대, 민간, 학교를 통틀어서, 그리고 동서남북(東西南北)과 중앙을 통틀어서, 당이 모든 것을 영도해야 한다. 당 중앙의 집중되고 통일적인 영도를 견지하고, 사상과 정치, 행동 면에서 의식적으로 당 중앙과 고도의 일치를 이루어냄으로써, 당의 영도의 체제적 메커니즘을 견지하고 발전시켜야 한다. 그리하여 '오위일체(五位一体)'의 총체적 포석을 종합적으로 추진하고, '네 가지 전면'의 전략적 포석을 조화롭게 추진함으로써, 방향을 확정하고 정책을 결정하며 개혁을 촉진하는 당의 역량과 집중력을 높여, 당이 전체를 장악하고 부분을 조율

할 수 있게 해야 한다"(新华社 2017.10.18). 이처럼, 중국 지도부가 중국몽 담론에 있어서 중국의 예외성을 강조하면서 중국 특색의 사회주의 사상에 기반을 둔 중국 특색의 발전 경로를 통해서만 중국몽의 실현이 가능하다는 논리로 공식 프레임을 구성하는 것은 결국 당의 영도권 강화를 정당화하고 중국공산당 중심의 당국가체제의 정치적 정당성을 강화하기 위한 대중 설득의 일환으로 풀이될 수 있다.

V. 결론

시진핑 지도부의 등장 이후, '중국몽'은 중국 정치 담론에서 중요한 개념이자 핵심 키워드가 되었다. 최근 권위주의적 탄력성에 관한 연구에서, 체제 정당성에 대한 대중 설득의 중요성이 광범위하게 논의되어 왔다. 중국의 경우, 시진핑 시기에 들어서면서 중국공산당 지도부는 체제 정당성 강화를 위해 군중 노선과 이데올로기 캠페인을 재강조해왔다. 본 연구는 중국 지도부가 체제 정당화를 위한 대중 설득의 도구로서 중국몽 담론을 활용하고 있다는 전제하에, 시진핑 지도부가 체제 정당성 강화를 위해 중국몽 담론을 어떻게 활용하는지에 분석의 초점을 맞추었다. 정치적 정당성과 프레이밍 연구에 관한 이론적 논의에 기반하여, 인민일보의 키워드 분석과 중국 지도자들의 연설문에 대한 프레임 분석을 통해, 시진핑 시기의 중국몽 담론에서 어떠한 키워드와 프레임들이 체제 정당화를 위한 대중 설득에 활용되었는지를 구체적으로 살펴보았다.

먼저, 이 장은 중국의 대표적인 관영 언론이라고 할 수 있는 인민일보의 키워드 빈도 분석을 통해 시진핑 시기 강조되는 정치적 키워드와 프레임들을 확인하였다. 그 분석 결과, 시진핑 집권 이후 중국몽의 실현이 중국의 장기적인 미래 비전으로 제시되면서 중국몽과 관련된 키워드들이 강조되고 빈번하게 사용되었음을 확인할 수 있었다. 이와 함께, 제19차 당대회 이후에는 '당의 영도권 강화'와 관련된 프레임들이 새롭게 구성되어 부가되고 있었다. 이에 반해 정치개혁과 관련된 키워드들에서는 사회주의 핵심 가치관의 하나로 민주가 여전히 자주 언급되었지만, 그 민주의 구체적 내용에 있어서는 '당내 민주' '선거 민주' '기층 민주' 등이 더 이상 정치개혁의 주요한 어젠다로 강조되지 않았고, 정치적 정당성을 강화하기 위한 대중 설득의 측면에서는 '법치', '협상민주'와 같은 키워드와 '인민을 중심으로'라는 프레임이 주로 사용되고 있음을 알 수 있었다.

이 장은 중국 지도부의 중국몽 담론에서 나타나는 공식 프레임들에 대한 보다 구체적인 분석을 시도했다. 시진핑 시기 중국 지도부의 공식 이데올로기 중 하나라고 할 수 있는 '중국몽'에 관한 담론에서 중국 지도부가 구체적으로 어떠한 프레임들을 구성하여 정치적 정당성 강화에 활용하는지를 분석하였다. 시진핑 시기 중국 지도부, 특히 시진핑의 연설문들에 대한 내용분석을 통해 중국 지도부가 체제 정당성 강화를 위한 대중 설득의 기제로 활용하는 공식 프레임들을 크게 세 가지 측면으로 나누어 살펴보았다. 첫째는 중국몽의 실현이라는 국가적 목표를 개인의 목표와 연결시키는 프레임이다. 즉 이러한 프레임은 중국몽의 실현을 통해서만이 개인의 목표도 실현 가능함으로 역설한다. 둘째는 중국몽의 실현이 중국공산당의 역사적 사명임을 강조하면서, 중국몽의 실현 과정에 있어서 당의 중심적 역할을 강조하는 프레임이다. 이러한 프레임을 통해 중국 지도부는 당의 통치 능력과 당이 인민을 위해 봉사한다는 결의를 강조했다. 셋째는 중국몽을 실현하는 데 있어서 중국의 예외성과 중국 특색의 경로를 강조하는 프레임이다. 이는 중국 특색의 사회주의 사상에 기반을 둔 중국 특색의 발전 경로를 통해서만 중국몽의 실현이 가능하다는 주장으로, 궁극적으로 당의 영도권 강화를 정당화하는 논리로 활용된다.

정치적 담론을 정치적 선전과 체제 정당화의 도구로만 보는 것은 과도한 단순화이다. 하지만 정치적 담론의 공식 프레임들은 체제 정당성을 확보 · 유지 · 강화하는 과정에서 대중 설득의 유용한 도구로 활용될 수 있다. 실제로 여러 세대를 거쳐 중국의 통치 엘리트들은 대중들로부터 통치 정당성을 지속적으로 확보 · 유지 · 강화하기 위한 노력 속에서 정치적 담론의 공식 프레임들을 대중 설득에 활용해왔다. 이러한 관점에서 이 장에서는 시진핑 시기의 중국몽에 관한 정치적 담론에서 중국 지도부가 정치적 정당성 강화를 위한 대중 설득에 구체적으로 어떠한 정치적 프레임들을 활용하고 있는지 살펴보았다. 이러한 체제 정당화의 과정에서 정치적 담론은 변화하는 정치 · 사회적 맥락에 맞게 끊임없이 변화하고 그 프레임들은 새롭게 구성되어 대중에게 전파된다. 따라서 향후 중국의 체제 정당성 강화 과정에서 중국몽 담론의 변화와 새로운 담론의 등장을 관심 있게 지켜볼 필요가 있다.

「 참고문헌 」

Beetham, David. 1991. *The Legitimation of Power.* Houndmills: Macmillan.

Benford, Robert D and David A Snow. 2000. "Framing Processes and Social Movements: An Overview and Assessment," *Annual Review of Sociology*, Vol.26.

Bonder, Maria, and Sandra Heep. 2013. "Conceptualizing the Relationship Between Persuasion and Legitimacy: Official Framing in the Case of the Chinese Communist Party," *Journal of Chinese Political Science,* Vol.18, No.4 (December).

Callahan, William A. 2014. "What Can the China Dream "Do" in the PRC?" *The Asan Forum,* 2014.12.08.

Cunningham, David, and Barb Browning. 2004. "The Emergence of Worthy Targets: Official Frames and Deviance Narratives Within the FBI," *Sociological Forum,* Vol.19, No.3.

Entman, Robert M. 1993. "Framing: Toward Clarification of a Fractured Paradigm," *Journal of Communication,* Vol.43, No.4.

Helbling, Marc, Dominic Hoeglinger, and Bruno Wiiest. 2010. "How Political Parties Frame European Integration," *European journal of Political Research,* Vol.49, No.4.

Holbig, Heike. 2009. "Ideological Reform and Political Legitimacy in China: Challenges in the Post-Jiang Era," In Thomas Heberer and Gunter Schubert (eds.) *Regime Legitimacy in Contemporary China: Institutional Change and Stability.* London: Routledge.

Holbig, Heike, and Bruce Gilley. 2010. "Reclaiming Legitimacy in China," *Politics & Policy,* Vol.38, No.3.

Freeden, Michael. 1996. *Ideologies and Political Theory: A Conceptual Approach.* Oxford: Oxford University Press.

Jing, Li. 2013. "Xi Jinping urges party to 'toe mass line' to win over public," *South China Morning Post,* 2013.04.20.

Li, Xing. 2015. "Interpreting and Understanding "The Chinese Dream" in a Holistic Nexus," *Fudan Journal of the Humanities and Social Sciences,* Vol.8, No.4 (December).

Liou, Chih-Shian, and Arthur Ding (eds.). 2015. *China Dream: China's New Leadership and Future Impacts.* New Jersey: World Scientific.

Lipset, Seymour Martin. 1981. *Political Man* (expanded edition). Baltimore: John Hopkins University Press.

Mahoney, Josef Gregory. 2014. "Interpreting the Chinese Dream: An Exercise of Political Hermeneutics," *Journal of Chinese Political Science*, Vol.19, No.1.

March, Andrew F. 2003. "State Ideology and the Legitimation of Authoritarianism: The Case of Post-Soviet Uzbekistan," *Journal of Political Ideologies,* Vol.8, No.2.

Noakes, John A. 2005. "Official Frames in Social Movement Theory: The FBI, HUAC, and the Communist Threat in Hollywood," In Hank Johnston and John A. Noakes (eds.) *Frames of Protest: Social Movements and the Framing Perspective.* Lanham:Rowman & Littlefield.

Noakes, John A and Hank Johnston. 2005. "Frames of Protest: A Road Map to A Perspective," In Hank Johnston and John A. Noakes (eds.) *Frames of Protest: Social Movements and the Framing Perspective.* Lanham: Rowman & Littlefield.

North, Douglass C. 1990. *Institutions, Institutional Change, and Economic Performance.* Cambridge: Cambridge University Press.

Schatz, Edward. 2009. "The Soft Authoritarian Tool Kit: Agenda-Setting Power in Kazakhstan and Kyrgyzstan," *Comparative Politics,* Vol.41, No.2.

Snow, David A and Robert, D. Benford. 1988. "Ideology, Frame Resonance, and Participant Mobilization," in Bert Klandermans, Hanspeter Kriesi and Sidney G. Tarrow (eds.), *International Social Movement Research.* Greenwich: JAI Press.

Snow, David A and Robert D, Benford. 1992. "Master frames and cycles of protest," In Aldon D. Morris and Carol McClurg Mueller (eds.), *Frontiers in Social Movement Theory.* New Haven: Yale University Press.

Tiezzi, Shannon. 2013. "The Mass Line Campaign in the 21st Century," *The Diplomat,* 2013.12.27.

Wang, Zheng. 2014. "The Chinese Dream: Concept and context," *Journal of Chinese Political Science*, Vol.19, No.1.

Zhang, Li. 2015. "The basic consensus origin of the China Dream," *Cross-Cultural Communication,* Vol.11, No.1.

Zhang, Qing. 2010. "The Discursive Construction of the Social Stratification Order in Reforming China," *Journal of Language and Politics,* Vol.9, No.4.

Zhao, Tingyang. 2014. The "China Dream" in question," *Economic and Political Studies,* Vol2, No.1.

Zheng, Shiping. 2014. "Behind the "Chinese Dream" Project is the Rising Confidence about China's Current Position and China's Future," *Journal of Chinese Political Science,* Vol.19, No.1.

"The Chinese Dream: the Chinese Spirit and the Chinese Way," *CNTV,* 2014.02.21.

郭良婧, 郭广银. 2013. "中国梦"的伦理意蕴,表征及构建路径分析,"『探索』2013年05期.

公茂虹. 2013. "解读中国梦,"『思想政治工作研究』2013年03期.

单培勇. 2013. "论"中国梦"的逻辑 社会主义研究,"『社会主义研究』2013年05期

孟东方, 王资博, 2013. "中国梦的内涵,结构与路径优化,"『重庆社会科学』2013年05期.

刘奇葆. 2013. "关于中国特色社会主义理论体系的几点认识,"『人民日报』2013.07.08.

史为磊. 李之团, 2013. "中国梦"实现路径的多维度解析,"『观察与思考』2013年10期.

孙帅. 2014. ""中国梦"的内在张力结构解读,"『理论月刊』2014年10期.

实习生, 曾嘉雯. 2016. "你的梦,我的梦,我们的中国梦——解读习近平总书记关于中国梦的论述," 『求是网』2016.09.23.

杨方. 2017. "习近平"中国梦"思想的整体性解读,"『滇西科技师范学院学报』2017年04期.

王树荫, 温静. 2013. "中国梦的由来,意义与实践路径,"『中国高等教育』2013年10期.

魏建国. 2013. ""中国梦"的当代价值,"『哈尔滨市委党校学报』2013年04期.
李君如. 2013. "中国梦的意义,内涵及辩证逻辑,"『毛泽东邓小平理论研究』2013年07期.
张明. 2013. ""中国梦"的特征,价值导向与实现路径,"『新疆师范大学学报』2013年04期.
张定鑫. 2013. "中国梦"研究:现状与展望——兼论中国梦战略的内涵,"『探索』2013年04期.
"江泽民同志在党的十六大上所作报告全文,"『中国日报网』2002.11.18.
"习近平:承前启后 继往开来 继续朝着中华民族伟大复兴目标奋勇前进,"『新华网』2012.11.29.
"习近平:中国梦与美国梦是相通的,"『广州日报』2013.06.09.
"习近平:承前启后继往开来 朝着中华民族伟大复兴目标奋勇前进,"『人民日报』2012.11.30.
"习近平:承前启后 继往开来 继续朝着中华民族伟大复兴目标奋勇前进,"『新华网』2012.11.29.
"习近平谈新时代坚持和发展中国特色社会主义的基本方略,"『新华社』2017.10.18.
"习近平说. 中国共产党人的初心和使命就是为中国人民谋幸福为中华民族谋复兴,"『新华社』2017.10.18.
"习近平说.实现中华民族伟大复兴的中国梦是新时代中国共产党的历史使命,"『新华社』2017.10.18.
"习近平在十二届全国人大一次会议闭幕会上发表重要讲话,"『新华网』2013.03.17.
"习近平在中国共产党第十九次全国代表大会上的报告,"『人民日报』2017.10.28.
"习近平总书记深情阐述"中国梦","『新华时政』2012.11.30.
"习近平总书记15篇讲话系统阐述"中国梦""『人民网』2013.06.19.
"新华社评论员：党的领导是行稳致远的根本保证——四论"中国信心从哪里来"『新华社』2018.08.25.
"实现中华民族的伟大复兴,"『中国网』2002.06.11.
"五年来 习近平这样多次阐述中国梦,"『人民网』2017.11.29.
"胡锦涛在纪念辛亥革命100周年大会上的讲话,"『新华网』2011.10.09.
"胡锦涛在中国共产党第十七次全国代表大会上的报告,"『人民日报』2007.10.25.
"胡锦涛23次提中华民族复兴 民族复兴必须找到正确道路,"『南方日报』2011.10.10.

3장

'중국몽(中國夢)과 중국 지식인 담론 지형의 변화: 방향과 그 동인 [14]

| 주장환 |

Ⅰ. 서론

2012년 시진핑(習近平)은 제18기 중국공산당 중앙위원회 총서기로 선출되었다. 이때부터 시작된 시진핑 체제의 중국은 그 이후 여러 측면에서 변화가 진행되어왔다. 특히 제19기 공산당 중앙위원회 총서기로 재선출되고, 집권 2기를 시작한 2018년 초반까지의 상황을 종합했을 때, 그의 권력 공고화는 매우 강력하게 진행되고 있는 것으로 평가된다(Fewsmith 2018). 동시에 상대적으로 더욱 그 자유화 정도는 낮아지고 있는 것으로 나타났다.[15] 즉 다소 도식화의 오류를 고려한다고 하더라도, 시진핑 체제의 공고화는 중국의 자유화 후퇴라는 것으로 정리될 수도 있다.

사실 시간을 거슬러 2012년과 2013년의 상황을 돌이켜보면, 이러한

14 이 글은 필자의 『中國學論叢』 63집(2019)의 글을 수정 · 보완한 것이다.

15 실례로, Freedom house에서 공포한 자료에 따르면, 등급이 아닌 총점을 기준으로 결과를 발표한 2015년 이후 2018년까지의 중국의 자유 지수는 각각 17, 16, 15, 14로써 지속적으로 하락했다. 보다 상세한 사항은 Freedom House(www,freedomhouse.org)의 연도별 보고서를 참조 바람.

현상의 도래는 이미 예견되었다. 2012년 시진핑이 최고 지도자가 되자마자 중국과 세계에 던진 담론은 바로 '중국몽'이었다. 중국인과 세계의 중국 전문가들은 모두 알만한 중국 역사의 부침에 대한 열거와 부흥을 설파한 것이 그 내용이었다. 그러나 이런 중화 또는 중국의 역사를 강조하고 애국심을 고취시키려는 시도는 이전 시기에도 있었다. 굳이 이전의 인식과 차별성을 말하자면, 중국 관방 레토릭 특유의 기념비적인 해에 대응되는 목표의 구체적인 제시가 있었다는 점이다(李斌 2012).

따라서 이렇게 의례적으로 보였던 또 매우 흔한 담론에 불과했던 중국몽에 대한 강조와 제기가 5년 뒤에는 이론화되고 세련화되어 헌법에 기재된 '시진핑 중국 특색 사회주의 사상(习近平中国特色社会主义思想)'에서 가장 중요한 내용과 아이디어로써 평가되고 있다(崔海教 2018). 또 시진핑 본격 집권 1년 차였던 2013년에 중국공산당 중앙위원회가 배포한 문건 '현 시기 이데올로기 영역 상황에 대한 통보(關於當前意識形態領域情況的通報)(이하 줄여서 '2013년 통보')'에서는 향후 국정 운영의 이데올로기 영역에서의 대체적인 방향이 제시되었다. 그 요지는 명확한 반서방, 반자유주의였다(陳曦 2013). 물론 이에 대해 2012년 보시라이(薄熙來) 사건 직후 중국공산당의 좌경 경향에 대해 표시한 강력한 반대 입장을 근거로, 좌와 우 사이에서 균형을 맞추려는 전형적인 행보라는 평가도 있었다(이남주, 2018). 그러나 그 이후 중국공산당의 행보까지를 종합해서 고려하면, 시진핑 체제의 이데올로기적 경향은 일정한 좌편향을 드러냈다고 보는 것이 더욱 타당하다고 판단된다.

본 연구는 시진핑 집권과 함께 제기된 중국몽이 중국 지식인의 담론 지형에 어떤 영향을 미쳤는지를 고찰하고자 한다. 이런 측면에서 본 연구는 지식인들의 정치 사조나 담론 지형의 측면에서 시진핑 체제 중국의 실재(實在) 파악 과정의 하나인 부분 퍼즐로 기능한다고 할 수 있다. 부연하자면, 본 연구의 논리적인 구조는 중국몽이라는 '기획된' 담론 프로젝트가 독립변수로써 종속변수인 지식인 담론 지형에 어떤 영향을 미쳤는가를 살펴보는 것이다. 따라서 본 연구의 질문은 중국몽은 어떤 배경과 특성을 가진 정치 담론인지? 또 어떻게 중국 지식인의 정치 담론 지형을 변화시켰는지? 그리고 그 동인은 무엇인지? 등의 질문으로 구체화할 수 있다.

전제로써 밝혀둘 것은 현재 중국 지식인 담론의 지형은 공산당이나 정부 일방이 아닌 이들과 지식인 사회 간의 상호작용 결과라는 것이다. 주지하다시피 지식인은 그 개념의 상이성에도 불구하고, 생성 이후 줄곧 한 국가 내부의 다양한 목소리를 대변할 뿐만 아니라 다른 한편으로는 조직해왔다(홍태영 2013, 205-210). 기실 당국가체제의 유지로 인해 사회 부문의 자율성이 상대적으로 취약한 중국 사회에서도 1980년대 중반 이후 시장경제의 발전과 더불어 지식인은 점차 독립적인 사회계층으로 자리 잡았다. 동시에 이들 내부의 이익 다원화의 결과로써 비교적 다양한 정치 사조들이 출현하기도 했다(이양호 2004). 따라서 그 비중은 다른 국가들과 일정한 차별성을 가진다고 하더라도 중국의 지식인 담론의 장은 국가와 시민사회 영역의 교차와 상호작용의 결과라고 할 수 있다. 특히 본 연구에서는 문헌에 대한 분석과 중국 지식인 담론의 장에서 활동하는 이들과의 심층 인터뷰를 통해 연구의 사실감과 생동감을 높인다.

II절에서는 중국몽이라는 담론 제기의 배경과 그 성격에 대해 규명한다. III절에서는 이 담론의 제기 이후 중국 지식인 담론 지형의 변화에 대해 분석한다. 특히 이 절에서는 지식인 담론 지형을 중국몽 담론 제출 기점 전후로 나누어 살펴본다. 결론에서는 본 연구를 요약하고 그 함의 및 시사점을 도출한다.

II. 중국몽의 담론 제기: 배경과 그 내용

1. 중국몽 담론 제기의 배경

2012년에 시작한 시진핑 체제는 2017년에 집권 2기로 들어섰다. 집권 1기에 그가 최초로 제기한 주장이 바로 중국몽이다. 원래 위대했던 중화민족의 재도약, 즉 부흥을 의미하는 중국몽은 집권 1기를 거쳐 2기에 들어서서 더욱 구체화되었다. 대표적인 적인 예가 바로, 중화민족 부흥의 시간표이다. 즉, 2012년 최초 담론 제기 시에 시진핑은 2021년 중진국 수준인 샤오캉(小康) 사회의 완성, 그리고 2049년에는 부강하고 민주적이며 조화롭고 문명화된 사회주의 현대화 국가의 완성이라는 중국몽의 달성 시간표를 제출했다(劉瓊 2012). 2017년에 그는 2021년에서 2049년 사이를 더욱 세분화하여 두 단계로 나누었다. 2035년까지 사회주의 현대화의 국가 완성을 기본적으로 실현하자고 주장했다(習近平 2017).

그렇다면, 시진핑은 다소 식상할 수 있는 중국몽이라는 개념을 왜 제시하고 또 이를 중심으로 그의 국정 통치 이데올로기를 구성했을까? 이에 대해서는 다음의 세 가지 측면에서 그 배경을 분석해볼 수 있다. 첫째, 국내적 측면에서, 한편으로는 1990년 이후 진행된 중국 당국의 민족주의화 경향의 자연스러운 귀결이고, 다른 한편으로는 이전 체제와의 차별성 부각의 필요성이다. 전자는 주지하다시피 1990년대 이후 중국의 국가와 시민사회 모든 영역에서 나타난 민족주의적 경향의 귀결태라는 것이다. 요컨대 중국에서의 민족주의는 공산당의 애국주의 교육 운동의 전개와 지식인 사회에서의 서방에 대한 비판 그리고 경제 성장과 국력 신장에 따른 국민의 자신감 증대와 복합적으로 결합되면서 성장했다. 반면 전통적인 사회주의 이데올로기는 꾸준히 쇠퇴했고,

따라서 민족주의는 이를 대체할 유력한 이데올로기로 부상했다(이희옥 2009). 시진핑 체제는 이점을 간파하고 통치 이데올로기로써 전면적으로 내세운 것이라는 분석이다.

후사는 이전 최고 지도자와의 차별성 부각의 차원이다. 주지하다시피, 중국은 당국가체제를 유지하기에 공산당 내 최고 지도자의 교체가 사실상 대부분 국가의 정권교체와 유사하다. 따라서 이를 증명하듯 역대 최고 지도자들은 저마다 자신들의 국정 이념을 내세워왔다. 중국공산당 당장(黨章)의 총강에 기재되어 있는 마오쩌둥 사상(毛澤東思想), 덩샤오핑 이론(鄧小平理論), 세 개의 대표 중요사상(三個代表重要思想), 과학적 발전관(科學發展觀) 등이 바로 그것들이다. 앞의 두 개는 그것들을 공식 주창한 최고 지도자의 이름이 들어갔고, 뒤의 두 개는 장쩌민(江澤民)과 후진타오(胡錦濤) 집권 시기의 대표적인 이데올로기이다. 이는 두 가지 의미를 가지고 있는데 하나는 개인 혹은 집단의 시대 상황에 대한 일종의 반응적 인식을 의미하며 다른 하나는 특정 시기의 집권 체제의 국정 운영의 방향을 의미한다(Bo 2004, 27). 이런 맥락에서 보면, 중국몽은 특히 경제성장률 하락, 과잉생산, 국가 및 기업 부채 급상승, 부동산 버블, 기업에 대한 높은 세금, 빈부격차의 확대 및 심화 등 문제의 극복 방향을 중국 체제를 구성하고 있는 전통적 핵심 가치와 담론을 중심으로 위기를 타개하려는 인식과 방향의 추상적 표현이라고 할 수 있다(홍건식 2018, 102). 예를 들어 직전의 지도 체제, 즉 후진타오 체제는 이런 개혁과 개방 정책 성공의 부작용에 대해 보다 '보편적인' 접근을 진행했다면, 시진핑 체제는 보다 '특수성을 강조한' 해법을 강조한다는 것이다.

둘째, 물론 상술한 내용과 연동되지만, 특히 국제 정치적 측면에서 지속적인 경제성장과 군사 증강으로 인해 불가피하게 미국 등 기존 강대국의 견제가 노골화되는 상황에 직면해있다. 대표적으로 미국의 아시아로의 회귀(Pivot to Asia) 정책과 일본과의 도서 분쟁 등이다. 이런 상황에 대해 중국은 기존의 수세적인 대응에서 벗어나, 보다 '적극적인' 대응을 한다는 방향으로 선회했고, 그 의지의 표현이 바로 중화민족의 위대한 부흥이라는 중국몽 개념의 제출과 대대적인 선전이라고 할 수 있다. 이 대목에서 적극적이라는 점을 보다 강조할 필요가 있다. 왜냐하면, 시진핑 체제의 기본적인 문제의식은 기존 강대국들의 견제와 압박에 대한 재반응(reaction)의 측면에 방점을 두고 있기 때문이다. 이는 핵심 이익의 강조, 신형대국관계론의 제시, 일대일로 정책의 추진 등을 통해서도 알 수 있다. 이들 정책과 기조들은 중국의 공격적 · 팽창적 외교의 대표적인 사례들이라기보다 실제로 기존 강대국들과의 직접적인 충돌을 회피하고자 하는 일종의 의사 표현으로 해석될 여지가 존재한다. 즉 미국 등 기존 강대국에게 중국의 부상을 있는 그대로 수용하고 여기에 부합하는 새로운 대국 외교를 구축해야 하며, 상호 핵심 이익에 대해서는 존중하며, 미국과 일본이 중국 동쪽으로부터의 봉쇄에 대해 맞대응보다는 서진(西進)하겠다는 의사를 표명한 것이라는 해석이다(주장환 2014, 51-52). 다만 그 방식과 기조가 중국 당국의 표현대로 '주동진취(主動進取)'와 '적극진취(積極進取)'화 한 것이다. 이는 개혁과 개방 시기 중국 외교정책 기조의 변화를 의미하고, 기존의 도광양회(韜光養晦)와 유소작위(有所作爲)에서 탈피한다는 것이다(황재호 2014, 12). 이렇게 봤을 때, 중국몽 개념의 제기는 2012년 당시 중국 집권층의 대내외 상황에 대한 인식과 대응 방안의 맥락에서 진행된 것이다. 그렇다면 그 주된 내용은 무엇인가?

2. 중국몽의 내용

우선 중국몽 담론을 공식적으로 제기한 시진핑의 표현에 따르면, 이 개념의 중심 내용 중 하나는 2020년까지 단기적인 시기 내에 '전면적 샤오캉(小康) 사회'를 건설하는 것이고, 다른 하나는 2049년까지 장기적인 시기 내에 '부강하고 민주적이며 문명화된 조화로운 사회주의 현대화 국가를 건설'하는 것이다(劉瓊 2013).

이런 측면에서 봤을 때, 시진핑의 중국몽에서 가장 특징적인 부분은 단기가 아닌 장기적인 목표이다. 즉 단기적인 2020년까지의 목표인 전면적 샤오캉(小康) 사회의 건설은 이전 체제, 더욱 구체적으로 말하자면, 후진타오 체제의 산물이다. 주지하다시피, 2012년 제18차 중국공산당 전국인민대표대회에서 2020년까지 국내총생산(GDP)과 도시 및 농촌 주민의 1인당 평균소득(가계 소득)을 2010년의 2배로 늘린다는 목표를 제시하면서 이의 달성이 곧 '전면적 샤오캉' 사회라는 신조어를 만들어 냈다. 동시에 이를 위한 지도사상으로 과학적 발전관을 내세우면서, 경제발전 방식과 경제 구조조정의 가속화와 민생 보장 및 개선의 지침으로 삼겠다고 주장했다. 이는 여러 한계에도 불구하고 일정하게 기존 성장 위주의 개혁개방 노선에서의 탈피를 의미하는 것으로 평가되었다(지만수 2008). 즉 전면적 샤오캉(小康) 사회의 건설은 기존의 개혁개방 노선이 아닌 과학적 발전관이라는 새로운 전략과 노선에 의해 실현될 목표이고, 따라서 이는 후진타오 체제의 유산이라는 의미이다. 이를 방증하듯, 실제로 시진핑은 2012년 집권 이후 이전 체제와의 차별성을 강조하기 위해 과학적 발전관보다는 기존의 개혁개방 노선을 더욱 강조했었다(이공화 2014, 112-113).

이러함에도 불구하고 전면적 샤오캉(小康) 사회 건설이 중국몽의 단기적 목표이자 중요한 내용으로 들어간 것은 중국 정치의 정책과 노선의 연속성 유지 메커니즘의 차원에서 그 이해가 가능하다. 즉 개혁개방 시기 이후 중국 정치에서는 의도적으로 최고 지도자의 교체와 정책 노선의 그것을 엇갈리게 배치하고 있는 것을 의미한다. 따라서 시진핑 역시도 그 자신의 국정 지도 이데올로기를 구성하는 데 일정하게 이전 체제의 유산을 받아 안을 수밖에 없는 상황이라고 판단된다. 한편 이러한 상황은 2017년 제19차 중국공산당 전국인민대표대회에서 지도사상으로 삽입된 '시진핑 신시대 중국 특색 사회주의 사상'에서도 그대로 나타나고 있다. 즉 여전히 이전 덩샤오핑, 장쩌민 특히 후진타오 체제의 이데올로기적 유산으로부터 완전한 탈피라기보다는 그 연장선 속에서 새로운 지도사상의 내용이 구성되고 있다는 의미이다(주장환 2018, 192-193).

한편 이런 맥락에서 중국몽에서의 보다 핵심적인 내용은 2049년까지의 중장기적인 목표로 설정한 부강하고 민주적이며 문명화된 그리고 조화로운 사회주의 현대화 국가의 건설이라는 것이다. 이것이 이른바 '중화민족의 위대한 부흥의 구체적 내용이자, 중화민족의 가장 위대한 꿈이다'라는 주장이다. 이 목표를 보다 구체적으로 살펴보면, 다음과 같은 특징을 도출할 수 있다. 첫째, 논리적으로 중국몽은 근본적으로 사회주의 현대화 국가의 건설을 의미한다. 부강, 민주, 문명 그리고 조화라는 의미는 그 구체적인 내용을 가리키는 일종의 수식어이다. 즉 2049년에 도달할 목표는 사회주의 현대화 국가의 건설이고 이 국가는 상기한 속성을 담고 있다는 것이다. 여기에서의 사회주의 현대화 국가의 건설은, 2017년에 공식 제기되고 당의 지도사상으로 삽입된 시진핑 신시대 중국 특색 사회주의 사상에 따르면, 사실상 사회주의 초급단계의 완성을 의미한다. 즉 중국몽의 가장 큰 특징은 '중국식' 사회주의의 발전 과정과 그 궤를 같이한다는 것이다.[16] 이런 맥락에서 보면 중국몽

16 여기서 '중국식'이라는 의미는 생산력이 미발전된 상태에서 생산 관계의 우선적 변화를 시도하여, 미발달한 사회주의 단계라는 과도기를 불가피하게 설정했다는 것임. 이와 관련된 보다 상세한 사항은 서진영(2008, 374-375)을 참조 바람.

은 기본적으로 사회주의(중국공산당)몽이라고 할 수 있다.

둘째, 이 중국몽의 구체적인 특징을 규정하는 부강, 민주, 문명 그리고 조화라는 개념은 여전히 미완성이라고 판단된다. 즉 이들 특징 중 부강을 제외하고는 그 구체적인 내용에 대해 밝혀진 바가 없고, 그 방향성만 존재한다는 의미이다. 예를 들면, 어떤 민주, 문명 그리고 조화인지에 대한 구체적인 상과 내용을 제시하기보다는 '중국식'이라는 수식어로 치장되어 있다. 이 때문에 이들 특징 중 '부강'만이 강조되고 있는 실정이다. 즉 시진핑이 밝혔듯이 중국몽은 중국식 사회주의 발전의 내재적 의미이며, 부와 힘의 증진으로 국가를 재건하고 인민의 복지를 증진시키는 것이 핵심 내용이 되는 것이다. 따라서 국내용이라는 평가가 지배적이다(Ferdinand 2016, 946). 이 점 때문에 국내적 차원에서 중국공산당의 정당성과 지위 그리고 국민의 결속력을 제고시킨다는 효과 외에 국외적 차원에서 중국의 부상에 대한 부정적 인식 차단에는 이 개념의 제기 초기부터 그리 효과가 크지 않을 것이라는 분석이 존재했다(Wang 2014, 12-13). 실제로 이러한 중국몽이라는 국정 지도 이데올로기에 입각한 구체적인 대외정책은 대표적으로 중미 관계, 한중 관계 그리고 일대일로 사업 등 측면에서 현재 시점에서의 높지 않은 평가를 초래하고 있다(홍건식 2018, 103-104).

정리하자면, 중국몽은 경제적 성장으로 인해 그 균열이 확대된 사회통합 정도와 집권 세력의 정당성 제고 그리고 시진핑이라는 최고 지도자의 권력 공고화를 위해 기획된 중국공산당의 일종의 정치 이데올로기 캠페인이다. 즉 중국공산당의 새로운 통치 이데올로기이자 이를 실현할 일련의 '정치 공작(political work)'의 도구인 셈이다. 그 방식은 이미 존재하던 병에다가 새로운 술을 담는 것이었다. 즉 여기에서 이미 존재하던 병은 중국인들이 보편적으로 내재하고 있는 근현대에 대한 기억, 즉 민족적 쇠락에 대한 치욕과 부흥에 대한 희망 정서를 가리킨다. 또 새로운 술이라는 것은 경제뿐만 아니라 사회적 요구를 수용하고 그 방안을 제시하는 중국공산당의 새로운 시기의 집권 플랜을 의미한다. 따라서 그 내용은 다분히 전체적으로 민족주의적인 성향을 띄며, 대외보다는 대내적인 문제에 치중하는 성격을 가지고 있다고 할 수 있다.

III. 중국몽과 지식인 담론 지형의 변화

1. 중국몽 담론 제출 이전 지식인 담론 지형의 특징

개혁과 개방 정책 실시 이후 중국 지식인 담론 지형은 기본적으로 사회 전체의 전환 과정과 그 궤를 같이한다. 그 출발점은 무(無)에서 출발했다고 해도 과언이 아니다. 즉 마오쩌둥이 지식인을 박해하고 탄압했던 문화대혁명 이전 시기에 중국 지식인 집단은 사실상 해체되었고, 이와 동시에 그들이 생산해내는 담론이라는 것 자체도 매우 미약하게 생산되었다(이욱연 2004, 206). 따라서 이 시기 중국에서 국가체제에 편입되지 않는다는 의미에서 사회에서의 지식인과 그들이 생산해내는 지식 혹은 담론이라는 것은 사실상 존재하지 않았다. 반면 개혁과 개방 정책의 실시와 더불어 국가체제 외의 공간이 생겨나기 시작했다. 동시에 복수의 지식인 그룹과 그들의 담론이 나타나기 시작했고, 자연스러운 분화가 생겨나기 시작했다.

한편 이 분화의 과정은 기본적으로 자유주의와의 논쟁 과정을 통해 살펴볼 수 있다. 개혁과 개방 정책 시행 초기, 즉 1980년대에 가장 단일하고, 동질적인 목소리를 내기 시작한 중국의 지식인 그룹은 자유주의라고 할 수 있다. 이들은 그 이론의 정합성 여부는 차치하더라도, 문화대혁명과 같은 극좌적인 노선으로의 회귀에 반대하고, 정치적 민주를 요구하며, 경제적 차원에서의 개혁과 개방을 적극 지지한다는 차원에서 동질성과 집합성을 가졌다(샤오꽁친 · 서석홍 2002, 69). 이들은 1980년대 중반 이후 당시의 관방 이데올로기로 선택받았던 신권위주의와 논쟁을 진행했다. 신권위주의는, 이들 주창자들의 진의와는 상관없이, 경제 발전을 정치 민주화의 우선순위에 두며, 이 둘의 관계를 이분법적이고 단계론적으로 사고하는 경향으로 인해 당시 중국 당국의 입장을 대변하는 것으로 이해되었다. 즉 자유주의의 급진적 민주화 주장은 중국 사회에서의 권위와 질서를 와해시켜 종국적으로 현대화를 실패하게 만들 것이라는 체제 유지적 측면에서 보수주의적인 색채를 분명히 했다. 이들 두 사조 사이의 논쟁은 자유와 권위, 급진과 점진 그리고 개인과 전체라는 개념을 두고 대립했다(馬立誠 2017, 11-14). 이 논쟁의 결과는 현실적으로 신권위주의의 강력한 둑을 무너뜨리지는 못했지만, 1949년 이후 사회주의 중국에서 개인의 가치를 전면에 내세우는 자유주의가 중국의 주요 정치 사조가 되었다는 점에서 그 의미가 매우 깊다고 할 수 있다.

1980년대 신권위주의와의 논쟁 이후 자유주의는 1990년대 들어서 일정한 변화를 겪었다. 그 대체적인 방향은 온건화로 표현되고 있다. 즉, 구소련과 동유럽의 붕괴로 인한 급진적 체제 전환에 대한 현실적 우려, 중국 내 시장화 진전으로 인한 지식인의 경제적 지위 향상 등으로 인해 루소식의 급진적 자유주의로부터 하이에크의 영미식 자유주의 이론에 대한 중시가 이뤄졌고, 그 결과가 바로 정치보다는 경제 영역에 치중하고, 그 방식은 보다 점진적인 온건한 자유주의로 변화했다는 것이다. 동시에 자유주의 사조는 당시의 보수주의적인 시대 상황에 동화되는 양태를 보여줬다. 이런 의미에서 당시의 자유주의 사조는 실제로는 민족주의를 주장하고 과학과 민주를 강조했던 계몽주의적 서방 문화에 반대하는 신권위주의의 변화태인 당시 신보수주의적 흐름과 그 궤를 같이한다고 평가할 수 있다(이양호 2004, 227-228).

이런 보수화된 자유주의는 1990년대 후반 '신좌파'라고 불리는 정치 사조와의 논쟁에 직면한다. 이 신좌파는 온건형(포스트 모더니즘 형)과 급진형(인민주의형) 그리고 신민족주의자, 포스트 모더니스트, 신국가주의자 등으로 그 구성요소에 대한 견해는 상이하지만, 당시 시장화 드라이브를 강하게 추진하는 당국을 비판하면서도, 기존의 경직된 사회주의적 방식은 경계하는 이념적 스탠스를 가지는 일군의 학자들을 가리킨다. 정치 이념으로 보면 민주와 평등의 가치를 자유의 그것보다 높게 평가하고 있다. 이런 맥락에서 중국에서의 현대화라는 문제를 보편보다는 특수한 길로 접근하려 한다고 할 수 있다(Fewsmith 2001, 217-230; 蕭功秦 2002).

이들과 자유주의 간의 논쟁은 1990년대 말 본격적으로 진행된다. 이 과정은 매우 복잡하지만, (개괄하자면) 다음과 같은 쟁점을 두고 전개되었다. 첫째, 체제의 문제에 있어서 자유주의는 자본주의를, 신좌파는 자본주의와 사회주의를 초월하는 체제를 주장한다. 즉, 자유주의는 보편적인(?) 현대적 체제인 자유, 민주, 개인주의, 시장경제 등의 요소 도입을 적극 주장한다. 반면 신좌파는 중국의 문제와 세계 자본주의 체제는 직결되어 있으므로 중국이 추구해야 할 현대성은 반서구 자본주의를 중심으로 (그렇다고 기존의 현실 사회주의도 아닌) 제3의 길인 제도 혁신을 이뤄야 한다고 주장했다. 둘째, 사회 공정의 문제에 대해서도 이 양 그룹은 그 입장 차가 분명했다. 자유주의는 중국 사회 불평등과 격차 심화의 원인을 불철저한 시장 경제화와 과도한 정부의 개입이라 주장하고, 신좌파는 오히려 신자유주의적 시장화 과정에서 다수가 희생당하고 있으며, 따라서 시장화 개혁을 중단하고 자유화를 제한해야 한다고 주장했다. 전자는 교환의 공정성을, 후자는 분배의 공정성에 방점을 두고 있다. 셋째, 부패 문제와 관련해서, 자유주의는 헌정과 법치가 정착되지 않고 이와 연동되어 국민의 기본적인 자유와 권리가 보장되지 않기 때문에 발생한다고 보고 있다. 반면 신좌파는 정치개혁 자체에는 반대하지 않지만, 자유주의보다 더욱 적극적인 자유와 직접적인 민주를 실시해야 한다고 주장했다(박승현 2006).

이러한 쟁점에서 분명한 차이를 보이는 이 시기의 자유주의와 신좌파는 각각 관방화된 순차론적 인식론의 오류를 노정하고 있고 사실상 자본주의화 되어 있는 중국 사회의 문제를 사회주의적인 방식으로 극복될 수 있다고 보는 퇴행적 인식론이라는 혐의(?)를 받으면서 중국 지식인 담론 지형에서 주도적 위치를 차지했다(강진석 2010, 55-56).

한편, 21세기의 도래와 함께 중국 지식인의 담론 지형은 또 한 번 변화를 겪는다. 이 변화의 현실적 근거는 중국에서 개혁개방 정책의 성공과 그 부작용에 대한 광범위한 인식의 공유이고, 더 구체적인 배경으로는 후진타오 체제의 포스트 개혁개방 정책에 대한 움직임이다. 즉 급속한 경제성장으로 인한 중국 국력의 제고와 더불어 소득, 지역 그리고 도농 격차의 확대에 대한 부작용이 동시에 광범위하게 상식으로 받아들여지고, 후진타오 집권을 계기로 이전의 신자유주의적인 성장 방식이 아닌 과학적 발전관, 조화사회 등으로 상징되는 새로운 발전 방식이 제기되었다. 이는 개혁개방 정책에 대해 비판자의 위치에 있던 신좌파를 체제 내화하는 결과를 낳았다.

물론 2004년 '베이징 컨센서스' 개념의 제출과 이의 정교화와 확신을 의도한 중국 당국의 시도는 그리 성공적으로 진행되지 않았다. 주된 이유로는 신자유주의에 대한 비판이 당국가체제에 대한 옹호로 이어지는 논리 구조와 그 이상을 담보하는 구체적인 비전이 제공되지 못했기 때문이다. 그러나 사실상 중국 담론계는 사실상의 중국 특색 사회주의와 유사한 중국 모델론에 경도되는 경향을 보여줬다. 기존과는 달라진

양상은 이 중국 모델론이 기존의 관방 이데올로기들이 강조하던 특수성보다는 중국 모델의 보편성과 대체성을 강조한다는 측면에서 더욱 공세적이라고 할 수 있다.

이 측면에서 2008년 베이징 올림픽은 분기점이 되는 해였다. 국내적으로는 베이징에서 올림픽이 개최되었고, 국제적으로는 미국발 금융위기가 발생하면서 중국에서 국가주의와 민족주의의 열기가 최고조에 달했다. 이를 계기로 중국 담론계는 자유주의가 주창해온 보편적 가치와 다양한 사조들이 제기하는 중국 모델론 간의 논쟁이 발생했다. 2008년 이후 산발적으로 이뤄지던 논쟁이 2010년에는 전국적으로 중국 모델을 둘러싼 학술회의와 토론회가 개최되었고 여전히 이 논쟁은 진행 중이다. 그러나 그 특징을 정리하자면 다음과 같다. 첫째, 이 논쟁은 중국의 현실적인 부상과 세계화의 모순의 심화에 대한 중국 내부에서의 문제 제기이다. 더구나 이 문제 제기는 특수보다는 대체와 보편을 고민한다는 차원에서 매우 대자적이라고 할 수 있다. 둘째, 기존 중국 담론계에서 현대성의 모색을 탈 서구적인 것에서 찾으려는 사조들이 이 과정에서 일정한 연대(?)를 의도치 않게 이루게 되었다. 즉 신좌파뿐만 아니라 문화 보수주의 그리고 일부 자유주의 계열의 논자들까지도 그 방점과 접근방법은 다르지만, 중국 모델의 의의와 그 가치를 인정하고 있다(최은진 2011, 141-143).

결국, 중국몽이 제기되기 전의 중국 지식인 담론의 지형은 이미 신좌파, 문화 보수주의 등이 주도하는 국가와 민족주의적 경향이 우세한 특징을 보였다고 평가된다. 물론 그 과정은 여전히 논쟁 중이며, 따라서 특정한 담론 혹은 이론으로 정리되고 있다는 징후는 발견되지 않고 있다. 반면 자유주의는 자본주의 체제의 위기와 그와 무관한 중국의 지속적 성장으로 인해 그 이론적 기반이 일시적으로 취약해졌다. 이와 연동되어 그들의 기존 주장의 설득력 역시 현저하게 떨어진 측면이 있다.

동시에 일부 자유주의자들이 국가주의 또는 신유가 등 문화 보수주의자들과의 결합을 시도하기도 했다.[17]

2. 중국몽 담론 제출 이후 지식인 담론 지형의 특징

상술한 상황을 배경으로 중국몽 개념은 제출되었다. 즉 당시의 시대 상황과 완전히 역행되거나 돌출적이지 않았다는 의미이다. 부연하자면, 2010년 이후 전반적인 중국 지식인계의 보수화 경향 속에서 중국몽은 관방에 의해 개념화되었다는 의미이다. 그 이후 중국 지식인 담론의 지형은 어떻게 변화했을까? 먼저 전반적인 특징이다. 지식인의 담론 지형이 상당히 체제 내로 그리고 이런 측면에서 국가주의적이고 보수화되는 상황이라는 것이 중론이다. 이와 연동되어서 반성이나 비판적 성격은 퇴색되어 간다는 의미이기도 하다. 학자들에 따라 그 개념은 다르지만 '중화의 재보편화'와 문화주의의 복원, 권력-지식복합체로서의 유학의 부흥, 중국 자유주의의 '위기', '돌을 더듬어 강을 건너는(摸著石頭過河) 시기가 종결됐다.' 등으로 이 시기의 중국 지식인 담론 지형의 특징을 규정하고 있다(전인갑 2015; 조경란 2016, 21-66; 허자오톈 · 임우경 2017, 333- 334).

다음으로, 중국 지식인 담론계의 주요 사조들의 반응을 살펴보면 다음과 같다. 첫째, 신좌파이다. 이들은 시진핑 체제와 '밀월관계'라 불릴 만큼 매우 근접한 행보를 보이고 있다. 특히 이 시기 이들은 기존의 중국 모델론보다 추상화되고 특수화되고 내재화된 '중화성(中華性, Chinese-

17 이런 측면에서 중국 담론계의 키워드가 1980년대의 개인, 1990년대의 계층 그리고 2010년을 전후로 '국가'로 변화되었다는 주장은 매우 적절하다고 판단된다(조경란 2013, 38-39).

ness)'에 착목하고 있는 경향이 뚜렷이 드러나고 있다. 사실상 시진핑 체제가 강력하게 드라이브를 걸고 있는 이른바 '신발론(鞋子論)', 즉 "신발이 맞는지 맞지 않는지는 신어봐야 알 수 있고, 국가 발전의 길은 그 국가의 인민만이 안다."라는 맥락의 주장을 하고 있는 셈이다(夏涵 2013). 실제로 시진핑 집권 이후 이른바 '삼좌합류(三左合流)' 현상이 나타났고, 이 삼좌에는 관방이 주장하는 좌파, 민간에서의 마오쩌둥식 좌파와 신좌파가 들어간다고 주장하는 견해도 존재한다. 동시에 이들의 합류 지향은 마오쩌둥의 유산을 계승하고, 20세기 중국 혁명의 경험을 존중하며, 서방의 길을 거절하는 것이라고 규정했다(張博樹 2018). 중요한 것은 이들 신좌파의 일부 학자들이 중국적 특수성의 보편화를 추구하는 경향을 이전에도 추구해왔지만, 이 특수한 표준을 중국 전통의 가치와 문화에 찾는 경향이 노골화되었다는 것이다(박병석 2018, 227-228). 이런 측면에서 보수주의적 경향은 강화되었고, 동시에 그 보편화와 개방성의 수준은 약화되고 있다는 것으로 평가될 수 있다.

둘째, 자유주의자들이다. 이들은 역사적으로 그리고 표면적으로 시진핑 체제의 성격과 가장 크게 배치되는 성향을 가지고 있다. 그러나 중국몽 이후의 대체적인 분위기에 편승하는 그룹이 나타나고 있다는 점이 매우 흥미롭다. 자오팅양(趙汀陽)과 쉬지린(許紀霖) 등이 대표적이다. 자오팅양은 '천하체계론'을 주장하고 있다. 즉 중국의 전통적 천하관을 21세기 평화의 세계질서 원리로써 복원하자는 것이다. 이 주장은 중국 전통에서의 천하관을 바탕으로 새로운 세계의 이념과 제도를 구성하자는 것으로 해석된다(趙汀陽 2017). 쉬지린은 '신(新)천하주의'라는 개념을 통해 중국의 지혜로 천하의 질서, 즉 다원적 문명 질서를 새롭게 구성해야 한다고 주장하고 있다. 기본적으로 중국의 굴기와 부상을 긍정하고, 새로운 공존과 융합의 원리로써 유교의 가치를 긍정하는 논점을 가지고 있는 주장이다. 동시에 매우 이질적인 사상 조류인 자유주의와 유가를 결합하려는 시도라고 할 수 있다(許紀霖 2014).

셋째, 문화 보수주의자들이다. 여러 종류의 문화 보수주의자들 중 가장 크게 영향력을 확대하고 있는 이들은 유교 중국의 건설을 핵심 가치로 여기는 이들이다. 실제로 유교문화의 부흥은 중국의 부상이 현실화된 2000년대 들어서 시작된 일이다. 그러나 중국몽 개념의 공식 제기와 함께 더욱 체제 내화 되었다고 평가된다. 이들은 기존보다 더욱 과감한 주장들, 예를 들면 유학으로 현대 중국 사회의 재구성을 시도하는 '현대의 유학화', 사회주의 가치의 대체 또는 보완의 의미로서 유교의 '공민종교화', 당대 중국 정치 현실의 정당성 및 합법성 제고를 시도하는 유교에 뿌리를 두고 있는 '현능주의' 등을 들 수 있다.[18]

결국, 중국몽 개념의 제기와 지식인 담론 지형의 변화와의 관계는 상호 보완적이라고 할 수 있다. 즉 2000년대 들어 중국의 지식인 담론 지형이 전반적으로 보수화의 방향으로 진행되었고, 2012년 이후 중국몽 개념이 본격적으로 제기되고, 그 이후 담론 지형의 보수화는 더욱 심각해진 것으로 판단된다. 따라서 시간의 선후 관계를 고려했을 때, 오히려 중국몽 개념의 제기가 오히려 후에 이뤄진 것을 알 수 있다. 즉 중국몽 개념의 제기는 집권 엘리트층 내에서의 특정한 의도를 담은 기획과 그에 따른 인위적인 행동이었다는 점은 분명하다 하겠다. 그러나 신좌파나 자유주의가 유학과의 접목 시도가 2000년대 들어 이미 시작되었고, 그 자체가 강제나 외부의 압력에 의해 진행되었다고 보기 어렵다고 판단된다. 특히 중국 사회에서 가장 서구적이고, 이런 측면에서 가장 이질적이라고 할 수 있는 자유주의 내에서 2008년의 류샤오보(劉曉波)의 노벨평화상 수상과 투옥 그리고 당대 중국 최초의 인권선언문이라고 평가되는 08헌장 공포라는 대단히 상징성이 큰 사건이 발생했

---

18 이 각각의 주장에 대한 보다 상세한 사항은 조경란(2018)을 참조 바람.

음에도 불구하고, 그 분화가 오히려 가속화되었다는 점도 상기 판단의 근거가 된다(조경란 2013, 95-97; 148-152).

이런 측면에서 보면, 중국의 현실적인 부상과 이에 대한 대내외적인 객관적 승인이 중국 지식인 담론 지형 변화의 가장 중요한 동인이라고 할 수 있다. 즉 전반적인 중국 지식인 담론 지형의 보수화와 전통주의화가 이 원인으로 인해 진행되었다는 것이다. 중국몽 개념의 제기는 바로 이런 동인에 대한 집권 엘리트층, 즉 관방에서의 반응이라고 할 수 있다. 물론 이런 반응이 예사롭지 않았던 것은 사실이다. 실제로 시진핑은 중화민족의 위대한 부흥을 실현하는 것이 중국의 꿈이며, 이것은 반드시 중국의 길을 걷고 중국의 정신을 선양하며, 중국의 힘을 결집해서 실현해야 한다고 강조했다. 즉 글로벌 스탠다드에 중국을 맞추는 것이 아니라, 중국의 스탠다드에 근거해서 대국의 길을 가겠다는 의지를 분명히 한 것이다(전인갑 2014, 437). 또 이를 상기한 '2013년 통보'를 통해 그 반서방, 반자유주의의 성격을 구체화하여 공표했다. 그러나 이로 인해, 물론 당국가체제가 온존하고 있는 중국의 현실을 고려했을 때, 보다 그 경향이 강화되었을 개연성은 높다고 판단되지만, 그렇다고 주된 동인이라고 보기에는 무리가 있다. 결국 중국 지식인계의 변화와 당국의 움직임은 상호 상승작용을 일으킨 것이라고 할 수 있다.

IV. 결론

본 연구는 시진핑 집권과 함께 제기된 중국몽이 중국 지식인의 담론 지형에 어떤 영향을 미쳤는지를 살펴보았다. 연구 결과, 시진핑 집권과 함께 중국 사회는 보수주의와 전통주의화가 일정하게 진전되었다고 했을 때, 중국몽은 이런 흐름을 '촉진하는' 요인으로 분석된다. 즉 시간의 순서로 보면 중국몽이 중국 지식인 담론 지형 변화의 독립변수라고 볼 수 있지만, 주된 것이라고 보기는 어렵고 역으로 2000년대 이후 중국 지식인 담론 지형의 변화 움직임 역시 이 중국몽 담론 제기의 독립변수 중 하나로 볼 수 있다는 의미다. 오히려 주된 동인은 중국의 국력 신장으로 인한 국제사회에서의 부상 그리고 이에 대한 대내외적인 승인이라고 할 수 있다. 이런 판단의 가장 큰 근거는 2000년대 들어 이미 중국 지식인 담론계에서 보수주의와 전통주의화 흐름이 존재하고 강화되었다는 사실이다.

이 연구 결과는 다음과 같은 함의와 시사점을 가진다. 첫째, 시진핑 체제에 대한 성격과 관련한 문제이다. 더 구체적으로 이 문제는 주요하게 이 체제의 자율성, 내구성 그리고 이와 연동된 강압성과 관련되어 있다. 즉 시진핑 체제 특히 2017년부터 표면화된 2기의 권력 집중화와 反자유주의화 현상이 특정 정치 파벌 혹은 그룹의 독자적이고 기획된 행위의 결과이고, 위로부터 아래로의 단방향 움직임인가 여부이다. 그러나 이 연구의 결과는 적어도 지식인을 비롯한 사회 분야, 즉 아래로부터의 암묵적 혹은 소극적 방관 내지 동의의 결과일 수도 있다는 점을 일정하게 지지하고 있다.

이런 측면에서 기존 자유주의적 입장에서 현재에는 그 입장을 버리고 시진핑 체제에 대해 유보적인 지지를 보이고 있는 한 학자의 진술은 매우 의미심장하다. 그는 "중국 지식인들은 현재 3번째 사상의 전환을 경험하고 있다. 1차는 마오쩌둥 사상으로의 전환이고, 2차는 자유주의로의 그것이며, 3차는 현재 진행 중이다. 많은 지식인이 중국 모델론을 위시한 자유주의적이지 않은 새로운 대안적 인식에 일정한 지지를 보이고 있다. 유보적이라고 하더라도 이는 대단히 중요한 변화이다. 시진핑으로의 권력 집중에 대해서도 유보적인 입장이다. 정서적인 반감은 존재한다. 그러나 그렇다고 장쩌민과 후진타오 집권 시기와 같은 분권적인 체제가 과연 현재 중국의 현실에 적합한가에 대해서는 고민이다."[19] 라고 진술하고 있다.

둘째, 중국 지식인계의 변화와 관련된 문제이다. 최근의 중국 지식인계의 동향을 요약하면 빈체제적인 일부 자유주의자들을 제외하고는 대부분 역사적으로 그 뿌리가 매우 깊은 '중체서용(中體西用)'의 프레임을 벗어나지 못하고 있다고 평가할 수 있다. 특히 서구의 포스트모더니즘과 탈식민주의 그리고 오리엔탈리즘을 동원하여 서구 사회의 우월성, 중심성 그리고 보편성을 강조하고, 반면 비서구 사회의 열등성, 주변성 그리고 특수성을 대비시키는 서구중심주의에 대항하고 그 해체를 시도했던 신좌파의 예는 매우 의미심장하다.

이들은 이미 2000년대 들어서 점차 중국 혹은 중화라는 자국 혹은 자문화에 대한 우월성과 중심성 그리고 보편성을 확인하고 이를 이론화하려는 경향으로 경도되고 있다(박병석 2017). 그 이유에 대해서는 여러 측면에서 분석을 진행할 수 있겠다. 주되게 이들 지식인 집단의 이론의 취약과 철저한 성찰의 부족 그리고 실천과의 긴밀하지 못한 결합, 미국으로 대표되는 서구 사회의 견고함 등이 그 대표적인 측면이다. 그러나 왜 돌고 돌아서 이들은 중국 근대의 사고 패턴으로 회귀했을까의 문제에 착목한다면, 오히려 이들이 다른 지역이나 국가의 지식인과 다르지 않고 유사하다는 점을 확인했기 때문에 중국의 세계화를 실감하게 된다.

19 베이징 인터뷰(2018.07.20).

「 참고문헌 」

강진석. 2010. "총론: 당대 중국의 사상 사조," 『오늘의 동양사상』 제21호.

박병석. 2017. "20세기 말 중국 신좌파 중화성 담론의 전개, 의의 및 비평," 『한국동양정치사상사연구』 제16권 1호.

_____. 2018. "21세기 초 중국 신좌파의 중국 정치 모델론과 중화성," 『한국동양정치사상사연구』 제17권 2호.

박승현. 2006. "세계화와 90년대 중국 지식인의 대응: 자유주의와 신좌파를 중심으로," 『철학탐구』 제19호.

샤오꽁친 · 서석홍. 2002. "1990년대 이래 중국 지식인의 사상 분화," 『오늘의 문예비평』 6월호.

서진영. 2008. 『21세기 중국 정치』, 서울: 폴리테이아.

이남주. 중국의 '좌우 논쟁(左右之爭)'과 시진핑 체제, http://www.pressian.com/news/article.html?no=109777 (검색일: 2018.06.10).

이양호. 2004. "개혁개방 이후 중국 지식인들의 사조와 사상," 『한국동양정치사상사연구』, 제3권 1호.

이옥연. 2004. "지식인의 사회적 위상과 문화적 역할," 전성홍 편, 『전환기의 중국 사회 I 』, 서울: 오름.

이종화. 2014. "시진핑의 중국의 꿈과 과학적 발전관의 미래발전," 『중국과 중국학』 제23호.

이희옥. 2009. "중국민족주의 발전의 이데올로기적 함의," 『중국학연구』 47호.

조경란. 2013. 『현대중국 지식인 지도: 신좌파, 자유주의, 신유가』, 파주: 글항아리.

_____. 2016. 『국가, 유학, 지식인: 현대 중국의 보수주의와 민족주의』, 파주: 책세상.

_____. 2018. "2000년대 중국의 유교 부흥 현상 분석: 의미와 문제점," 『한국학연구』 제49호.

전인갑. 2014. "현대중국의 인문 담론과 중국몽: 한국의 시각," 『한중인문학포럼 발표논문집』.

_____. 2015. "지식 패러다임의 반전과 '제국몽': 중화의 재보편화로," 『중국근현대사연구』 제68권.

주장환. 2014. "중국의 대중앙아시아 정책: 서진 전략의 배경, 내용, 전망", 『한중사회과학연구』 제12권 제3호.

_____. 2018. "사회주의 초급 단계론에 대한 중국의 새로운 인식: '시진핑 신시대 중국 특색 사회주의 사상," 『마르크스주의 연구』 제15권 제3호.

지만수. 2008. "중국의 과학적 발전관의 내용과 함의," 『아태연구』 제15권 제1호,

최은진. 2011. "중국 모델론을 통해 본 중국 사상계의 지식 지형," 『중국근현대사연구』 제50권,

허자오톈, 임우경, 2017. "중국의 굴기와 당내 '사상의 무의식'," 『창작과 비평』 45권 3호.

홍건식. 2018. "시진핑의 중국몽과 정체성 정치," 『국제정치논총』 제58권 제1호.

홍태영. 2013. "지식과 권력 그리고 지식인-집단지성 시대 지식인의 새로운 상을 위하여," 『현대정치연구』 6권 1호.

황재호. 2014. "신 동북아 안보환경과 한중협력," 『전략연구』 제21권 제4호.

Bo, Zhiyue. 2004. "Hu Jintao and the CCP's Ideology: A Historical Perspective," *Journal of*

Chinese Political Science, Vol. 9, No. 2.
Ferdinand, Peter. 2016. "Westward Ho-the China Dream and 'One Belt, One Road': Chinese Foreign Policy under Xi Jinping," *International Affairs*, Vol. 92, No. 4.
Fewsmith, Joseph. 2001. *China Since Tiananmen: The Politics of Transition*, Cambridge: Cambridge University Press.
Fewsmith, Joseph. "The 19th Party Congress: Ringing in Xi Jinping's New Age," https://www.hoover.org/sites/default/files/research/docs/clm55-jf-final.pdf (검색일: 2018.04.19).
Wang, Zheng, "The Chinese Dream: Concept and Context," *Journal of Chinese Political Science*, Vol. 19, No. 1, 2014.

陳曦,《明鏡月刊》獨家全文刊發中共9號文件, http://www.molihua.org/2013/08/9_7925.html (검색일: 2018.06.10).
崔海教. 習近平新時代中國特色社會主義思想的理論威力, http://www.qstheory.cn/dukan /qs /2018-04/15/c_1122670078.htm(검색일: 2018.06.10).
李斌, 習近平：承前啟後 繼往開來 繼續朝著中華民族偉大複興目標奮勇前進, http://www.xinhuanet.com/politics/2012-11/29/c_113852724.htm (검색일: 2018.06.10).
馬立誠.『最近四十年中國社會思潮』, 上海: 東方出版社, 2017特寫：習近平九提"中國夢, http://theory.people.com.cn/n/2013/ 0320/ c49150-20851599.html (검색일: 2018.01.10).
蕭功秦.「新左派與當代中國知識分子的思想分化」:『當代中國研究』, 2002年 第1期,
習近平：決勝全面建成小康社會 奪取新時代中國特色社會主義偉大勝利——中國共產黨第十九次全國代表大會上的報告,http://www.gov.cn/zhuanti/2017-10/27/content_5234876.htm (검색일: 2018.02.28).
夏涵. 學者稱習近平"鞋子論"具時代新意 鼓勵人誠信 , http://www.chinanews.com/gn/2013/04-01/4693905.html (검색일: 2018.10.01).
許紀霖.『中國,何以文明』, 北京: 中信出版社, 2014年.
張博樹. 中國思想光譜分析, http://www.minzhuzhongguo.org/Main ArtShow.aspx?AID=52548(검색일: 2018.10.02).
趙汀陽. 天下秩序的未來性, http://www.cssn.cn/zhx/zx_zhyj/201706/t20170629_3565234.shtml (검색일: 2018.09.12).

4장

중국의 민주주의 인식과 중국몽[20]

| 유은하 |

Ⅰ. 서론

이 장의 목적은 중국의 민주주의에 대한 인식과 실행을 이른바 중국몽(中国梦)과의 연계성 속에서 설명하려는 것이다.

'중화민족의 위대한 부흥—중국몽'이란 수사를 시진핑(习近平)이 취임 직후부터 직접적으로 두드러지게 사용해오면서 중국몽이 일견 시진핑 시기를 특정하는 국정 슬로건으로 보일 수 있다. 그러나 중국몽이란 언술은 시진핑이 공개적으로 쓰기 훨씬 전부터 이미 중국 안팎에서 사용되어왔을 뿐 아니라 그 개념적 내용의 측면에서 본다면 중국 전통사회로까지 거슬러 올라갈 수도 있다(刘学斌 2017). 다만 민족 진흥이나 중화민족의 부흥 같은 수사와 병기되는 중국몽은 중국 역사의 최저점이라 할 수 있는 근대 이후부터 거론되어 왔다. 그리고, 중국에서 근대 이후의 시기는 수천 년간 거대 제국을 유지해 온 전제 왕조가 무너진 후에 열강에 침탈당하지 않는 독립적이고 강한 새로운 체제의 근대 국가 건설을 위해 진력해 온 시기였다. 이에 이 글에서는 중국몽을 근대 이후 중국의 시대적 최우선 과업 혹은 목표로써 상정되었던 것으로 규정

---

20 이 글은 〈아시아문화연구〉 제48집(2018)에 게재된 저자의 글을 일부 수정한 것이다.

하면서 근대 이후부터 오늘날까지 관통하고 있는 중국몽이 '국가' 건설, 보다 구체적으로 말하면 '강한 국가' 건설을 목표로 하고 있는 것으로 본다.

이 글에서 중국의 민주주의 인식과 실행을 설명하는 데 있어 국가 건실의 꿈으로 중국몽을 규정하고 이와의 연관성에 주목하여 보고자 하는 이유는 다음과 같다. 중국에 민주주의 개념이 처음 들어온 때는 아편전쟁 이후인데, 당시 청(淸)의 선각적인 일부 지식인들이 서구의 민주주의라는 것을 접하고 나서 그 개념을 수용하여 국내에 소개하고 확산시키고자 한 것은 민주주의라는 것이 그 당시의 중국몽, 즉 근대 민족국가의 건설(이에 대해서는 II장에서 설명함)을 실현하는 데 필수적이라고 보았기 때문이었다. 즉 중국에서의 민주주의에 대한 인식은 그 시작점에서부터 근대국가건설이라는 당시의 중국몽 실현을 도모하고자 하는 틀 안에서 형성된 것이기 때문에 중국의 민주주의관에 대한 보다 적실성 높은 이해와 설명을 위해서는 국가 건설이라는 중국몽과의 연계성을 축으로 하여 살펴보는 것이 필요하다는 것이다.

중국에서의 민주주의 인식론에 관한 기존 연구들은 주로 중국 내부의 민주주의에 대한 논의와 실천에 있어 그 내용이 무엇인지 그리고 그것이 보편적인 자유민주주의와 얼마나 어떻게 다른지 등에 보다 초점을 맞추고 있다.[21] 본 연구는 중국의 민주주의 인식이 서구의 자유민주주의 등과 어떻게 다른지를 논하고자 하는 것이 아니라 근대 시기에 민주주의 개념을 들여온 이후 중국에서 시대별로 지배적인 민주주의관과 그 실천에 있어 변화를 보여온 것에 대하여 이를 중국몽이라는 시대별 국가 어젠다와의 연계성에 착목하여 고찰하고자 하는 것인바, 기존 연구의 주요 경향성을 고려할 때 이러한 본 연구가 일정한 의의를 가질

---

21 대표적으로 김재관(2009, 2012), 이정남(2009, 2011)의 글에 상세히 논의되어 있다.

수 있을 것이다.

II. 근현대 시기의 중국몽과 민주주의 인식

1. '근대 민족국가' 건설 목표와 '민주주의' 개념의 도입

거대 제국의 찬란하고 부유한 성대(盛代)를 누리던 중국인들에게 매우 비극적인 전쟁으로부터 시작된 중국의 근대는 중국 역사상 가장 위기의 시기였다. 오랑캐로 여겼던 서구의 침략은 2천 년 이상 견고하게 유지해온 제국의 존립을 위협하였고, 이는 제국 체제의 근본적인 전환을 요구하는 것이었다. 청 조정의 무력함을 점차 직시하게 된 청 말기의 지식인들은 외세의 침탈로부터 중국을 보존할 방안을 고민하기 시작하면서 천조(天朝)보다 강해진 서구의 '비결'을 탐색하게 되었다. 그러한 일환으로 1차 아편전쟁에서 패한 후에 웨이위안(魏源)과 쉬지서(徐继畬)가 당시의 서구와 관련된 비교적 정확하고 상세한 지식을 전면적으로 다룬 『해국도지(海国图志)』와 『영환지략(瀛环志略)』을 각각 저술하였고, 2차 아편전쟁에도 패한 후 1864년에는 『만국공법(万国公法, Elements of International Law)』의 중국어판이 발행되었다. 『만국공법』을 중국어로 옮겨 발행할 때 'democracy'가 처음으로 '民主'로 번역되었는데, 이로써 중국 전통 언어에서의 '民主(民之主宰; 백성들의 주재자, 백성들의 주인)'가 현대적인 '民主'로 인식이 전환되기 시작하여 '民为主人(백성이 주인이 됨)'이라는 완전히 새로운 의미를 부여받게 되었다. 이제 청의 지식인들은 서구의 지식을 의욕적으로 학습하고 받아들이기 시작하였고, 1870~80년대에 이르러 이러한 신지식이 비교적 빠르게 유통되는 가운데 서구 민주정치의 핵심 가치를 담은 일련의 새로운 용어들, 예컨대 '의회' · '민주국가' 등이 유행되기 시작하였다(闾小波 2012, 111; 122-123).

얼마 후 중국으로부터의 문물과 지식 수입에 의존해왔던 작은 섬나라와의 전쟁에서도 그야말로 충격적으로 패한 후에 중국의 시대적 사무는 '구국(救國)'이 되었고, 이를 위해 단지 서구의 기술(西用)만이 아닌 서구의 본질(西体)에 대해 탐색하고 그것을 추구하고자 하였다. 이러한 자각은 서구를 강하게 만든 정치체제에 대한 것으로 모아지게 되었는데, 이를 주도하면서 서구의 여러 학설과 개념을 중국에 광범위하게 소개하고 확산시키는데 선두에서 진력한 인물이 근대 중국의 대표적 사상가인 량치차오(梁启超)이다.

량치차오는 중국이 쇠약해지고 서구 열강에 패배하게 된 근본적인 원인이 서양과 같은 '국가' 개념이 없는 것에 있다고 보았다. 즉 서양은 경쟁을 전제로 한 '국가' 체제를 갖추고 있는 '국민'들로 이루어져 있기 때문이라는 것이다. 요컨대 중국에는 없고, 서양에는 있는 '국가'와 '국민'이, 중국이 서양 열강을 당해낼 수 없는 가장 중요한 이유라고 보았다. 그래서 량치차오가 무엇보다 관심을 둔 것은 전통의 '제국' 체제인 중국을 '국가'로 전환시키는 것이었는데, 그는 영원한 '중화(中华)적' 제국보다는 차라리 '중화'를 하나의 '국가'로 재구성하는 것이 바람직하다고 보았다. 그에게 있어 국가는 근대의 자연스러운 산물로 다른 종족에 의해 멸망의 길로 가지 않기 위해서는 반드시 구성되어야 할 역사적 정체(政体)였던 것이다. 또한 량치차오에게는 '민족주의'가 서양의 번영을 가능하게 한 토대로 이해되었기 때문에 중국 역시 '민족국가' 건설을 토대로 강력한 '국가'로 나아가야 한다고 보았다. 그리고 그러한 '국가'는 '국민'으로 구성되어 있으며, 그런 측면에서 국민의 독립된 권리는 매우 중요하였다. 따라서 량치차오는 국권4과 민권은 밀접한 관계를 가지고 있는 것으로 양자의 관계가 상호적이라고 보았으며, 국민의 권리를 확립하고 구성원들의 평등을 인정하는 것이 민족국가의 본질이라고 인식하였다(이연도 2013, 357-359).

이처럼 쇠락해가는 위기의 '천하'를 '국민'으로 구성된 '민족국가'로 건설하는 것이 당시 중국의 가장 중요한 시대 사명이라고 인식한 량치차오는 민권사상이 서양 '국가'들의 정치 문화와 정치제도의 핵심 가치인 것으로 파악하였다. 아울러 민권의 신장은 민중의 지혜와 의식이 깨어나야 확보할 수 있기 때문에 민중에 대한 교육이 중요하다고 보고 1896년 상하이(上海)에서 창간한 『시무보(时务报)』를 통해 민권설을 강하게 주창하였다. 무술정변 후에 일본으로 건너간 량치차오는 다양한 서학(西學)을 광범위하게 흡수하였는데, 중국을 민족국가로 건설하는 데 있어서 특히 '민주주의'와 '입헌'이 중요하다고 보았다. 이에 사신이 창간한 『청의보(清义报)』와 『신민총보(新民从报)』 등을 통하여 민주 사상과 입헌 사상을 중점적으로 중국에 들여와 해설하고 전파하였는데, 민주주의 · 자유주의 · 민족국가 · 국민의 권리와 의무 · 헌정(憲政) 등 중요한 개념들을 총망라하였다. 그의 논리는 민주주의에 대한 주입으로 민중의 지혜를 깨우쳐 민권을 발흥시켜서 최종적으로는 '국가' 건립의 목표를 달성한다는 것이었다. 또한, 그는 민주주의는 절대적으로 좋은 것이며, 민주주의를 거부하는 것은 어떠한 이치에도 맞지 않는 것이라고 보았고, 특히 현대적 민족국가 없이는 종족과 국가의 보존도 없는바 강성한 민족국가는 국민 의식의 제고와 민주제도의 지지에 달려 있다고 보았다(闾小波 2012, 166-182).

요컨대 아편전쟁 이후 2천 년 이상 지속되어 온 '황제의 천하'가 오랑캐로 여겨 백안시했던 서양 '국가'들의 침탈에 힘없이 무너져가는 위기를 목도하게 된 청의 선각적 지식인들은 반드시 중국을 서양 열강에 맞설 수 있는 '민족국가'로 만들어야 한다고 보았다. 아울러 서양을 강한 '국가'로 만든 바탕이 '민권' · '민주주의' · '헌정' 등의 개념과 제도라고 파악하였고, 이는 중국의 민족국가 건설에도 반드시 필요한 것이라고 인식하였기 때문에 중국의 전통사회에는 거의 없었던 이러한 개념들을 '수입'하여 수용하였을 뿐 아니라 중국 사회에 설명하고 확산시키는 데 힘을 쏟았던 것이다.

2. '공화국' 건설 목표와 '민주공화제'

상술(上述)한 바와 같이 중국이 민주주의 및 연관 개념들에 대해 관심을 갖게 되고 수용하게 된 것은 아편전쟁 이후의 역사적 위기 속에서 서구 국가들 같은 민족국가 건설이라는 목표를 위한 것이었다. 한편 1·2차 아편전쟁에서 모두 무참히 패한 후에 서양을 배우자는 양무운동이 전개되었으나 청일전쟁에서 일본에 패하는 충격을 안게 되자 중국의 유신파들은 일본의 중국에 대한 승리가 입헌에 있다고 보고, 청 조정에 입헌의 기획을 요구하였다. 그리고 러일전쟁에서도 일본이 승리하자 입헌에 대한 요구는 더욱 거세졌다. 이때 입헌을 주장하는 이들은 다시 입헌군주제를 주장하는 개량파와 혁명을 통한 민주공화제를 주장하는 혁명파로 나뉘게 된다. 개량파는 혁명이 발발하면 국내 혼란이 초래되어 외세의 개입을 초래할 것이기 때문에 외세에 대항하기 위해서는 만주족과 한족이 동등한 자격으로 연합해야 한다고 하였다. 또한, 중국의 정치체제와 제도를 바꾸는 것은 반드시 중국의 국정으로부터 출발해야 한다고 전제하고, 현재 중국이 처한 위험에 대해 모든 원인을 군주전제제도에 돌릴 수는 없는 것인바 전제제도를 잘 정비하면 국가를 강성하게 할 수 있을 것이라고 보고, 혁명과 민주공화제에 반대하였다(刘义臣 2010, 293).

그러나, 무술변법이 실패하게 되면서 많은 중국의 청년 지식인들은 혁명을 통해 청조를 전복시키고 공화국을 세우자는 편으로 기울게 되었는데, 그러한 민주공화제 주창자의 중심인물이 손중산(孙中山)이다. 손중산이 보기에는 민주공화제가 입헌군주제보다 훨씬 더 앞선 것이었기 때문에 유신파들이 무술변법 시기에 일본의 입헌군주제를 학습 모델로 제시하는 것에 반감을 갖고 있었다. 왜냐하면 일본은 이전에는 중국의 것을 배웠었고, 지금은 서양의 것을 배우고 있어서 자신의 고유성이 없다고 보았기 때문에 일본의 입헌군주는 좋은 본보기가 아니라고 본 것이다(高伟 2006, 49). 손중산은 공화 체제가 당시에 가장 좋은 체제라고 여겼고, 민주공화제도가 당시 가장 선진적인 사회제도라고 보았으며, 입헌민주제가 입헌군주제보다 봉건전제제도를 보다 철저하게 일소시킬 수 있다고 보았다. 손중산은 미국이 빠르게 발전하여 강성해진 이유가 혁명의 철저함에 있다고 보았기 때문에 중국도 청 왕조를 전복시킨 후에 입헌민주제를 채택하여 진정한 민주공화제도를 실행해야 한다고 주장했다(曾云燕 2012, 16). 즉 중국은 세계 최강국의 모델을 배워야 한다고 생각했고, 손중산의 눈에 그 최강국은 바로 미국이었기 때문에 중국은 미국의 민주공화제를 본받아 새로운 나라를 세워야 한다고 역설하였다.

손중산을 중심으로 한 혁명파가 이처럼 미국을 모델로 하는 민주공화제를 강렬하게 추구한 것은 손중산의 목표가 만주족 왕조를 몰아내고(排满) 전제정치를 일소하여 완전한 중화민국을 건설하는 것이었는데 이같은 목표를 달성하는 데 있어 민주공화제가 가장 적합하다고 판단했기 때문이라고 할 수 있다. 당시 중국의 상황으로 미루어 본다면 입헌군주제로 개혁하는 것이 사회의 혼란과 충격을 최소화하는 방안이었을 수도 있다. 그러나 손중산은 만주족 왕조와 전제 체제를 동시에 무너뜨리고 서구에 맞설만한 강한 국가를 건설하는 것을 목표로 하였기 때문에 여기에 가장 부합하다고 보여지는 미국식 민주공화제를 추진하였다는 것이다. 다시 말하면 민주공화제가 내포하고 있는 자체의 가치와 보편성을 인정하여 이를 중국에 실현하기 위해서라기보다는 당시 중국에 더 이상 군주 전제 국가가 아닌 강한 공화국을 건설하는 것을 시대적 목표로 삼고, 당시의 최강국으로 간주된 미국을 모델로 하는 민주공화제를 이러한 목표 달성에 활용한 것으로 볼 수 있다.

Ⅲ. 중화인민공화국 건립 전후의 중국몽과 민주주의 인식

1. '사회주의국가' 건설 목표와 '인민민주(人民民主)'

신해혁명의 성공으로 중화민국이 건립되면서 공화제 민주주의를 통해 서구 열강에 맞설 수 있는 배만(排滿) · 반봉건 · 반제(反帝)의 공화국을 건설하고자 했던 목표가 달성된 것으로 보였다. 그러나, 피 흘려 세운 민주공화국 체제가 얼마 지나지 않아 크게 흔들리고 후퇴하게 되면서 민주공화제에 대한 기대는 실망으로 바뀌었고, 사회는 다시 혼란스러워졌다. 더욱이 1차 세계대전 종식 후 열린 파리강화회의는 외세의 위협과 침탈에서 벗어나기를 기대하고 있었던 중국에 큰 실망을 안겨주었을 뿐 아니라 중국이 독립적인 근대국가 건설을 위한 모델로 삼고 있었던 서구의 민주주의 국가들에 대해 의구심을 갖게 하였다.

이러한 가운데 러시아 혁명의 성공 이후 중국에도 형성된 사회주의 세력은 중국의 국가 건설에 있어 불안해 보이는 민주공화제 대신 사회주의 체제를 대안으로 인식하였고, 코민테른의 지원하에 중국공산당을 창당하였다. 이로써 사회주의국가 건설이라는 목표를 설정하게 된 이들은 민주주의에 대해 중국의 혁명 완수에 기여하는 것이 민주주의의 기본 기능이라고 이해하였는데, 이는 중국 근대 혁명의 시초였던 신해혁명 때도 그러하였고, 특히 중국공산당이 주도했던 소위 신민주주의 혁명에서도 분명히 드러난다. 중국은 처음부터 민주주의를 위해 민주주의를 택한 것이 아니었고, 민주주의만을 추구한 것도 아니었다. 중국인들은 민주주의를 활용하여 '민족 독립'과 '인민 해방'의 문제를 해결해보고자 하였던 것이다. 바로 이러한 이유 때문에 중국에서의 민주주의 실천은 단순히 민주주의의 논리만 가지고 고립적인 민주화 운동을 추진한 것이 아니라 중국의 혁명과 연계된 것으로써 민주주의 논리는 혁명의 논리에 따르고 아울러 새로 건설되는 국가와 사회의 구축에 따라야 하는 것이었다. 때문에 이처럼 민주주의의 기능을 중국의 혁명에 기여하는 것으로 보는 것은 또한 중국 혁명의 임무와 특징이 중국 민주화의 경로와 순서 등을 결정한다는 것을 의미한다. 이때의 중국 혁명의 임무는 두 개의 적을 타파하는 것이었는 바 대외적으로는 제국주의의 억압을 타파하는 민족 혁명과 대내적으로는 봉건지주의 억압을 타파하는 민주혁명이었는데, 최우선 임무는 제국주의를 타파하는 민족 혁명이었다(唐爱军 2017, 74).

그리고 민주주의가 사회주의에서 다음과 같은 주 기능을 발휘하는 것으로 인식하였다. 첫째, 노동자 계급이 민주혁명을 통하여 정권을 쟁취하고 통치 계급이 됨으로써 인민민주독재(人民民主专政)라는 새로운 국체(国体) · 새로운 국가 · 새로운 정권 · 새로운 법치를 건립한다. 둘째, 사회주의국가는 민주적 대의제 방식을 채택함으로써 인민민주(人民民主)의 새로운 정체(政体)를 건립하고, 신정권을 공고히 하며, 인민주권(人民当家作主)을 보장하여 민주주의의 본질적 요구인 '다수인의 통치'를 진정으로 실현한다. 셋째, 사회주의국가와 인민은 민주주의를 부단히 완성시키고 발전시킴으로써 한편으로는 생산력의 대대적인 해방과 발전을 촉진하여 사회주의 실현을 위한 풍부한 물질적 토대를 제공하고, 다른 한편으로는 대중들의 사상 문화 수준의 진보와 도덕 법치 수준의 제고를 촉진하여 사회주의 실현에 맞는 개인 주체를 양성한다(李林 2007, 10).

이러한 인식을 기본으로 하여 서구의 자유민주주의에서는 개인의 정치적 권리와 시민권의 시각에서 민주주의의 의미와 실현 형식을 생각하지만, 민주주의에 대한 중국공산당의 인식에서 민주주의의 가장 중요한 임무는 국가권력의 귀속 문제를 해결하는 것으로 상정되었다. 민주주의의 본뜻이 인민주권이라고 한다면 가치 추구로써 중국에서의 인민주권은 인민의 계급해방과 전체로서의 인민의 해방이 먼저 이루어져야 한다. 이 단계에서 인민의 이익은 전체성과 일치성을 가진 것으로써 인민민주는 본질적으로 무차별적인 인민 이익과 통일되고 완전한 인민 의지를 전제로 한다. 즉 민주주의의 가치에 대한 중국공산당의 인식 구조에서의 출발점은 일치된 이익을 가지는 인민 전체이지 이익이 분화된 자유로운 개인이 아닌 것이다. 따라서 중국의 민주화 과정에서는 인민 '전체'로서의 주권 실현이 우선이고, '개인'으로서의 시민권리 실현은 그다음으로 상정되었다(陈明明 2008, 14).

이러한 중국공산당의 사회주의 민주관은 그 핵심 내용인 민주집중제에서도 나타난다. 민주집중제는 어떻게 '민'이 발표하는 각종 다른 의견에 대처할 것인가이다. 서방 민주주의자는 이 문제에 대해 대답할 때 '다수결의 원칙'을 제시한다. 즉 소수가 다수에 복종하고 다수가 소수의 의견을 존중하고 보호하는 것이다. 민주집중제의 해석은 '민'이 충분히 각자의 의견을 표현하도록 하고, 그 기초위에서 다수 원칙으로 집중시키며, 이를 상부로 올려 당이 최종 의견을 결정하는 것이다. 개인은 반드시 무조건적으로 집중된 후의 의견에 복종해야 하는데, 이것은 철의 기율이다. 따라서 '민주'와 '집중' 사이에 강조되는 것은 '집중'이라고 말할 수 있는바 개인보다 전체가 우선시되는 것이다(闾小波 2012, 368).

요컨대 배만 · 반제 · 반봉건의 목표를 달성하면서 서구에 대항할 강한 국가로 발전할 것으로 기대를 품었던 민주공화국의 매우 불안정한 모습에 중국 사회는 실망감을 갖게 되었고, 이에 대안적인 정치체제로 사회주의 공화국 건설의 목표를 설정하게 되면서 민주주의를 혁명의 성공과 사회주의국가 건설을 위해 기여하는 도구적인 측면에서 인식한 것이라고 하겠다.

2. '초강대국' 건설 목표와 '협상민주(協商民主)'

중국공산당의 사회주의국가 건설의 목표는 1949년에 달성되었고, 곧이어 사회주의로의 개조를 완성하면서 중국 사회주의혁명의 꿈은 완결되는 것으로 보였다. 그러나, 대약진운동과 문화대혁명을 거치면서 중국의 정치 · 경제 · 사회 모든 영역에서 대혼란과 침체를 겪게 되었고, 사회주의 공화국은 위기감에 봉착하게 되었다. 이에 실권을 잡은 덩샤오핑(邓小平) 중심의 당 지도부는 과감하게 시장경제를 도입하는 경제개혁과 대외 개방을 결정하고, 사회 혼란과 시행착오를 최소화하기 위해 점진적인 방식을 택하여 개혁개방을 지속적으로 추진하였다. 불가피한 혼란과 반발의 부침이 있었고, 부작용도 결코 적지 않았으나 중국의 개혁개방은 전반적으로 매우 큰 성과를 이룬 것으로 평가되고 있으며, 괄목할만한 경제성장과 함께 증강된 국력을 바탕으로 국제사회에서의 영향력 또한 미국이 경계할 만한 정도에까지 이르게 되었다. 이러한 가운데 최근 시진핑 지도부가 출범한 이후에는 '중화민족의 위대한 부흥 중국몽'이라는 수사를 시진핑이 직접 전면에 내세우면서 대대적으로 주창하고 있다.[22] 이에 맞추어 관방 미디어들은 자국민에게 중국몽의 당위성과 함께 그 실현에 동참하고 지지할 것을 다양한 방식으로 선전하고 있으며, 중국인들은 '중국의 꿈이 나의 꿈'[23]이라는데 동화되고 있는 것처럼 보인다. 이제 소위 G2로 명명되는 시대에서 '중화민족의 위대한 부흥'을 주창하고 있는 중국몽은, 중국 내에서는 아니라고 하고 있지만, '초강대국'의 건설이 목표인 것으로 읽혀지고 있다.[24]

그런데, 시진핑 시기에 들어와 두드러지게 강조되고 있는 중화민족의 위대한 부흥과 중국몽의 실현에 있어서 가장 중시되고 있는 것이 바로 '당'과 '당의 영도'인데, 그 내부 논리를 살펴보면 다음과 같다. 수천 년간 찬란한 문명 대국으로서의 역사를 지닌 중국이 근대 이후 서구 열강의 침탈과 봉건왕조의 부패로 인해 반식민지로 전락하여 일찍이 없었던 고초와 망국(亡國)의 위기를 겪었는데, 이를 극복하기 위해 일어났던 농민혁명과 자산계급 혁명은 결국 모두 실패하여 민족 부흥의 역사적 사명을 완수하지 못하였다. 오직 중국공산당만이 일본 제국주의와 국민당의 반동 통치를 타파하고 중화인민공화국을 건립함으로써 옛 중국의 반봉건 · 반식민지 역사를 청산하였으며, 아울러 서구 열강이 강제했던 각종 불평등 조약과 제국주의 국가들이 중국에서 누렸던 특권들을 일소시킴으로써 민족 독립과 인민주권을 실현하였다. 뿐만 아니라 중국공산당은 개혁개방이라는 새로운 위대한 혁명을 이끌어서 생산력을 극대화함으로써 인민들의 생활 수준이 크게 높아지고 사회는 활

---

22 '중화민족의 위대한 부흥의 실현은 근대 이래 중화민족의 가장 위대한 꿈'이라고 규정된 '중국몽(中國夢)'은 19기 1중전회를 통해 당장(黨章)에 삽입된 '시진핑 신시대 중국 특색 사회주의 사상'의 중요 내용으로써 앞부분에 위치되어 있다.

23 "중국의 꿈이 곧 나의 꿈(中国梦就是我的梦)"은 CCTV에서 방영되는 대표적인 중국몽 공익광고 타이틀이다.

24 시진핑은 중국몽이라고 칭하는 중화민족의 위대한 부흥의 본질을 국가 부강 · 민족진흥 · 인민 행복으로 규정하고 있다. 중국 내에서는 이러한 것이 내부적으로 중국인들을 단결시켜 국가의 부강과 인민의 행복 실현을 위해 노력하자고 호소하는 것이지 중국이 대외적으로 어떤 슈퍼강대국이 되고자 하거나 미국 중심의 서방세계에 도전하고자 하는 것이 결코 아닌데, 이 점을 해외에서 오해하고 있다고 설명한다(刘爱武 2014, 165).

력이 충만해졌으며, 국력과 국제적 영향력이 증대되는 중대한 업적을 이룩하였다. 이로써 중국 특색의 사회주의 신시대로 진입한 이때에 중국은 근대 이후 그 어느 때 보다 중화민족의 위대한 부흥의 실현에 가장 근접하였는바 중국몽의 진정한 실현을 위해서는 여기까지 중국을 이끌어 온 당의 영도가 앞으로 더욱 중요하다는 것이다(中共中央宣传部 2018, 32-36; 胡荣涛 2015, 12-13).

이처럼 시진핑 시기 중국몽의 강조는 당의 중요성에 대한 강조와 함께 당의 영도 강화를 내포하고 있다. 그러면 시진핑 시기의 민주주의관은 어떠한가? 시진핑 시기에는 앞 시기인 후진타오(胡锦涛) 집권기에 비해[25] 당 내부는 물론 중국 학계에서도 정치개혁이나 민주주의 · 민주화에 관한 논쟁이 크게 줄어들었다. 양적으로 감소했을 뿐 아니라 논의 내용에서도 다양성이 감소하는 경향을 보이는 가운데 사회주의 협상민주(协商民主, consultative democracy)가 중국에 가장 적합한 민주주의 형식으로 내세워지고 있다. 특히 시진핑이 직접 나서서 "협상민주는 중국 사회주의 민주정치의 독특한 장점이며, 중국 특유의 민주주의 형식"이라고 하면서 협상민주의 범위와 경로를 확대하고 제도화를 추진해야 한다고 강조하고 있다.[26] 이처럼 국가 최고 지도자가 협상민주를 중국

---

25 후진타오 시기에는 집권 초기부터 정치개혁 및 민주주의에 대한 당 지도부의 관심이 비교적 활발하게 표출되어 왔다. 일례로 2010년 선전(深圳)을 방문한 후진타오와 원자바오(温家寶)가 인민의 알권리와 참정권 및 표현의 자유 등에 대한 보장을 역설하면서 정치개혁의 필요성을 공개적으로 강하게 주장하였고, 이에 대해 『광밍(光明)일보』와 『난팡(南方)일보』를 필두로 지식계의 찬반 논쟁이 벌어지면서 중국에서 체제 변화, 즉 민주화에 대한 논의가 본격적으로 진행되는 것이 아닌가 하는 관측이 나오기도 하였다(咼中校 2010). 후진타오 시기의 민주주의에 대한 논쟁에 관해서는 김재관(2009)을 참조.

26 협상민주는 후진타오 시기에도 당 안팎에서 적잖이 거론되고 논의되었으나 후진타오가 직접 공개적으로 협상민주가 중국에 가장 적합한 민주주의 형식이라는 식의 언급을 한 적은 없다. 협상민주가 당대회 〈보고〉에서 정식으로 언급된 것도 19차 당대회 〈보고〉가 처음으로 시진핑 중심의 당 지도부가 협상민주를 공인하고 있음을 보여준다. 협상민주는 이른바 '시진핑 사

의 국정에 가장 부합하면서 중국적 특징을 담고 있는 중요한 민주주의 형식으로 규정함에 따라 최근 중국의 학계에서도 중국의 민주주의에 관한 논의는 거의 협상민주를 중심으로 진행되고 있는 추세다(邹世斌 2016).

이와 같이 시진핑 시기의 대표적 민주주의관으로 부상한 협상민주는 두 가지 점에서 시진핑 시기의 중국몽 추진과 연계되어 있다고 판단된다. 하나는 협상민주가 중국 전통문화의 가치 이념에 그 뿌리를 두고 있는 것으로 "중화민족이 오랜 기간에 걸쳐 형성해온 우수한 정치 문화"(习近平 2014)라고 강조되고 있는 점이다. 즉 협상민주가 중국의 우수한 정치 문화 전통인 천하위공(天下为公) · 구동존이(求同存异) · 이화위귀(以和为贵) · 화합(和合)사상 · 민본(民本)사상 · 중용(中庸)사상 등에서 그 연원을 찾을 수 있는 있는 것이어서 오늘날의 중국 국정(國情)에도 적합한 민주주의 형식이라고 설명되고 있다는 것이다(中共中央宣传部 2018, 173; 肖光荣 2017, 6-7). 다른 하나는 협상민주가 당의 영도를 중시하고 있는 점이다. 당의 영도를 견지하는 것이 사회주의 협상민주가 작동되는 기본 전제인 동시에 협상민주주의의 순조로운 실천을 위한 정치적 담보라는 것이다(宋连胜 · 李建 2013, 6). 다시 말하면 당의 전면적인 영도(党的全面领导)를 견지하고 또 강화하는 것이 협상민주에서 요구된 것을 관철시키고, 합의와 협력을 최대한 이끌어내어 논의만 하고 결정하지 못하거나 결정만 하고 실행하지 못하게 되는 것을 방지함으로써 협상의 조직적 전개와 체계적 실시 및 계획적 진행을 보장한다고 설명한다(中共中央宣传部 2018, 181). 따라서 협상민주의 발전 과정에서 당의 영도적 지위가 흔들린다면 민주주의가 남용되거나 심지어는 극단적인 민주주의 혹은 무정부주의를 추구하는 경향까지도 나타날 수 있다고 강조한다(肖光荣

상'에서도 한 부분을 차지하고 있다.

2017, 8).

이처럼 협상민주가 중화민족의 우수한 정치 문화 전통에 연원을 두고 있고, 그 과정과 실천에 있어서 조정자이자 실행자로서의 당의 영도를 강조하고 있는 것은 시진핑 시기에 중화민족의 위대한 부흥을 외치면서 중국의 화려했던 역사적 장면들과 문화적 전통을 부각시키는 한편 중국몽의 실현을 위해서는 이를 총괄하는 당의 영도가 중요함을 강조하는 것과 그대로 맞닿아 있다고 하겠다. 이렇게 볼 때 협상민주로 대표되는 시진핑 시기의 민주주의관 역시 협상민주주의 자체의 가치와 장점 등을 충분히 정확하게 인지하고 높이 평가해서라기보다는 그것이 중화민족의 부흥이라는 중국몽—현재까지 외부에서 볼 때는 초강대국의 건설이 목표인 것으로 보이기는 하지만—의 설정과 추진에 유용하다고 보고, 이를 중국 특색의 민주주의 형식으로 내세우고 있는 것으로 판단된다.[27]

IV. 결론

중국에서의 민주주의는 서구에서와는 달리 내생적인 것이 아니라 근대 시기 외부의 충격과 위협에 대한 내부의 대응 과정에서 필요에 의해 이시된 개념이다. 민주주의가 중국에 들어온 이후에 그것에 대한 인

27 19차 당대회 〈보고〉에서 "협상민주는 당의 영도를 실현하는 중요 방식"이라는 문구도 있는바 협상민주를 당의 거버넌스 효율성을 제고시키기 위한 측면에서 인식하고 있는 것으로도 볼 수 있다. 김재관(2009, 159)도 "협상민주가... 결국 본질적으로는 중앙 차원에서 하위 사회 지배를 효과적으로 달성하기 위한 중국공산당의 목적에 부합하는 도구적 기능을 강하게 하고 있다."라고 평가하였다.

식은, 대부분 사회에서 겪어온 것처럼 변화를 보여왔다. 이 글에서는 중국에 민주주의 개념이 처음 들어 왔을 때 민주주의를 망국(亡國)의 위기를 극복하고 강한 국가를 건설하기 위한, 바꿔 말하면 시대적 목표라고 할 수 있는 당시의 중국몽 실현을 위한 유용한 방책으로 인식했다는 점에 착목하여 근대 이후부터 최근까지 중국에서의 민주주의에 관한 인식과 실천에 대해 시대별 중국몽과의 연계성 속에서 살펴보았다. 민주주의가 처음 들어왔을 때와 같이 중국몽은 각 시대에 있어 국가 건설에 대한 것으로 상정되었는데, 근대 이후의 중국몽은 줄곧 '강한 국가'의 건설을 그 목표로 하고 있는 것으로 보여진다.

중국은 봉건왕조 말기 서구 열강의 위협과 침탈에서 벗어나고 대항할 강한 근대 민족국가를 건설하기 위해 민주주의 개념을 도입하여 수용하였고, 민주공화국을 건립하였다. 그 민주공화국이 흔들리고 약해지자 이를 대체할 더 강한 국가 건설을 모색하였고, 사회주의 공화국을 건립하였으며, 민주주의는 사회주의 안에서 혁명과 국가 건설의 성공을 위해 기능하는 것으로 보았다. 그 사회주의 공화국이 위기감에 봉착하자 위기를 극복하고 부강한 국가가 되기 위해 사회주의는 변형되었고, 민주주의는 그 변형된 사회주의 체제를 지속시키고 발전시키는 기능을 요구받고 있다. 요컨대 중국의 민주주의 인식이라는 종속변수를 좌우하는 최대 독립변수는 중국몽이라고 표현될 수 있는 각 시대의 국가적 목표, 즉 강한 국가의 건설이라고 할 수 있을 것이다.

그런데, 그 시대적 목표, 즉 중국몽은 이제까지 '국가'에 대한 것이었다. 민족국가를 건설하고, 독립국가를 건설하고, 강대국을 건설하자는 것이었지 그 국가 안에 있는 '개인'은 아직 중국몽의 대상이 아닌 것으로 보인다. 당국은 '국가 부강'을 이루면 '인민 행복'도 따라온다고 선전하고 있지만, 양자 간에 인과관계나 정(正)의 상관관계가 반드시 성립하지 않는다는 것은 상식적이다. 그래서 소위 중국 특색의 사회주의 민주주의라는 것이 앞으로도 계속 국가에만 집중하고 그 내부 구성원 개개인을 자유롭고 독립적인 주체적 개체가 아닌 국가 건설을 위한 전체의 일원으로서만 간주한다면, 보편 가치로 수용되고 있는 민주주의에 비추어 볼 때, 매우 공허한 거버넌스 테크닉에 다름 아니라거나 중국공산당의 집권 정당화 유지를 위해 기능하는 일종의 '의사 민주주의(pseudo-democracy)'에 불과하다는 비판을 피할 수가 없을 것이다.

「 참고문헌 」

김재관. 2009. "후진타오 집권기 중국 민주개혁 논의에 대한 비판적 검토," 『아세아연구』 52(2).

_____. 2012. "현대화 과정의 중국 특색적 민주주의에 대한 비판적 검토," 『민주주의와 인권』 12(3).

이연도. 2013. "근대 중국의 '제국' 담론 고찰―강유위, 양계초를 중심으로," 『중국학보』 68.

이정남. 2009. "최근 중국의 민주화 담론에 대한 비판적 고찰: 당내 민주화론을 중심으로." 『현대중국연구』 10(2).

_____. 2011. "민주주의에 대한 중국의 인식―비교역사적 관점을 중심으로." 『아세아연구』 54(3).

高伟. 2006. "民初民主共和政治失败的必然性—读托克维尔《论美国的民主》." 『经济与社会发展』 第4期.

唐爱军. 2017. "中国共产党民主话语建构及其变迁." 『天津社会科学』 第6期.

闾小波. 2012. 『近代中国民主观念之生成与流变』. 南京: 江苏人民出版社.

宋连胜 · 李建. 2013. "社会主义协商民主理论源头探析." 『理论学刊』 第3期.

习近平. "在庆祝中国人民政治协商会议成立65周年大会上的讲话." 『人民日报』 2014年9月21日.

刘爱武. 2014. "国外学术界对中国梦的研究: 主要观点,偏见及启示." 『社会主义研究』 第4期.

刘义臣. 2010. "论清末民主共和思潮的兴起." 『法制与社会』 第4期.

刘学斌. 2017. "共通与超越: 传统中国梦与当代中国梦." 『西部学刊』 第11期.

李林. 2007. "当代中国语境下的民主与法治." 『法学研究』 第5期.

中共中央宣传部. 2018. 『习近平新时代中国特色社会主义思想三十讲』 北京: 学习出版社.

曾云燕. 2012. "孙中山的民主共和思想解析." 『郑州航空工业管理学院学报(社会科学版)』 第4期.

陈明明. 2008. "中国政治制度的价值结构: 冲突与调适." 『社会科学研究』 第2期.

肖光荣. 2017. "习近平协商民主思想的理论基础,主要内容和现实价值." 『湖湘论坛』 第6期.

邹世斌. 2016. "十八大以来社会主义协商民主研究综述." 『党史文苑』 第4期.

胡荣涛. 2015. "习近平中国梦话语体系的构建思想探析—以《人民日报》为主要文本." 『中央南宁市委党校学报』 第3期.

咼中校. 2010. "中國政改之爭南方日報VS光明日報." 『亞洲週刊』 二十四卷 三十七期.

2부

'중국몽' 실현을 위한 정치 통제와 안정화 기획

5장

중국의 당정(黨政)관계 변화 :시진핑 시대 당정기구 개혁을 중심으로[28]

| 황태연 |

Ⅰ. 서론

중국은 1949년 건국 이후 현재까지 중국공산당의 집권 아래 정치제도 변화와 발전이 있었다. 그 가운데 당국가체제에서 중국공산당과 정부와의 관계, 즉 당정관계(黨政關係)[29] 문제는 결국 정치제도 개혁 및 정치발전과 연결된 핵심 문제라고 할 수 있다. 당정관계는 중국공산당의 영도형태와 집정방식의 문제이며, 나아가 중화인민공화국 헌법에 명기된 노동자 계급이 영도하고 노동자–농민연맹(工農聯盟)을 기초로 하는 인민민주제도의 실현을 위한 실질적인 운영형태를 보여주는 척도가 될 수 있기 때문이다.

이러한 당정관계는 건국 이후 많은 변화가 있었는데 건국 초기부터 문화대혁명을 거치는 마오쩌둥(毛泽东) 집권 시기까지는 '당정합일(黨政

28 이 글은 "중국의 당정(黨政)관계 변화, 마오쩌둥 시대로의 회귀인가?: 시진핑 시대 당정 기구개혁을 중심으로"(『현대중국연구』 제21권 제2호(2019년))를 수정 · 보완한 것이다.

29 일반적으로 당정관계는 집권당과 정부 간의 상호작용 문제이자 집권당이 국가 통치 과정에서 집정권력을 행사하는 역할 정립과 조직 방식의 문제이며, 중국에 있어서는 중국공산당이 어떤 방식과 경로를 통해 당과 정부 간의 상호관계를 처리하고 국가에 대해 효과적 통치를 실현할 수 있는가의 문제다(刘傑 2011).

合一)'의 형태로 중국공산당 중앙(이하 중공중앙)이 일체를 영도하여 직접적인 정책 결정에서부터 집행까지 이뤄졌는데 덩샤오핑(邓小平) 집권 이후에 당 조직과 지배체제가 조정되면서 '당정분리(黨政分開)'라는 당정관계의 새로운 변화를 맞이하였다. 1987년 덩샤오핑은 당과 정부의 분리를 통한 정치개혁이 당의 인민 영도와 효과적인 국가 통치를 보장한다고 보고 이와 함께 당정관계의 법치화(法治化)를 시도하였다. 이후 장쩌민(江泽民) 시대에 톈안먼(天安門)사건의 결과로 다시 당의 영도 강화를 중심으로 한 정치개혁을 거치며 후진타오(胡锦涛) 시대에 이르기까지 당정관계의 제도화 및 법제화에 대한 논의가 등장한다.

그런데 시진핑(习近平) 집권 이후 덩샤오핑 이후 진행된 당정분리 개념 및 후진타오 시대의 당내 민주 등의 정치개혁 논의도 사라지고 당정관계에서 직능 상의 '당'과 '정'의 분공(分工) 개념으로 대체하고 당정기구 개혁을 단행하며 당의 영도방식과 집정방식에 커다란 변화가 나타났다. 특히 2018년 시진핑 집권 2기에 들어서면서 중국공산당이 모든 것을 영도하는 '전면적 영도 강화'와 법으로 국가를 다스리는 '의법치국(依法治國)'을 전면에 내세우며 당정기구 개혁을 추진하였다. 이러한 당정기구 개혁의 특징은 당정일원화를 통한 당의 영향력 강화 및 통제 강화라고 할 수 있으며, 중국공산당 당장(黨章)뿐만 아니라 헌법 개정을 통해 당정관계에 관한 법 · 제도화를 명확히 하는 방향으로 나타난다. 이와 같은 당정분공(黨政分工) 및 당정일원화를 통한 당정기구 개혁의 제도화와 법치화의 방향은 2018년 수정 헌법에서 명기된 바와 같이 '중국 특색 사회주의'의 완성을 위한 하나의 포석이라 할 수 있다. 후진타오 집권 시기까지 논의되었던 정치개혁 문제, 즉 당내 민주, 기층 민주 등의 논의는 사라지고 인민민주주의 국가에서 가장 중요한 전제인 "중화인민공화국의 일체의 권력은 인민에 속한다."라는 인민주권의 헌법 조항조차 "중국공산당 영도" 조항에 밀려 과거 마오쩌둥 시대의 헌법에서보다 법 조항 순위에서 퇴보된 상태다. 이렇게 시진핑 집권 이후에는 당정기구 개혁 및 법·제도적 개혁을 통한 당국가체제의 강화 및 중국공산당 지배체제 강화의 특징을 보이며 민주적 제도는 약화 혹은 쇠퇴하였다. 이러한 현상은 시진핑 집권 2기를 맞아 더욱 명확하게 나타난다.

이와 같이 시진핑 정권에서의 당정관계는 중국공산당의 통제와 관리 강화를 위한 중앙집권화로 특징되는 당국가체제 강화, 공산당의 효율적 운영과 관리를 위한 당정기구 일원화 등의 현상이 나타나고, 이전과 비교해 상대적으로 약화된 집단지도체제 변화에 따른 시진핑 주석 개인의 권력 강화뿐만 아니라 나아가 장기 집권 가능성까지 확대되는 상황이다.

이러한 상황 속에서 시진핑 정권의 특징을 분석하는 다양한 연구가 진행된 상황이지만 국가기구 개혁을 통해 당정관계 성격을 분석하여 시진핑 정권의 특징을 규명한 연구는 찾기 어렵다. 시진핑 집권 이후 특히 집권 2기 이후에 나타나고 있는 당정관계를 둘러싼 당정기구 개혁의 내용 및 일련의 법·제도적 변화를 살펴보는 것은 당국가체제에서 당과 정부를 연결하는 기구들의 기능 및 관리 주체의 변동을 통해 당정관계의 제도적 변화 및 그 특징을 이해할 수 있을 뿐만 아니라 이를 통해 시진핑 정권의 성격 및 특징을 파악하고 '중국 특색 사회주의'의 향후 발전 방향을 전망하는 데 매우 중요해 보인다.

따라서 이 글에서는 시진핑 시대의 당정기구 개혁을 통해 당정관계의 성격과 특징을 살펴보고자 건국 이후 당정관계의 변화 과정 및 그 원인을 분석하고, 시진핑 집권 2기인 2018년 국가기구 개혁의 배경과 특징을 중심으로 당정관계 변화를 분석하고 그 성격을 규명하고자 한다. 먼저, 당정관계에 관한 기존 연구 및 논의들을 살펴보고, III절에서는 시진핑 집권 이전 마오쩌둥 시대부터 후진타오 시대에 이르기까지 각각의 시기에 당정기구의 법·제도적 변화를 통해 나타난 당정관계 변화의 성격과 특징을 살펴본다. IV절에서는 시진핑 집권 이후 특히 2018년 추진된 국가기구 개혁의 특성을 통해 나타난 당정관계의 특징을 살펴보고, 마지막으로 결론에서는 시진핑 시대 당정관계 변화의 특징을 요약 평가하고 당정관계 변화가 갖는 함의 및 시사점을 살펴보고자 한다.

II. 당정관계에 대한 논의 검토

2017년 3월 전국인민대표대회 기간 중 왕치산(王岐山) 중앙기율검사위원회 서기는 "당의 영도 아래 당정분공만 있을 뿐, 당정분리는 없으며, 이에 대하여 반드시 기치를 선명히 하고 당당해야 하며, 중국 특색 사회주의 길에 대한 자신감, 이론적 자신감, 제도적 자신감, 문화적 자신감을 굳건히 해야 한다."(北京日報 2017.03.06)라고 주장하며 그간 당정관계 개혁과 관련하여 '당정분리'에 대한 논란에 종지부를 찍었다. 이처럼 당정관계를 어떻게 규정하는가의 문제는 매우 중요하며 당정관계 문제는 정치제도 개혁 및 정치발전과 연결된 핵심 문제로 중국공산당의 영도 형태와 집정방식의 문제와 직결된다. 한편 왕치산 서기의 발언은 시진핑 시대의 당정관계를 대변해주는 집정방식 및 방향, 그리고 그 특징을 보여주는 중요한 단초라 할 수 있다. 이와 관련한 내용은 다음 절에서 다룰 것이다.

당국가체제의 중국에서 당정관계는 서구 선거민주주의 체제의 당정관계와는 달리 중국공산당과 당의 지도에 따르는 국가정권(정부 기구)과의 관계를 의미하는 것으로 본질적으로 당의 영도를 어떻게 실현하느냐의 문제와 관계가 있다. '공산당 영도'라는 측면에서 당정관계를 설정하는 관건은 그들이 규범화해놓은 '제도적으로 전체 국면(全局)을 감독하고, 각 부분은 협력하는' 원칙이라 할 수 있으며, '공산당 집정'의 차원에서 보면, 이것은 '당'이 어떻게 효과적으로 국가정권 체계를 건립하느냐에 달려 있고 국가정권 체계에 대한 공산당의 전면적인 영도와 운영은 어떻게 실현하느냐로 귀결된다. 따라서 개혁개방 이래 강조해온 당정분리에서 중국공산당이 요구하는 당정관계의 이상적인 상황은 '당'과 '정부'와의 직접적인 협조와 조화이며, 말 그대로의 당정분리가 아니라 공산당 영도를 전제로 당정 간의 협조와 조화를 전제로 삼고 있다는 것이다(남종호 2005, 178). 당국가체제인 사회주의 정치의 논리에서 보면 당의 영도는 당 집정의 정치적 전제이며 당의 집권은 당 영도의 구체적 실현이라 할 수 있다(林尚立 2002, 15).

여기에서 당정관계는 다양한 형태로 개념화할 수 있지만, 기본적으로 당정합일, 당정분리, 당정분공이라는 개념을 통해 설명할 수 있다. 먼저 당정관계의 합일형(당정합일)은 당이 거버넌스 주체의 방식으로 국가 통치 과정에 직접 개입하는 것이며, 당과 정부가 하나로 합쳐진 고도의 융합 관계를 말하는 것이다. 여기에서 당은 국가 통치 과정에서 정책결정자이자 집행자이고, 정부는 당이 국가를 지배하는 상징적 제도의 기호에 불과하며 그 자체로 완전한 지배 기능을 갖지 못한다. 따라서 정부 기구가 집행하는 것은 당의 정책 조치를 집행하는 것으로 당 조직의 지도 아래 이뤄진다(劉傑 2011, 6). 또한, 당정분리는 당 계통과 국가정권(정부) 계통의 분리를 말하는 것으로 집권당과 정부뿐만 아니라 국가기구, 사법기관과의 분리를 포함한다. 덩샤오핑은 1980년 8월 18일 중공중앙정치국 확대 회의에서 『당과 국가영도제도의 개혁(党和国家领导制度的改革)』에 대한 담화를 통해 당과 국가영도제도에 존재하는 폐단 및 그 원인을 분석하였다. 그는 "당정이 분리되지 않고 당이 정부를 대처하는 문제 해결에 착수(着手解决党政不分,以党代政的问题)"해야 한다고 밝히고[30] 정치체제 개혁을 주장하였다. 이후 1986년 덩샤오핑은 '당정분리' 개념을 처음 제기하고 1987년 제13차 중국공산당 전국대표대회(13차 당대회)에서 당정분리가 공식화되면서 당정관계 개혁이 추진되었다. 이러한 당정관계 개혁은 톈안먼사건의 영향으로 당정분리 구호는 사라지고 장쩌민 시대에는 당의 통일적 영도 강화라는 측면에서 제도화에 대한 논의가 진행되었고, 후진타오 시대를 거치며 당내 민주, 기층 민주 등 정치개혁 논의가 나타나면서 제도화, 법치화의 방향으로 더욱 변화되었다.

그러나 중국의 많은 연구에서 알 수 있듯이 대체로 이상적 당정관계의 상태는 당정분리가 아니라 당과 국가가 제도, 기능, 정치과정 상에서 협조, 결합된 상태를 말한다(林尚立 2002). 덩샤오핑이 제시한 '당정분리' 역시 당의 영도를 보장하는 전제하에서 당무 부문과 정무 부문이 기능상으로 적정하게 구분되어야 한다는 것이고 당과 정부 관계를 경쟁적인 권력의 주체 관계로 만드는 것도 당이 국가 지배에 개입하지 않는다는 것도 아닌 정부가 국가관리 역할을 할 수 있어야 한다는 것이다(劉傑 2011, 6-7). 그래서 당정분리가 아닌 당과 정부의 기능상 분리에 바탕을 둔 당정관계의 규범화, 제도화, 법치화를 논하는 경우가 많으며(朱光磊 · 周振超 2004; 王英津 2000), 당정관계가 발생하게 되는 원인과 함께 서구 정당 체계와의 비교를 통해 그 특수성을 설명하기도 한다(朱聯平 2005). 당정일치와 당정분리 문제를 '직접 영도'와 '간접 영도'로 구분하면 전자는 공산당이 국가정권에 대해 직접적인 간여 · 독점 · 명령의 방식을 채택하여 당의 영도를 실현하는 전세적 집정이라 할 수 있다. 후자는 국가정권 기관을 국가 운영의 중심으로 삼고 집권당인 공산당이

30 "1980年8月18日鄧小平提出要進行黨和國家領導制度的改革." 『人民網』. http://www.people.com.cn /GB/historic /0818/2706.html(검색일: 2019.05.10).

국가정권에게 정책 방침에 대한 건의를 제기하는 방식을 채택하고, 절차적 입법을 통해 국가정권이 정책 결정을 집행하는 방식으로 당의 영도를 실현하는 보다 민주화된 집정이라 할 수 있으며, 체제 효율을 제고시킬 수 있다는 점을 강조한다(이종화 2012, 121).

이와 같이 중국의 당정관계에 관한 연구는 시대별로 다양하게 당정관계의 성격을 구분하고 있다. 건국 이후 당정관계의 시대별 단계적 특징을 연구한 천홍타이(陳紅太 2003)는 4가지 유형을 통해 역사적 변화 과정을 설명한다. 첫 번째는 1949년부터 1957년 반우파투쟁 시기까지로 당이 직접 정부(국가기구)를 지휘하는 것이 아니라 당원인 정부 기관의 책임자와 당 조직을 통해 영도하는 '우당어정(寓黨於政)' 시기, 두 번째는 1978년 말 중국공산당 11기 중앙위원회 제3차 전체회의(11기 3중전회)까지 당이 정부를 대신하는 '이당대정(以黨代政)' 시기, 세 번째는 1978년 말부터 1989년 6월 중국공산당 13기 4중전회까지의 '당정분리(黨政分開)' 시기, 마지막으로 장쩌민 집권 시기까지를 당이 정부를 통치하는 '이당통정(以黨統政)' 시기로 보았다. 류제(刘傑 2011)는 당정관계의 시대적 특징으로 건국 초기 30년을 당과 정부가 거의 완전히 하나로 합쳐진 '합일형 당정관계(合一型黨政關系)'로 설명하고, 개혁개방 30여 년은 장기간 점진적 조정을 통해 새로운 '삽입형 당정관계(嵌入型黨政關系)'의 특징을 보인다고 한다. 이것은 당의 정치적 영도를 전제로 당의 각급 조직과 정부의 각 층급 간에 직능 상 업무분장이 있어서 각자 업무를 맡지만 상호 협조하는 관계의 구도가 성숙해짐을 의미한다. 또한 마오쩌둥과 덩샤오핑 시대 외에도 장쩌민 시대를 구분하고 당으로 정부를 통치한다는 '이당통정(以黨統政)' 개념을 통해 당정관계 개혁을 제도, 민주화, 법제화의 궤도에 오르게 하였다고 분석하기도 한다(王飛 · 郭莉 2016). 그밖에도 각각 시기별로 구체화하여 3단계로 구분하고 1949년부터 1952년까지 건국 초기는 당정이 상대적으로 분리된 시기, 1953년부터 1978

년까지는 이당대정(以黨代政), 당정합일(黨政合一), 당정불분(黨政不分)의 시기로, 마지막으로 1976년 이후부터를 개혁의 시기로 구분하기도 한다(支娜娜 · 於穎 2006). 왕하이쥔(王海軍 2006)은 이를 더욱 세분화하여 발전 과정의 측면에서 1949년부터 1956년까지 제도탐색시기(探索建制時期), 1957년부터 1978년까지는 굴곡동요시기(曲折動蕩時期), 1978년부터 1989년까지를 개혁탐색시기, 마지막으로 1989년 이후를 조정완성시기(調整完善時期)로 보았다. 덩샤오핑 시대 이후 당정관계는 제도 개혁의 관점에서 제도화와 법제화 논의가 등장하고 있음을 알 수 있다. 나아가 집정 주체인 공산당과 집정 객체인 국가정권의 당정관계 시각에서 집권당이 국가정권을 장악하는 능력, 즉 당의 집정능력을 분석하기도 한다(孫志明 2005). 한편 시진핑 집권 이후 당정관계에 대한 분석에서는 과학화, 규범화, 법치화의 측면에서 그 특징을 묘사하고 있을 뿐이다(曾寧 2018).

이처럼 건국 이후 당정관계에 대하여 다양한 표현 방식으로 설명하고 있으나 일치하는 부분은 마오쩌둥 시기의 당정합일에서 개혁개방 이후 덩샤오핑 시대에는 마오쩌둥 시대의 당정합일 관계에서 나타난 문제점을 비판하고 당정분리의 개념이 등장한다는 것이다. 즉 당정일치는 덩샤오핑이 비판한 바와 같이 당의 과도한 권력 집중으로 인하여 비효율의 문제가 발생하기 때문에 당과 정부의 직능을 분리함으로써, 즉, 당정분리를 통해 당과 정부의 역할에 효율성을 제고할 수 있다고 보았다. 그러나 당정관계 개혁이 공산당 지배체제를 전제로 한 구조적 측면에서 접근하기 때문에 당정관계 변화를 위한 다양한 노력에도 불구하고 기대했던 효과를 거두지 못하고 있는 것이 현실이자 딜레마(이종화 2012, 125)라고 할 수 있다.

마오쩌둥 시대의 당정관계에 대한 문제점을 개선하기 위하여 덩샤오핑이 제시한 당정분리 개념이 시진핑 정권에서 제기한 당정 간의 협조와 조화를 기반으로 하는 당정분공의 개념과 차이가 없다고 할지라도 결국 시진핑 집권 이후의 당정관계 변화는 당정분공이라는 도구적 기능적 측면의 접근에서 협조와 조화보다는 당의 관리와 통제 강화 성격이 강하게 나타나는 중국공산당의 영도 강화를 통한 중앙집권 강화를 위한 특징이 두드러진다고 할 수 있다. 특히 이러한 특징은 2018년 국가기구 개혁을 통해 명확하게 드러난다. 따라서 다음 III절과 IV절에서 시진핑 집권 이전의 당정관계와 시진핑 집권 이후 국가기구 개혁을 중심으로 나타나는 당정관계의 성격을 비교 분석하고자 한다.

III. 시진핑 집권 이전 당정관계

1. 건국 이후 당정관계 변화

1949년 중화인민공화국 건립 이후 건국 초기는 인민민주통일전선에 따라 중앙인민정부위원회 및 정무원, 인민혁명군사위원회 등의 국가기구에는 중국공산당원 외에도 민주당파 인사와 무당파 민주인사들도 있었다. 이들의 비중이 높은 연합정부체제 하에서 당이 직접적으로 국가기관 업무를 지휘할 수 없기 때문에 각 기관의 책임 당원과 당 조직을 통해 영도하는 방식이 나타났다. 1954년 9월 15일 제1기 전국인민대표대회 제1차 회의 개회사에서 "우리 사업을 영도하는 핵심역량은 중국공산당"이라고 마오쩌둥이 주창하였듯이 헌법 반포에 따라 국가기구의 조정이 있었지만, 당정관계에는 본질적 변화가 없었다. 헌법 반포 전에 실제로 중앙인민정부가 전국인민대표대회의 권력을 행사했고 당시 중앙인민정부 지도자 대부분 중공중앙의 지도자였기 때문에 당의 영도권 행사와 중앙인민정부의 국가최고권력 행사 간에 충돌이 존재하지 않았다. 이후 당정관계는 1957년에 실질적 변화가 나타나 중공중앙과 최고인민법원 간에 직접적 영도와 피 영도관계를 확립했고, 1958년 중공중앙은 재경, 정법, 외사, 과학, 문교 등 5개의 소조를 만들어 국가의 5대 업무를 직접적으로 영도하였다. 전국적으로 실시된 대약진운동과 인민공사화 운동은 전국인민대표대회의 토론 결정 없이 중공중앙의 직접적인 정책 결정과 실시로 이뤄졌다. 1958년 "6월 10일 통지"에 따르면 "국정 방침(大政方針)은 정치국에서, 구체적 배치는 서기처에서" 담당하였으며 "국정 방침과 구체적 배치는 일원화, 당정분리 불가"를 결정했다(陳紅太 2003). 그리고 1962년 마오쩌둥은 '7000인 대회' 담화 중 "공, 농, 상, 학, 병, 정, 당 7개 방면은 당이 일체 영도한다. 당은 공업, 농업, 상업, 문화교육, 군대와 정부를 영도해야 한다."(毛澤東 1999, 305)라고 하였다. 이처럼 마오쩌둥 시대 후기까지는 사실상 중공중앙이 정부를 완전히 대체하고 있는 '당정합일'의 관계를 보여준다.

이후 덩샤오핑은 이에 대하여 "당의 영도는 흔들릴 수 있는 것이 아니다. 그러나 당은 영도에 능숙해야 하고 당정은 분리되어야 한다." "많은 사정상 당이 정부 업무를 대체했고 당과 정부는 매우 많은 기구가 중복되었다. 우리는 당의 영도를 견지해야 하고 이것은 포기할 수 없는 것이다. 그러나 당은 영도에 능숙해야 한다."(鄧小平 2001, 177-179)라고 평하며 '당정분리'를 제시하면서 당정관계 변화를 거론하였다.

결국, 마오쩌둥 시대의 당정관계는 건국 주체인 중국공산당이 정부를 대체해 모든 것을 영도하고 결정 집행하는 당정합일의 집정형태였다. 이와 달리 덩샤오핑 시대는 당정관계 개혁이 이루어진 시기로 마오쩌둥 사후 1970년대 말부터 1980년대 말까지 '당정분리'와 제도적으로 당정분리가 이뤄지는 '당정관계의 법치화'가 나타난다. 1980년 2월 중국공산당 11기 5중전회를 통해 당 조직과 영도 제도를 조정하였는데,

대표적으로 권력의 과도한 집중을 막기 위해 중앙서기처를 설립하고 중앙정치국, 중앙정치국 상무위원회와 함께 3개 층위의 집단지도체제를 형성했다. 또한, 1982년의 신헌법에서는 국무원 총리 책임제와 같은 행정수장 책임제가 도입되어 당정분리의 새로운 단계를 맞았다. 각 기업 및 사업 단위에서도 당정관계의 변화가 나타나 1986년까지 각각의 기업 및 사업 단위의 수장 책임제가 실시되었다. 당정분리가 공식화된 1987년 13차 당대회에서는 당정분리의 원칙과 시책을 규정했는데 당정분리만이 당 조직이 원만하게 감독 직능을 행사하고 관료주의를 효과적으로 방지하고 극복할 수 있다고 하였다.

그러나 1989년 톈안먼(天安門)사건은 당정관계 설정을 재고하도록 하였으며, 같은 해 중앙위원회 제4차 전체회의(4중전회)에서는 당정합일의 재건이 결정되고 당이 권력을 독점하는 고도의 권력 집중 현상이 등장하기도 한다. 이후 장쩌민 정권은 국가기관에 대한 당의 통일적 영도 실현을 통한 당의 지위 실현을 강조하게 되고 당정관계의 전제는 당이 국가정권에 대한 통일적 영도 실현임을 강조하고 당정관계 제도적 개혁을 추진한다(陈红太 2003, 85). 다만 이러한 당정관계 개혁이 마오쩌둥 시대의 당정합일의 방향은 아니며 제도적 개혁과 함께 당의 국가기관에 대한 영도를 재확인하고 당의 국가기관을 통한 영도 실현을 강조하였다.

후진타오 시대에 들어와 2002년 중국공산당 제16차 전체회의(16차 당대회) 업무보고에서는 "당의 영도방식과 집정방식, 영도 체제와 업무 제도의 개혁과 완성, 당 업무로 하여금 활력이 충만하도록 한다."처럼 당정관계 및 정치제도 개혁을 추진하였다. 2004년 16기 4중전회의 결정에 따르면 "과학적 집정, 민주 집정, 법에 의한(依法) 집정을 반드시 견지하고 끊임없이 당의 영도방식과 집정방식을 완성한다."고 하였고, 2007년 중국공산당 제17차 전체회의(17차 당대회)에서 "당의 전체 국면 장악과 각계를 조정하는 영도 핵심 역할을 견지하고, 당의 과학적 집정, 민주 집정, 법에 의한 집정 수준을 제고하고 당의 인민 영도와 효과적 국가 통치를 보장해야 한다."처럼 당정관계의 법치화를 함께 강조하였다.

이처럼 건국 이후 당정관계의 변화를 모두 종합해 시기별로 큰 흐름을 구분해 보면 아래 표와 같다.

〈표 1〉 당정관계 시기별 구분

시기	주요 당정관계 내용
마오쩌둥	당정합일 / 당정분리 불가
덩샤오핑	당정분리 / 당정관계 개혁
장쩌민	당정관계 개혁 / 제도화, 법치화
후진타오	당정관계 개혁 / 제도화, 법치화
시진핑	당정분공 / 당정일원화 / 제도화, 법치화

중국공산당이 정부를 대체하던 건국 초기 마오쩌둥 시기의 당정합일의 관계는 1960년대 문화대혁명을 거치며 당정일원화를 이루었고 마오쩌둥 사후 덩샤오핑의 집권과 함께 시장경제 도입을 통해 국가경제 발전을 추구하는 과정에서 당정분리의 개념이 등장하였고 당정관계에 관한 법 · 제도적 개혁이 이루어졌다.[31] 장쩌민 시대에는 1989년 톈안먼사건의 영향으로 당정분리 논의는 사라지고 당의 영도 재확인과 제도화의 측면에서 당정관계가 개혁되었다. 당정관계의 제도화 및 법치화 개혁은 후진타오 시대에 정치개혁 논의가 활발하게 이뤄지면서 영도 체제와 당정 업무 제도 개혁을 위한 행정개혁이 이루어졌다.

그러나 시진핑이 등장하는 2012년 중국공산당 제18차 전국대표대

31 1980년대 개혁개방 정책 및 사회주의 시장경제의 확대에 따라 진행되는 당정관계 개혁은 공산당 지배체제를 전제로 한 것이기 때문에 서구식 정당제도 또는 서구식 당정관계로의 변화를 의미하는 것은 아니다(이종화 2012, 124).

회(18차 당대회) 보고에서는 '당정분리' 개념이 완전히 사라지고 직능 상의 '당'과 '정'의 '당정분공' 개념을 제시한다. 즉, "당의 영도방식과 집정방식을 더욱더 중요하게 개진해야 하고 당의 인민 영도와 효과적 국가통치를 보장해야 한다."라는 것이다. 그 후 2017년 3월 제12기 전국인민대표대회 제5차 회의에서 왕치산의 발언은 시진핑 집권 이후 당정관계의 변화를 명확하게 보여준다. "당의 영도 아래 당정분공만 있을 뿐 당정분리는 없으며, 이에 대하여 기치를 선명히 하고, 당당해야 하며, 중국 특색 사회주의의 길에 대한 자신감, 이론적 자신감, 제도적 자신감, 문화적 자신감을 굳건히 해야 한다."라고 당정분리가 불가함을 명확히 하고 있다.

2. 건국 이후 법 · 제도적 당정관계 변화와 국가기구개혁

당정관계에서 중요한 문제는 '중국공산당 영도'를 어떻게 규정하고 어떤 형태로 인민과 정부와의 관계를 설정하고 공식화, 즉 법 · 제도화하는가이다. 또한, 당정관계를 설명하는 또 하나의 중요한 요소는 서구 자유민주주의 국가의 대통령제에서 대통령처럼 국가, 정부를 대표하는 '국가주석' 직위라 할 수 있다. 먼저 중국공산당 영도와 관련하여 1954년 9월 제1기 전국인민대표대회(전인대) 제1차 회의에서 통과된 헌법 서언에서는 "마침내 중국공산당 영도 하에 1949년 제국주의, 봉건주의와 관료자본주의를 반대하는 인민혁명의 위대한 승리를 획득했다."와 "우리 인민은 중화인민공화국을 건립하는 위대한 투쟁 속에서 이미 중국공산당이 영도하는 각 민주계급, 각 민주당파, 각 인민 단체의 광범위한 인민민주통일전선을 이루었다."처럼 국가 건립 과정에서 중국공산당이 영도했다는 역할만을 제시했을 뿐이다. 그러나 문화대혁명 시기인 1975년 수정된 헌법에서는 서언이 아닌 제1장 제2조에 "중국공산당은 전 중국 인민의 영도 핵심이다. 노동자 계급은 자신의 선봉대인 중국공산당을 통해 국가에 대한 영도를 실현한다."라고 명기하면서 수정 이전의 헌법 제2조에 명시되었던 "중화인민공화국의 일체의 권력은 인민에 속한다."는 조항보다 앞서 중국공산당 영도의 중요성과 그 대상에 대해 강조하고 있다. 그런데 이 조항은 문화대혁명이 끝나고 덩샤오핑 집권기인 1982년 12월 제5기 전인대 제5차 회의에서 통과된 수정 헌법에서 삭제되면서 당정분리가 추진되었던 덩샤오핑 시대의 당정관계에서는 당의 영도에 대한 성격 규정과 강도가 다르게 나타남을 알 수 있다. 그러나 이러한 조항은 시진핑 집권 2기인 2018년 3월 제10기 전인대 제1차 회의를 통과한 수정 헌법에서 제1장 제1조 1항 "중화인민공화국은 노동자 계급이 영도하는 노동자–농민연맹을 기초로 하는 인민민주독재의 사회주의국가다."에 이어 2항의 "사회주의 제도는 중화인민공화국의 근본 제도다."와 "어떤 조직이나 개인이 사회주의 제도를 훼손시키는 것을 금지한다."라는 문구 사이에 "중국공산당 영도는 중국 특색 사회주의의 가장 본질적 특징이다."를 삽입하였다. 이것은 '전면적 영도'를 강조하면서 과거 당정합일을 이루었던 마오쩌둥 시대의 헌법 제2조에 규정된 "중국공산당이 인민의 영도핵심"임을 강조한 순서보다 앞서 중국공산당 영도를 더욱 강조하고 있다.[32] 게다가 수정 헌법

32 한편 '중국 특색 사회주의' 내용은 1993년 3월 제8기 전인대 제1차 회의에서 통과한 수정 헌법에서 "중국 특색 사회주의가 있는 이론"이라는 표현이 서언에 처음 등장하고, 이후 1999년 3월 제9기 전인대 제2차 회의를 통과한 헌법 서언에는 "중국 특색 사회주의가 있는 길(道路)"로, 2004년 3월 제10기 전인대 제2차 회의를 통과한 헌법 서언에서는 "중국 특색 사회주의 길을 따라"로 수정되었다. 마지막으로 2018년 3월 제13기 전인대 제1차 회의에서 완전하고 공식적인 '중국 특색 사회주의'에 대한 표현이 나타난다. 서언에서 "시진핑 신시대 중국 특색 사회주의 사상"과 제1조에서 '중국공산당 영도'와 함께 "중국공산당 영도는 중국 특색 사회주의의 가장 본질적 특징이다"라고 명시하였다.

제2조 "중화인민공화국의 일체의 권력은 인민에 속한다."라는 인민주권의 원칙보다 강조된 것이라 할 수 있다.

또한, 정부를 대표한다고 할 수 있는 국가주석 임기와 관련하여 1954년 9월 제1기 전인대 제1차 회의에서 처음 탄생한 헌법 제39조에서 4년 임기를 명기하고 있으나, 문화대혁명을 기치며 1968년 이후에 국가주석은 공석이었고, 문화대혁명 기간이었던 1975년 1월 제4기 전인대 제1차 회의에서 수정된 헌법에서는 '중화인민공화국 주석' 조항이 완전히 삭제되었다. 그 후 1982년 개혁파인 덩샤오핑 집권기에 주석의 임기는 2기(총 10년)를 초과할 수 없는 것으로 회복되었다. 그러나 이러한 임기 제한 조항은 2018년 3월 수정 헌법을 통해 삭제되면서 중국공산당 중앙위원회 총서기를 겸하고 있는 현 시진핑 국가주석의 임기가 제한되지 않아 임기 연장 가능성이 보장되었다. 이와 같은 변화는 마오쩌둥 시대에 국가주석직이 폐지되었던 당정관계보다 한층 더 강화된 당정일원화 현상을 보여준다고 할 수 있다.

당정관계에서 당과 정부 간 국가기구에 대한 영도관계 규정이나, 새로 설립되었거나 조정된 국가기구에 대한 당의 영도형식 변화는 매우 중요하다. 그동안 개혁개방 이후 2018년까지 국무원 정부 기구 개혁은 총 8차례에 걸쳐 추진되었고 1982년에 100여 개였던 정부 기구는 2018년 개혁 이후 26개 부문(단, 국무원 직속 기구, 직속 특설 기구, 사무기구 등 제외)으로 감소하였다(〈표 2〉 참조). 2013년 국가기구 개혁은 대부제(大部門體制)로의 행정개혁 추진이라 할 수 있으며, 이는 시장경제 지향, 행정수요 대응, 기능 통합 방식이 작용한 것으로 분석할 수 있다(백계화 · 김윤권 2014).[33] 이렇게 시장 주도에 부합하려는 대부제 개혁의 원인은 구체적으로 글로벌 행정 환경과 행정 수요, 정부의 기능 재조정 및 효율

33 자세한 행정편제 개혁 과정은 김재관(2005), 김윤권(2008), 백계화 · 김윤권(2014) 논문 참조.

성 제고와 책임성 확보, 인민 행정 서비스 제고 등의 요인으로 이뤄진다(김윤권 2008).

〈표 2〉 역대 국무원 기구개혁 주요 내용

시기	기구개혁 내용
1982년	부문* 100개, 5.1만 명 ⇒ 부문 61개, 3만 명
1988년	부문 45개 및 직속기구 22개(총 67개), 비상설기구 75개 ⇒ 부문 41개 및 직속기구 19개(총 60개), 비상설기구 44개, 9700여 명 감원
1993년	부문 41개 및 직속기구(총 50개), 인원 20% 감축
1998년	부문 29개
2003년	부문 28개, 특설기구 1개, 직속기구 18개, 사무기구 4개, 각 부문관리하의 국(局) 10개, 직속사업단위 14개, 부처 간 의사협의기구 100여 개
2008년	정부(正部)급 기구 4개 감소, 총 27개 부문
2013년	정부(正部)급 기구 4개 감소(그중 2개 부문 감소), 총 25개 부문
2018년	정부(正部)급 기구 8개 감소, 총 26개 부문

출처: 『中央機構編制網』. http://www.scopsr.gov.cn.에서 "국무원 기구개혁 정황" 매회 저자 정리.
참조: * 조성부문으로 부, 위원회, 인민은행, 심계서 포함.

이러한 행정 개혁적 측면 외에 국가기구 개혁에는 정치적 요인이 크게 작용하여 중국에서는 국가기구 변화를 통해 당정관계가 어떻게 변화하는가에 따라 당정합일, 당정분리, 당정분공 등의 형태로 구분해 볼 수 있다. 그런데 당정관계에 대한 논의에서 당정분리의 의미가 말 그대로 완전하게 '당'과 '정'의 분리가 아니라 중국공산당의 영도를 전제로 하여 당정 간의 협조와 조화를 전제로 삼고 있다(남종호 2005)고 한다면 그동안 국무원 기구 개혁의 공통적 목표는 대체로 행정비용의 절감과 행정 효율의 제고에 있다고 할 수 있다. 그러나 당정 간의 협조와 조화만으로 정부 기구 개혁을 설명하기에는 매우 부족하다. 따라서 구체적으로 국가기구 개혁 과정에서 신설되거나 통합 및 폐지 등 국가기구의 성격을 다시 살펴볼 필요가 있으며 행정 기능적 측면에서뿐만 아니라 정치적 측면에서 분석할 필요가 있다.

IV. 시진핑 시대 당정기구 개혁과 당정관계 변화

1. 당정기구 개혁의 주요 내용 및 특징

중국에서 중국공산당 당장(章程)의 개정은 그 이후 헌법 개정을 암시한다. "중화인민공화국 헌법과 중국공산당 당장은 동등한 권위를 갖고 있으며, 이 두 개에 의해서 중국의 권력 지형이 형성된다. 그러나 헌법에는 중국공산당 당장에 대한 언급이 없고, 반대로 당장에는 헌법에 대한 언급이 없으며, 더욱 중요한 사실은 당과 정부 사이의 구분에 대한 명확한 서술이 존재하지 않는다. 명확한 것은 실질적인 권력은 공산당에 있다는 것이다."(Kerry Brown 지음 · 김흥규 옮김 2014, 117) 물론 당장 총강에서 "당은 반드시 헌법과 법률의 범위 내에서 활동해야 한다."라고 밝히고 있으나 중국의 당국가체제에서 당장과 헌법의 선후는 명확하다.

2017년 10월 중국공산당 제19차 전국대표대회(19차 당대회)를 통해 '중국공산당장정(수정안)'이 통과되면서 중국공산당 영도 강화와 건설을 위한 기치를 강조하는 '중국 특색 사회주의' 건설이 목표 지향점이 되었다. 이를 위해 '종엄관당치당(엄격한 당 관리, 從嚴管黨治黨)'과 '전면적 종엄치당(全面從嚴治黨)'을 내세우며 "중국공산당 영도가 중국 특색 사회주의의 가장 본질적인 특징"임을 헌법 제1조에 삽입하면서 '전면적 당의 영도'를 천명하고 있다. 이러한 배경 속에서 제8차 국가기구 개혁의 특징은 당이 모든 것을 영도하는 전면적 영도 강화, 법치 강화로 나타나며 결국 시진핑 정권의 권위주의 체제를 강화하고 중국공산당 중심의 중앙집권화가 이뤄져 기존의 당정분리와 분산에서 집중과 강화로 나타나고 있다. 국가기구 개혁은 국무원에 대한 당 조직의 관리와 기능 강화를 의미하며, 이는 국무원의 수장인 리커창(李克强) 총리의 권한 약화와 중국공산당 핵심 시진핑 총서기(국가주석)의 권력 강화를 의미하기도 한다.

먼저 2018년 3월 발표한 「당 · 국가기구개혁심화방안(深化黨和國家機構改革方案)」에 따르면, 가장 먼저 국가감찰위원회(國家監察委員會)를 설립하여 당의 반부패 업무에 대한 집중 · 통일적 영도를 강화하고 당내 감독과 국가기관을 모두 감독하여 당의 기율검사와 국가감찰의 유기적 통일을 실현하려 하였다. 즉 국가감찰위원회를 설립해 중앙기율검사위원회와 감찰부, 국가부패예방국(國家預防腐敗局)의 직책, 최고인민검찰원의 뇌물 횡령, 배임 직무 유기 및 범죄 예방 등 반부패 관련 직책을 모두 통합 실현하여 중공중앙의 감찰 업무를 전방위적으로 실현하도록 하였다.[34] 이는 양샤오두(楊曉渡) 중앙기율검사위원회 부서기가 국가감찰위원회 주임을 겸임하도록 함으로써 가능하다.

또한 중앙전면의법치국위원회(中央全面依法治國委員會)와 중앙심계위원회(中央審計委員會)를 신설하여 전면적 의법치국을 실현하고 심계 영역에 대해서도 당 중앙의 정책 결정 의사협조기구가 됨으로써 중공중앙이 직접적이고 전면적으로 관리하게 되었다. 중앙전면의법치국위원회는 시진핑이 주임을, 부주임은 리커창, 리잔수(栗戰書), 왕후닝(王滬寧)이 맡았다. 이 위원회는 전면적 의법치국 실현과 중국 특색 사회주의 법치체계와 사회주의 법치국가건설 등에 대한 직책을 맡고 있다. 또한, 중앙심계위원회 역시 심계 영역에 대한 당 영도를 견지하고, 중대정책과 개혁 방안의 심의 및 심계 감독을 추진한다.

다음으로 중앙영도소조(leading group)의 확대다. 영도소조는 일종의 특별한 조직 방식과 업무 기제를 갖고 있는 중국공산당 최고 지도부와

34 "中共中央印發《深化黨和國家機構改革方案》." 『新華社』(2018年 03月 21日). http://www.gov.cn/xinwen/2018-03/21/content_5276191.htm#1(검색일: 2018.06.20).

당-정-군의 실무부서 사이에 위치한 의사협조기구다. 이러한 영도소조는 시진핑 정부에 들어서 더욱 확대되어 2013년 12월 중앙전면심화개혁영도소조(中央全面深化改革領導小組), 2014년 2월 중앙인터넷안전·정보화영도소조(中央網絡安全和信息化領導小組), 3월에 중앙군사위원회 국방·군대개혁심화영도소조(中央軍委深化國防和軍隊改革領導小組), 7월에는 징-진-지 협동발전영도소조(京津冀協同發展領導小組), 그리고 2015년 4월에 일대일로 건설공작영도소조(一帶一路建設工作領導小組) 등이 설립되었다. 그 밖에도 기존에 있던 중앙재경영도소조(中央財經領導小組), 중앙외사공작영도소조(中央外事工作領導小組) 등이 있는데 시진핑이 최소 7개에서 많게는 9개의 영도소조 조장을 겸하였다(조영남 2015, 136).

이와 함께 몇몇 주요한 중앙영도소조가 위원회로 승격되었다. 영도소조는 일반적으로 의사협조기구로 일종의 단계적 업무 메커니즘이 적용된다. 이에 반해 위원회는 일반적으로 상설기구로 설립되어 일정한 업무를 완성하기 위한 전문적 조직이라 할 수 있다. 또한, 위원회는 전면적 직능을 수행하는 규범적 기구로 안정적으로 운영되며 잘 갖춘 조직 형태를 갖는다. 따라서 영도소조의 위원회로의 변화는 그 위원회의 역할이 매우 중요한 의미가 있음을 알 수 있다. 예를 들어 2013년 설립된 중앙전면심화개혁영도소조와 2014년 2월 설립된 중앙인터넷안전·정보화영도소조, 중앙재경영도소조, 중앙외사공작영도소조의 위원회화가 대표적이다. 상기 위원회들은 중국 특색 사회주의에 맞게 개혁을 추진하는 업무를 담당할 뿐만 아니라 국가 안전, 재정 및 경제, 외사 영역에 이르기까지 국정에서 가장 중요한 영역을 담당하는 곳으로 이를 중공중앙이 직접 관리하고 통솔한다는 의미를 갖는다. 또한, 중앙교육공작영도소조를 설립하여 교육 및 정치사상, 이데올로기 영역까지 당 영도를 견지하고, 중앙직속기관공작위원회와 중앙국가기관공작위원회의 직책을 통합한 중앙·국가기관공작위원회를 설치함으로써 당원 영도 간부의 감독과 관리를 실시하여 당 중앙과 국가기관 모두에 대한 집중영도를 실현하고자 하였다(〈표 3〉 참조). 이러한 당정기구 개혁은 국가감찰위원회의 설립을 통한 당의 기율 감찰 범위 확대와 각종 위원회의 설립과 중앙영도소조의 위원회 승격을 통한 시진핑 정권이 중점적으로 추진하는 정책사업의 활성화 및 시진핑 권한 강화, 기타 국가기구의 통합, 당 관리기능 강화 등의 특징으로 나타난다.

〈표 3〉 2018년 **당정기구 개혁 주요 내용**

주요 특징	개혁 전 명칭 및 내용 /소속 및 사무실 소재	개혁 후 명칭 및 내용 /소속 및 사무실 소재
신설	감찰부(監察部), 국가부패예방국(國家預防腐敗局) 직책 및 최고인민검찰원 반부패관련 직책 통합 이관 /중앙기율검사위원회(中央紀律檢查委員會), 국무원 및 최고인민검찰원	국가감찰위원회(國家監察委員會) /중공중앙 직속기구, 중앙기율검사위원회에서 공동사무
신설		중앙전면의법치국위원회(中央全面依法治國委員會) /중공중앙 직속 결책의사협조기구, 국무원 사법부에 판공실 설치
신설		중앙심계위원회(中央審計委員會) /중공중앙 직속 결책의사협조기구, 국무원 심계서(審計署)에 판공실 설치
신설		중앙교육공작영도소조(中央教育工作領導小組) /중공중앙 직속 결책의사협조기구, 교육부에 비서조(秘書組)설치
위원회 승격	중앙전면심화개혁영도소조 (中央全面深化改革領導小組)	중앙전면심화개혁위원회(中央全面深化改革委員會) /중공중앙 직속 결책의사협조기구, 중앙전면심화개혁위원회 판공실
위원회 승격	중앙네트워크안전 · 정보화영도소조 (中央網絡安全和信息化領導小組)	중앙네트워크안전 · 정보화위원회 (中央網絡安全和信息化委員會) /중공중앙 직속 의사협조기구 중앙네트워크안전 · 정보화위원회 판공실
위원회 승격	중앙재경영도소조 (中央財經領導小組)	중앙재경위원회(中央財經委員會) /중공중앙 직속 의사협조기구, 중앙재경위원회 판공실
위원회 승격	중앙외사공작영도소조 (中央外事工作領導小組)	중앙외사공작위원회(中央外事工作委員會) /중공중앙 직속 의사협조기구, 중앙외사공작위원회 판공실
통합관리	중앙직속기관공작위원회 (中央直屬機關工作委員會), 중앙 · 국가기관공작위원회(中央和國家機關工作委員會) 직책 통합 및 폐시	중앙 · 국가기관공작위원회(中央和國家機關工作委員會)로 통합 이관 /중공중앙 파출기구

통합관리	중앙당교(中央黨校), 국가행정학원(國家行政學院) 통합	중앙당교(국가행정학원) 1 기구 2 명칭 유지 /중공중앙 직속 사업단위
통합관리	중앙당사연구실(中央黨史研究室), 중앙문헌연구실(中央文獻研究室), 중앙편역국(中央編譯局) 직책 통합 및 폐지	중앙당사 · 문헌연구원(中央黨史和文獻研究院)로 통합 이관 /중공중앙 직속 사업단위(단, 중앙당사 · 문헌연구원 대외에 중앙편역국 명칭 유지)

출처: "中共中央印發《深化黨和國家機構改革方案》." (新華社 2018/03/21) 저자 정리.

2. 중국공산당 영도 강화와 당정관계 변화

「당 · 국가기구개혁심화방안(深化黨和國家機構改革方案)」(新華社 2018.03.21)에서는 당정기구 개혁 중 기구의 신설과 개편뿐만 아니라 당 조직의 업무 강화 내용을 포함하고 있다. 국무원과 당 중앙 조직으로 이원화되었던 사무기구를 일원화하여 중국공산당 중앙조직부와 중앙선전부, 중앙통일전선공작부(중앙통전부) 등에서 기존 국무원 산하 업무 부문을 통일 관리하고 통일 영도하도록 함으로써 당의 전면적 영도를 관철할 뿐만 아니라 사회 안전과 통제 실현에 중요한 부문들을 직접 관리 통합할 수 있도록 하였다.

먼저 중앙조직부가 통일 관리하게 될 중앙기구편제위원회는 모든 국가기구에 대한 행정관리체제 및 기구개혁과 기구편제를 관리하는 업무를 통일 관리 및 총괄하게 되었다. 이로써 중공중앙이 당정기관, 인민대표대회, 정치협상회의, 법원, 검찰기관, 각 민주당파와 인민 단체, 사업 단위에 이르기까지 전면적이고 통일적으로 관리하게 된다.[35] 아울러 국무원 산하에 있던 국가공무원국 또한 관리하게 됨으로써 중앙

35 기존의 국가기구편제위원회는 1991년 중앙기구편제위원회로 전환되었으며 국무원 관리 기구에서 당 중앙이 함께 관리하는 기구가 되면서 당 중앙차원으로 주관단위가 바뀌었으며 2018년 다시 당 조직부의 통일 관리로 개혁된 것이다. 1991년 행정편제개혁과 관련된 내용은 김재관(2005) 참조.

조직부가 국내 모든 조직을 통합하여 관리하게 된 것이다. 중앙선전부는 국무원 산하의 국가신문출판광전총국(國家新聞出版廣電總局)의 신문출판관리 및 영화관리 직무를 직접 관리하고, 중앙통전부는 소수민족뿐만 아니라 교민 업무, 종교 문제에 대해서도 통일 관리하게 되었다. 그리고 사회 안전과 관련되어 분산되었던 정법 관련 업무를 일괄적으로 중앙정법위원회(中央政法委員會)로 통합 이관함으로써 당 중앙의 역할이 강화되었다(〈표 4〉 참조).

그밖에도 국무원 문건(國發〔2018〕6號, 國發〔2018〕7號)에 따른 업무기구 변화 중 국무원 사무기구(辦事機構)인 대만사무판공실(台灣事務辦公室)과 중앙대만공작판공실(中央台灣工作辦公室), 국가인터넷정보판공실(國家互聯網信息辦公室)과 중앙네트워크안전·정보화위원회판공실(中央網絡安全和信息化委員會辦公室)은 동일한 한 기구가 두 개의 명칭을 갖고(一個機構兩塊牌子) 중공중앙 직속기구에 편성되었고, 국무원 산하 국가당안국(國家檔案局)과 중앙당안관(中央檔案館), 국가비밀경호국(國家保密局)과 중앙비밀경호위원회판공실(中央保密委員會辦公室), 국가암호관리국(國家密碼管理局)과 중앙암호공작영도소조판공실(中央密碼工作領導小組辦公室)도 이와 같은 형태로 중앙직속기관에 편성되었다.[36]

따라서 2018년의 국가기구 개혁은 당의 정책 결정을 국가기구가 집행하는 방식으로 당의 영도를 실현했던 부분들이 전면적으로 당의 직접적인 통일적 관리의 형태로 변화하였으며, 기존 당과 정부 기구 간에 이원화되었던 기능적 측면이 약화되고 국가감찰위원회의 신설과 시진핑이 직접 관리하는 중앙영도소조의 강화 등 중공중앙 중심으로 전반적 당정일원화의 특징들이 명확히 나타나고 있다. 2013년 마오쩌둥 탄

---

36 中華人民共和國國務院. "國務院組織機構."
http://www.gov.cn/guowuyuan/zuzhi.htm(검색일: 2018.09.20).

생 120주년 기념 좌담회에서 시진핑은 "마오쩌둥은 사회주의의 기본제도를 확립하고 덩샤오핑은 사회주의 현대화 건설을 하였으며 앞으로 사회주의의 최종 정착 임무가 남았다."라고[37] 하였듯이 시진핑 집권 2기의 당정관계 변화는 2018년 수정된 헌법에서 명시된 바와 같이 중국특색 사회주의의 실현을 위해 인민주권보다 당 조직의 전면적이고 직접적인 통일적 영도 강화를 실천함으로써 과거 마오쩌둥 시대의 당정합일과 유사한 특징을 보여주고 있다. 즉 기존 정부 직능에 대한 '당의 영도' 강화 및 당의 직접적 직능 확대라는 기능적 측면으로 당정분공과 당정일원화가 이루어졌다.

〈표 4〉 2018년 당정기구 개혁 중 당 조직 관리 확대 및 업무 강화

주요 특징	개혁 전 명칭 및 내용 /소속 및 사무실 소재	개혁 후 명칭 및 내용 /소속 및 사무실 소재
중앙조직부 통일 관리	중앙기구편제위원회판공실(中央機構編制委員會辦公室) /국무원 및 중공중앙 관리	중앙기구편제위원회판공실(中央機構編制委員會辦公室)을 중앙기구편제위원회의 사무기구로 결정 /중공중앙 직속 의사협조기구
공무원 업무 중앙조직부 통일 관리	국가공무원국(國家公務員局) /국무원 및 중공중앙 관리	국가공무원국(國家公務員局) 통일 관리 /중앙조직부(단, 조직부 대외에 국가공무원국 명칭 유지)
신문출판 업무 중앙선전부 통일 관리	국가신문출판광전총국(國家新聞出版廣電總局) 신문출판관리 직책 /국무원 및 중공중앙 관리	국가신문출판서(국가판권국)(國家新聞出版署(國家版權局) 명칭 추가 통일 관리 /중앙선전부
영화 업무 중앙선전부 통일 관리	국가신문출판광전총국(國家新聞出版廣電總局) 영화관리 직책 /국무원 및 중공중앙 관리	국가영화국(國家電影局) 명칭 추가 통일 관리 /중앙선전부
중앙통전부 통일 영도	국가민족사무위원회(國家民族事務委員會) /국무원 및 중공중앙 관리	국가민족사무위원회(國家民族事務委員會) 집중 통일영도 /중앙통전부(단, 국무원 산하기관 지속)
종교 업무 중앙통전부 통일 관리	국가종교사무국(國家宗教事務局) /국무원 및 중공중앙 관리	국가종교사무국(國家宗教事務局) 편입 통일 관리 /중앙통전부(단, 통전부 대외에 국가종교사무국 명칭 유지)

37 "習近平 : 在紀念毛澤東同志誕辰120周年座談會上的講話." 『新華網』(2013年 12月 26日) http://www.xinhuanet.com//politics/2013-12/26/c_118723453.htm(검색일: 2018.10.13).

교민 업무 중앙통전부 통일 관리	국무원교무판공실(國務院僑務辦公室) /국무원 및 중공중앙 관리	국무원교무판공실(國務院僑務辦公室) 편입 /중앙통전부(단, 통전부 대외에 국무원 교무판공실 명칭 유지)
직무 최적화 관리조정	공업 · 정보화부(工業和信息化部)의 국가컴퓨터네트워크 · 정보안전관리센터(國家計算機網絡與信息安全管理中心) 관리 /국무원 및 중공중앙 관리	중앙네트워크안전 · 정보화위원회판공실(中央網絡安全和信息化委員會辦公室)의 컴퓨터네트워크 · 정보안전관리센터(國家計算機網絡與信息安全管理中心) 최적화 관리조정
영도소조 업무이관 및 폐지	중앙해양권익보호공작영도소조(中央維護海洋權益工作領導小組) 업무이관 및 폐지	중앙외사공작위원회판공실(中央外事工作委員會辦公室) 내 해양권익공작보호판공실(維護海洋權益工作辦公室) 설치
위원회 업무이관 및 폐지	중앙사회치안종합거버넌스위원회(中央社會治安綜合治理委員會) 및 판공실의 업무이관 및 폐지	중앙정법위원회(中央政法委員會)로 통합이관 /중공중앙 직속기구
영도소조 업무이관 및 폐지	중앙안정보호공작영도소조(中央維護穩定工作領導小組) 및 판공실의 업무이관 및 폐지	중앙정법위원회(中央政法委員會)로 통합이관 /중공중앙 직속기구
영도소조 업무이관 및 폐지	중앙사교문제예방 · 처리영도소조(中央防範和處理邪教問題領導小組) 및 판공실의 업무이관 및 폐지	중앙정법위원회(中央政法委員會)와 공안부(公安部)로 업무 이관 /중공중앙 직속기구, 국무원

출처: “中共中央印發《深化黨和國家機構改革方案》.” (新華社 2018.03.21) 저자 정리.

V. 결론

중국의 당정관계는 먼저 건국 초기부터 문화대혁명 시기까지 마오쩌둥의 사회주의 건설 시대에 당 중앙의 일체 영도를 통해 직접적 정책 결정과 시행에 있어서 ‘당정합일’의 형태가 이루어졌다. 이후 1987년 덩샤오핑 시대에 ‘당정분리’ 개혁이 공식적으로 추진되었고, 이후 장쩌민 시대의 과도기를 거치며 당정분리 논의는 사라지고 재차 당 영도를 강조하였고, 후진타오 시대에 당정관계는 제도화 및 법치화의 측면에서 개혁이 추진되었다. 그러나 시진핑 정권은 ‘신시대 중국 특색 사회주의’ 실현을 위해서 ‘당 영도 일체’의 원칙 아래 중국공산당 영도라는 국정 운영의 체계적 사고를 형성함으로써 당정기구 개혁을 통해 정부

기구에 대한 당 조직의 직접적이고 통일적인 관리 확대와 업무 일원화 및 기능 강화라는 당정일원화의 특징을 보였다.

이와 같이 시진핑 집권 이후 2018년 제8차 당정 국가기구 개혁의 주요 특징을 요약하면 다음과 같다. 첫째, 국가감찰위원회의 신설을 통해 중공중잉의 관리 감독, 감찰 대상의 범위를 확대하여 당의 정부(국가기관)에 대한 감찰 기능이 강화되었다. 둘째, 시진핑 주석이 직접 책임을 맡고 있는 중앙전면의법치국위원회, 중앙심계위원회 등 주요 위원회의 신설과 중앙전면심화개혁영도소조, 중앙네트워크안전 · 정보화영도소조 및 중앙외사공작영도소조 등을 상설기구인 위원회로 승격하여 그의 권한과 책임이 강화되면서 상대적으로 집단지도체제가 약화되었다. 셋째, 중국공산당의 조직부, 선전부, 통전부 등이 기존에 국무원 산하에 설치되어 함께 관리하던 국가공무원국, 국가신문출판광전총국, 국가민족사무위원회 등의 업무 권한을 직접 통일 관리하면서 국무원에는 명칭만을 대외적으로 남겨두거나 동일한 한 기구에 두 개의 명칭을 사용하는 방식으로 전환하여 국무원의 많은 기구가 당 조직 기구로 일원화하면서 당의 직접적인 관리 직능을 확대했다. 이러한 당정기구 개혁의 특징을 통해 나타나는 당정관계는 당이 모든 것을 영도하는 '전면적 영도'의 강화와 이를 법 · 제도화하고 있으며, 당 중앙위원회의 최고 지도자인 시진핑 총서기(국가주석)의 권한 강화로 인해 상대적으로 집단지도체제가 약화되고, 당의 정치적 영도를 전제로 당정분공이라는 개혁 아래 당 각급 조직의 정부(국가기관) 각급 조직의 업무에 대한 통일적 관리 강화라는 당정일원화의 특징이 나타난다. 이러한 특징은 시진핑 집권 이후 헌법 수정에서 나타나듯 인민민주주의 국가에 "중화인민공화국의 일체의 권력은 인민에 속한다."는 인민주권의 헌법 조항조차 "중국공산당 영도" 조항이 삽입되면서 건국 초기의 마오쩌둥 시대의 헌법에서보다 '당 영도'가 앞서 강조되고, 당정기구 개혁 및 법 · 제도적 개혁을 통한 당국가체제의 강화 및 중국공산당 지배체제 강화의 특징을 보이며 정치개혁은 쇠퇴하였다고 할 수 있다.

비록 시진핑은 '중국 특색 사회주의' 실현을 위해 "당의 영도방식과 집정방식을 더욱더 중요하게 개진해야 하고 당의 인민 영도와 효과적 국가 통치를 보장해야 한다."라고 하지만, 결국 시진핑 집권 이후의 당정관계 변화는 인민주권보다 공산당의 관리 및 통제 강화의 효율성 제고라는 기능주의적 접근과 사회주의의 최종 안착을 위한 '중국 특색 사회주의'의 길을 추구하고 이를 실현하기 위해 당 조직의 전면적 영도 강화를 가장 우선적으로 실천하는 이데올로기의 재완성과 실현의 결과로써 과거 마오쩌둥 시대와 유사한 당정일원화의 특징이 나타나는 것이다. 즉 시진핑 시대는 헌법 개정을 통해 '시진핑 신시대 중국 특색 사회주의 사상(习近平新时代中国特色社会主义思想)'을 삽입하면서 국가 최고 권력을 정당화하고, 효율적 관리 통제를 실현하기 위한 방향으로 국가기구 개혁을 추진하여 당정관계를 일원화하고 제도화 법치화하면서 중국공산당 중심의 중앙집권화 현상이 두드러진다고 할 수 있다.

따라서 시진핑 집권 이후 변화된 당정관계는 중국공산당의 통제와 관리 강화를 통한 중앙집권화, 당국가체제 강화와 공산당의 효율적 운영과 관리를 위한 당정기구 일원화 현상이 나타나고, 시진핑 주석의 권한 강화에 따른 집단지도체제의 상대적 약화뿐만 아니라 나아가 헌법 수정과 같은 법·제도화를 통한 장기 집권 가능성까지 확대되고 있다. 한편 미·중 전략적 경쟁 및 코로나19의 세계적 확산과 경세침체, 홍콩 시위 및 보안법 제정 등에 따른 대내외적 압력이 커지고 다양한 변수들이 나타나는 상황 속에서 이와 같은 대내외적 요소들이 일원화의 방향으로 공고화된 당정관계 속에서 시진핑 정권의 정치 변화에 어떤 영향을 미칠지에 대한 관찰과 연구가 향후 과제로 남아있다.

「 참고 문헌 」

Kerry Brown 지음, 김흥규 옮김. 2014.『현대중국의 이해』. 서울: 명인문화사.

김윤권. 2008. "중국 大部制 행정개혁의 동인과 제약."『한국행정학보』 제42권 제4호, 291-316.

김윤권 · 박경래 · 정해용 · 지규원. 2012. "중국 정부의 행정제도와 행정자원 및 정책 수단에 관한 연구."『경제 · 인문사회연구회 중국종합연구 협동연구총서』(12 33 11). 세종: 대외경제정책연구원 · 한국행정연구원.

김재관. 2005. "중국의 행정편제개혁 과정의 특징에 관한 연구."『국제지역연구』 제14권 제2호, 1-37.

남종호. 2005. "중국 사회주의 정치체제 하에서의 당정관계 연구-공산당 영도 지위를 중심으로-."『중국연구』 제35권, 177-201.

남종호. 2016. "중국공산당 정권 유지와 민주집중제 기능."『한중사회과학연구』 제39권, 1-25.

대외경제정책연구원 북경사무소. 2008. "중국 국무원 기구 개혁(大部制)의 평가와 전망."『중국경제 현안 브리핑』 5월 15일 제08-9호, 1-8.

백계화 · 김윤권. 2014. "2013년 중국 대부제(大部制) 행정개혁의 분석과 함의."『한국행정학보』 제48권 제4호, 455-484.

서석홍 · 김경환. 2018. "중국의 19차 당대회에서 시진핑 사상 당장 삽입의 의미와 평가."『중국지역연구』 제5권 제1호, 63-94.

신봉수. 2015. "중국공산당의 정치권위-형성, 변화, 그리고 전망."『한국정치학회보』 제49집 제5호, 223-241.

유은하. 2012. "개혁기 중국공산당 변화 연구: 당의 조직제도를 중심으로."『현대중국연구』 제13권 제2호, 1-36.

이정남. 2014. "'좋은' 민주주의 관점에서 본 중국의 집단지도체제."『중소연구』 제38권 제3호, 37-61.

이종화. 2012. "중국 당정관계(黨政關係)의 지속과 변화."『중국과 중국학』 제17호, 99-132.

전성흥. 2018. "중국공산당 제19차 당대회의 쟁점 분석."『新亞細亞』 第25卷 第1號, 121-143.

정용덕 · 김근세. 1997. "행정기구 개혁을 위한 조직설계 및 부서화의 접근방법."『행정논총』 제35권 2호, 151-172.

조영남. 2015. "시진핑 '일인체제'가 등장하고 있는가?."『국제지역연구』 제24권 3호, 127-153.

董沐夕. 2014. "關於新時期黨政關系優化發展的幾點思考."『觀察與思考』 01期, 75-78.

鄧小平. 2001.『鄧小平文選』(第三卷). 北京: 人民出版社.

劉傑. 2011. "黨政關系的曆史變遷與國家治理邏輯的變革."『社會科學』 12期, 4-11.

李莊. 2006. "關於理順黨政關系的理論思考."『求實』 09期, 14-18.

林尚立. 2002. "黨政關系建設的制度安排."『理論參考』 08期, 15-17.

毛澤東. 1999.『毛澤東文集』(第八卷). 北京: 人民出版社.

白雪. 2016. "改革開放以來中國特色的黨政關系發展研究." 西北師範大學碩士學位論文.

邵萍英. 2005. "中國政府機構改革的歷史回顧及基本經驗."『池州學院學報』 第19卷 第6期,

89-91.
孫志明. 2005. "黨政關系視角下的黨的執政能力建設." 中共中央黨校博士學位論文.
於亞傑. 2017. "近十年來國內黨政關系研究綜述."『湖南行政學院學報』04期, 44-49.
葉麒麟. 2007. "現代國家建構:我國黨政關系演進的一種解讀."『學習與探索』04期, 73-78.
吳瓊. 2015. "建國初期黨政關系研究述評."『傳承』07期, 20 21.
王飛·郭莉. 2016. "關於黨政關系若幹問題研究綜述."『延邊黨校學報』04期, 43-45.
王英津. 2000. "論我國黨政關系的法治化."『理論學刊』03期, 24-27.
牛餘慶. 2005. "政黨政治視角下中國黨政關系研究." 中共中央黨校博士學位論文.
朱光磊·周振超. 2004. "黨政關系規範化研究."『政治學研究』03期, 51-57.
朱聯平. 2005. "關於中國黨政關系問題的再思考."『前沿』05期, 41-44.
曾寧. 2018. "社會主義國家黨政關系的曆史探索及啟迪."『前沿』01期, 35-40.
支娜娜·於穎. 2006. "建國以來我國黨政關系的曆史考察與反思."『理論界』04期, 168-170.
陳德昇. 2002. "中共"國務院"機構改革：進程與挑戰(1998-2001)."『政府再造觀點』3卷 1期, 105-154.
陳紅太. 2003. "從黨政關系的曆史變遷看中國政治體制變革的階段特征."『浙江學刊』06期, 79-89.
胡鞍鋼. 2013.『中國集體領導體制』. 北京: 中國人民大學出版社.
張榮臣. 2014. "准確把握"黨政分工"概念."『北京日報』(4月 10日). http://bjrb.bjd.com.cn/html/2017-04/10/content_124471.htm(검색일: 2018.10.13).
王海軍. 2006. "中國共產黨黨政關系的曆史發展與現實思考."『中國特色社會主義研究』06期, 62-66.
"中共中央印發《深化黨和國家機構改革方案》,"『新華社』(2018年 3月 21日). http://www.gov.cn/xinwen/2018-03/21/content_5276191.htm#1 (검색일: 2018.06.20).
中華人民共和國國務院. "國務院組織機構." http://www.gov.cn/guowuyuan/zuzhi.htm(검색일: 2018.09.20).
"關於黨政關系聽聽習近平怎麼說."『中國日報』(2017年 3月 13日). http://www.chinadaily.com.cn/micro-reading/2017-03/13/content_28527572.htm (검색일: 2018.10.13).
"中華人民共和國憲法(1954年),"『中國人大網』. http://www.npc.gov.cn/wxzl/wxzl/2000-12/26/content_4264.htm (검색일: 2018.10.13).
"中華人民共和國憲法(1975年)."『中國人大網』. http://www.npc.gov.cn/wxzl/wxzl/2000-12/06/content_4362.htm (검색일: 2018.10.13).
"中華人民共和國憲法(1982年)."『中國人大網』. http://www.npc.gov.cn/wxzl/wxzl/2000-12/06/content_4421.htm (검색일: 2018.10.13).
"中華人民共和國憲法(2018年)."『中國人大網』.

http://www.npc.gov.cn/npc/xinwen/2018-03/22/content_2052621.htm (검색일: 2018.10.13).

"中國共產黨章程."『共產黨員網』. http://www.12371.cn/special/zggcdzc/zggcdzcqw/(검색일: 2018.10.13).

"習近平：在紀念毛澤東同志誕辰120周年座談會上的講話."『新華網』(2013年 12月 26日). http://www.xinhuanet.com//politics/2013-12/26/c_118723453.htm (검색일: 2018.10.13).

"1980年8月18日 鄧小平提出要進行黨和國家領導制度的改革."『人民網』. http://www.people.com.cn/GB/historic/0818/2706.html (검색일: 2019.05.10).

6장

중국공산당의 간부 교육과 정치적 통합

| 이문기 |

Ⅰ. 서론

당이 곧 국가인 중국의 정치체제(party-state system)에서 중국공산당의 성패가 곧 국가의 성공 여부를 결정한다. 한 연구에 따르면, 1960년부터 2003년까지의 사례에서 일당독재의 평균수명은 25.5년이며, 공산당 일당 체제의 경우 48.3년을 유지했다(Hadenius and Teorell 2007). 이에 비하면 중국공산당의 생명력은 가히 경이적이다. 중국공산당의 통치 능력은 앞으로도 여전히 강력하게 유지될 수 있을지, 또 민주화 없는 일당 권위주의 정치체제가 여전히 지속 가능할지는 매우 논쟁적인 주제다. 다만 개혁개방 이후 지난 40여 년 동안의 과정을 돌아보면, 일부의 비관적 전망과 달리 중국공산당이 주도하는 일당 권위주의 정치체제는 건재했고, 비교적 안정적이었다는 데 이견이 있을 수 없다. 즉 미래에 대한 불확실성을 두고 여전히 논쟁적일 수 있지만, 적어도 과거와 현재의 중국공산당 체제는 성공적으로 국가를 이끌어왔다고 평가할 수 있다. 개혁개방 이후 시장화, 다원화, 세계화의 증대에도 불구하고 중국공산당은 뛰어난 적응 능력으로 체제 유지와 국가 발전에 성공한 것이다.

이에 대한 학계의 설명은 다양한 측면에서 이루어졌다. 먼저 중국공산당의 자기혁신과 적응 능력에 주목한 연구가 대표적이다(Nathan 2003; Shambaugh 2008a; Kjeld Erik and Zheng 2004). 1990년대 초 소련 및 동구 국가의 몰락에 대한 반면교사로서 당의 자기혁신 노력이 성공한 결과라는 평가다. 이념적으로는 덩샤오핑의 '삼개유리론', 장쩌민의 '삼개대표론', 후진타오의 '과학적 발진관'과 같은 새로운 지도이념을 통해 당의 이념과 노선 전환에 성공했다. 조직적 측면에서도 당 간부의 세대교체와 당내 민주 확산, 기층 민주 실험 등을 통해 개혁개방 시대의 새로운 환경에 유연하게 적응한 결과라는 것이다.

또한, 엘리트 정치의 안정화를 핵심으로 하는 정치 제도화의 진전에 주목하는 설명도 있다. 1990년대 중반 이후 집단지도체제의 정착과 승계 정치 규범의 확립으로 선거 민주 없는 중국의 정치체제가 고도의 안정성을 유지할 수 있었다는 것이다(조영남 2006; Zeng 2014). 엘리트 정치의 안정성과 관련한 또 다른 연구는 파벌정치의 역설적 기여를 강조하기도 한다. 집단지도체제가 시행되면서 당내 파벌 간 경쟁이 파국적 경쟁으로 치닫지 않고, 오히려 견제와 균형의 기제로 작동되었다는 것이다. 중국공산당의 파벌정치는 단지 인사권 경쟁만이 아니라, 정치노선 측면에서도 이른바 '엘리트주의 노선'과 '대중주의 노선' 간의 적절한 균형을 유지할 수 있었다는 설명이다(Li, 2005). 또한 정책 결정 과정의 합리화와 제도화의 증진에 주목하여 중국 개혁 과정의 성공을 설명하려는 연구도 있다(Lampton 2001; Lai 2010, 134-155).

한편 엘리트 정치뿐 아니라, 대중 정치의 성공이라는 설명도 있다. 딕슨(Dikcson 2016)은 2010년과 2014년 여론조사와 심층 인터뷰를 통해 중국의 대다수 국민은 당에 대한 확고하고 높은 지지를 유지하고 있음을 실증적으로 밝혔다. 중국의 대다수 국민과 심지어 전문가들마저 당의 통치 정당성을 이해하는 방식은 정치 민주와 참여 확대와 같은 자유민주적 가치의 확대에서 찾지 않고, 경제발전에 따른 개인의 경제 사회적 만족에서 찾으려 한다. 중국공산당의 성공과 생명력 유지는 이런 국민적 기대와 요구에 충실히 부응한 결과라는 것이다.

이러한 기존 연구의 설명은 주로 엘리트 정치의 제도화에 따른 체계적 안정성이나 당의 새로운 지도이념과 조직적 변화를 주도한 지도부의 뛰어난 리더십을 강조하는 논리다. 즉 당 중앙에서 설계하고 제시한 새로운 지도이념과 정책, 그리고 국가 제도의 합리화와 같은 제도적 개혁을 통해 공산당의 강한 생명력을 설명하고 있다. 그러면 시대적 변화에 적응하려는(與時俱進) 당의 새로운 지도이념과 제도 개혁은 어떻게 당국가체제에 효과적으로 스며들 수 있었고, 또 인민의 폭넓은 지지를 이끌어낼 수 있었을까? 이 글은 그 해답의 일단을 중국공산당의 방대하고 체계적인 교육시스템의 효능에서 찾아보려는 것이다. 중국공산당은 태생부터 간부와 당원에 대한 학습의 중요성을 강조하고, 이를 통해 당원의 사상적 통일과 충성심을 고양시켜 왔다. 이런 전통은 개혁개방 이후에도 지속되었고, 특히 2002년 후진타오 총서기 등장 이후 당 건설 사업의 핵심 의제로 '학습형 정당 건설'을 제시하면서 중국공산당의 간부 교육은 그 체계성이 크게 강화되었다.

구체적으로 이 글은 다음과 같은 질문과 주장을 전개한다. 첫째, 중국공산당의 학습 전통은 어떻게 계승 발전되고 있는가? 과거 혁명과 계급투쟁 시기의 간부 교육체계가 개혁개방 이후 시장화와 세계화라는 새로운 환경에서 어떤 변화가 이루어졌는지를 살펴볼 것이다. 둘째, 방대한 교육체계는 어떻게 구성되고 작동되는가? 특히 후진타오 집권 이후 제시된 '학습형 정당 건설'이라는 당 건설 사업의 새로운 방향 속에서 간부 교육체계의 새로운 변화와 효능에 주목하여 분석할 것이다. 셋째, 간부 교육이 당의 정치적 통합과 국가 통치 능력 향상에 어떻게 기여하는가? 이론 무장, 당성 수양, 실무능력 제고, 신지식 함양이라는 네 가지 목표로 진행되는 간부 교육에서, 그 근본을 관통하는 핵심은 당에 대한 충성심 제고와 정치적 일체감(political identification)에 있다. 이를 통해 중국공산당은 전국적으로 일치된 정책 기조를 관철하고, 당 중심의 정치적 통합을 실현함으로써 변화하는 환경에 높은 적응력을 발휘하고 있다.

II. 학습정당으로서 중국공산당

1. 혁명 시기와 건국 초기의 학습정당 전통

학습과 간부 교육 강조는 중국공산당 창당 초기부터 형성된 오랜 전통이다. 이는 당원들의 높은 충성심과 많은 희생이 요구되는 혁명 과정에서 여느 국가의 공산당에서도 보이는 보편적 현상이다. 그럼에도 불구하고 중국공산당의 학습 전통이 특별히 중요한 이유는 마오쩌둥이 주도한 혁명노선의 독특성과 건국 이후 극적인 노선 전환과 깊이 관련되어 있다. 혁명 초기 마오쩌둥은 창당 당시 지도자들의 혁명운동 방식이 러시아의 볼셰비키혁명을 모방한 교조주의적 방식이라 비판하면서, 중국의 현실에 입각한 농민 근거지 중심의 새로운 노선을 주창했다. 징강산(井岡山) 투쟁, 대장정, 옌안(延安) 시기로 이어지는 새로운 혁명노선의 정립 과정에서 마오쩌둥은 국제파가 주도한 교조적 노선과 결별하고 당내 사상통일을 강화하기 위해 자신의 독창적 혁명론은 이론적으로 체계화하고 간부 교육체계를 강화했다(Saich, 1995). 1933년 3월 오늘날 중앙당교의 전신인 '마르크스공산주의학교'를 설립하였고, 1943년 3월부터 4년간 마오쩌둥이 직접 교장을 맡기도 했다.[38]

연안 학습 운동 시기(1938~1945년)로 일컬어지는 초기 학습 운동은

1938년 당6기 6중전회 마오쩌둥의 연설에서 "공허하고 추상적인 교조주의 중단과 마르크스주의의 중국화"를 강조하고, "전 당의 학습 경쟁에 돌입하자(來一個全黨的學習競賽)"라는 호소에서 본격화되었다(毛澤東選集 第2卷, 534). 또한 마오쩌둥은 1939년 5월 20일 연안 재직 간부 교육운동대회 연설에서 중앙부터 기층까지의 모든 당 조직은 '영원한 학교(無期大學)'이며, 전 당원은 이 학교에 가입해야 한다고 강조했다(毛澤東選集 第2卷, 183). 이 시기 학습의 중요성이 강조된 데는 두 가지 필요성 때문이었다(王香平 2011). 하나는 마르크스-레닌주의의 교조주의적 착오를 바로잡고 중국의 역사와 구체적 현실에 맞는 '마르크스주의의 중국화' 필요성 때문이다. 다른 하나는 당시 급격하게 증가하는 신규 당원들에 대한 교육 필요성 때문이었다. 혁명이 성공은 곧 공산주의 혁명이론에 대한 기본적 이해부터 계급혁명과 항일 민족해방운동의 관계 등에 당의 지도사상을 정확하게 이해하는 것이 무엇보다 중요하기 때문이다.

1949년 신중국 수립 이후에도 학습 전통은 계속 유지되었다. 집권당으로서 전국적 범위에서 새로운 사회주의국가 건설이라는 임무를 수행하기 위해, 이 시기 학습 운동의 중점은 주로 사회주의국가 건설 이론, 소련의 국가 건설 경험, 그리고 문화적 소양 및 행정 전문 지식 향상에 초점을 두고 진행되었다. 건국 당시 간부의 절반 이상이 중학교(初

38 1933년 루이진(瑞金)에서 개교한 '마르크스 공산주의 학교'는 1935년 '중앙당교'로 개칭한 후 1937년 연안에 정착했다. 1947년 연안을 떠난 당교는 1948년 고급 간부 교육 기구로서 '마레학원'으로 개칭하고 류샤오치(劉少奇)가 원장을 겸임했다. 신중국 수립 시기 북경에 정착했고, 1955년부터 당 중앙 직속 기관으로 격상되었다. 문화대혁명 시기 폐교되었다, 1977년 복교되어 현재의 '중앙당교' 명칭을 다시 회복했다. 또한 2018년 3월 국가기구개혁 조치에 따라 국가행정학원과 통합되어 '중앙당교(국가행정학원)'으로 개칭되어 이른바 '하나의 기구 두 개의 팻말(一個機構 兩塊牌子)' 형식의 기관으로 변화되었다. "中共中央黨校簡介,"『中央黨校』 홈페이지.

中) 이하의 학력이었다. 항일운동 시기 주로 농촌 지역에서 전쟁 경험이 전부인 간부들에게 도시에서 행정 능력을 제고하는 교육 사업이 급선무였다. 건국 초기 간부들 사이에서 널리 퍼진 "총과 대포는 두렵지 않지만, 보고서 작업은 두렵다(不怕槍, 不怕炮, 就怕寫報告)."라는 말은 그들의 문화적, 전문적 소양의 부족함을 그대로 보여주는 것이다(王香平 2011, 69).

건국 초기 다양한 형태의 간부 정규교육 기관이 정립되었다. 1955년까지 당교체계를 고급당교, 중급당교, 초급당교, 도시야간당교로 체계화하고 각급 군사학교와 소수민족 간부학교 등도 개설했다. 또한 일반 대학교에서 간부 교육 위탁 반을 편성하여 운영하기도 했다. 건국 후 1956년까지 전국적으로 단기 간부 교육을 이수한 수가 120여만 명에 달했다. 당시 당원 수가 500여만 명을 고려할 때 약 20%에 해당하는 숫자다(王先俊 2010, 46).

건국 초기 점차 체계화되던 간부 교육체계는 1956년 제8차 당대회에서 사회주의 건설의 전면적 전환이라는 좌경 노선이 확립된 이후 변화가 이루어진다. 반우파투쟁의 영향으로 간부 교육의 주요 내용은 노농 현장으로 하방과 노동 단련을 강조하는 방향으로 전환되었다. 1957년 5월과 1958년 2월 당 중앙에서 발표한 〈각급 영도자의 노동 참가에 대한 지시(關于各級領導人參加體力勞動的指示)〉와 〈하방 간부 노동 단련에 관한 지시(關于下放幹部進行勞動鍛鍊的指示)〉는 대표적인 문건이라 할 수 있다. 1963년 말까지 현급 이상 간부 202만 명이 하방 되어 노동 단련 교육을 받았다(李小三 2009, 248). 반우파투쟁에 뒤이어 전개된 문화대혁명 시기에는 사실상 간부 교육의 체계적 진행은 없었다. 문화대혁명 발발 이후 중앙당교는 폐쇄되었고, 1977년 문화대혁명 종결 이후에야 복교되었다.

2. 개혁개방 이후 '간부 사화' 방침과 간부 교육의 변화

1978년 말부터 시작된 개혁개방 정책의 시행은 간부 교육에도 큰 변화를 가져왔다. 당의 기본 노선이 정치 이념과 계급투쟁 중심에서 경제 건설과 현대화로 전환하면서 간부의 성격과 역할을 새롭게 규정하기 시작했다. 덩샤오핑은 당의 새로운 노선에 부합하는 간부 선발과 교육 사업의 기준으로 '혁명화, 연경화, 지식화, 전문화'라는 이른바 '간부사화(幹部四化)'를 제시했다(鄧小平文選 第3卷 205). 덩샤오핑의 개혁개방 정책은 마오쩌둥 집권 후반기 좌편향 정책에 대한 비판에서 출발한 근본적 노선 전환이었다. 하지만 덩샤오핑은 마오쩌둥을 전면 부정하지 않았다. 1981년 〈역사결의〉에서 정리하듯이 마오쩌둥에 대한 역사적 평가를 '공칠과삼(功七過三)'으로 평가하여 비판적 계승의 입장을 분명히 했다. 덩샤오핑의 이런 인식과 전략은 '간부사화' 기준에도 그대로 반영되었다. 첫 번째 기준이자 총론적 함의를 담은 '혁명화'는 중국공산당의 혁명과 건국 정신을 계승하겠다는 의지를 분명히 한 것이다. 덩샤오핑의 노선 전환을 반영한 간부 정책의 변화는 '연경화, 지식화, 전문화'라는 나머지 세 개의 기준에서 분명하게 드러난다.

당의 새로운 노선을 수행하기 위해서 간부의 세대교체와 인식 변화를 이끌어내는 작업은 매우 중요했다. 당 중앙은 일련의 간부 교육 지침을 발표했다. 개혁개방 이후 중국공산당 중앙과 국무원은 간부 교육 강화 및 새로운 계획을 빈번하게 발표했다. 1977년부터 2015년까지 38년 동안 25건의 중요한 지침을 발표했다(〈표 1〉 참조). 개혁개방 조기 '간부사화' 기준에 입각한 중요한 발표는 당 중앙이 1980년과 1984년에 발표한 〈간부교육 업무 강화에 관한 의견〉, 1983년 중공중앙과 국무원이 공동발표한 〈중앙 당정기관 간부교육업무에 관한 결정〉을 들 수 있다. 이들 지침의 주요 내용은 간부 교육체계의 상설화(經常化), 정규화(正規

化), 제도화(制度化) 조치를 담고 있다(陳勇 2017, 29- 30; 李冲鋒 2009, 19-24). 또한 '간부사화' 기준은 1982년 12차 당대회에서 〈당장(黨章)〉에 삽입되었다.

간부 교육 강화를 위한 조치는 주로 당교의 기능을 확대하고, 교육 내용을 새로운 시대적 요구에 맞게 개정하는 작업에 집중되었다. 1980년대 당교 개혁은 후야오방(胡耀邦) 총서기 재임 중(1982-87년)에 집중적으로 진행되었는데, 1983년 5월 중공중앙이 발표한 〈당교 교육 정규화에 관한 결정〉은 당교 개혁의 중요한 조치였다. 이를 계기로 당교의 교육과정은 이전 시기 전통적 5대 과목(老五門; 마르크스주의 철학, 정치경제학, 과학사회주의, 당사, 당 건설) 외에 거시 및 미시경제학 등 서구 경제학, 법학, 국제정치 등의 과목이 추가되었다. 이러한 변화는 1997년 쩡비젠(鄭必堅) 중앙선전부 상무 부부장이 중앙당교 상무 부교장으로 자리를 옮기면서 좀 더 체계화되었다. 전통적 5대 과목에서 '3개 기본, 5개 당대(三基本 五當代)'로 재편되었다(瞭望東方週刊 2012; Liu, 2009, 108-109). 3개 기본 과목은 〈마르크스-레닌주의 기본문제〉, 〈마오쩌둥 사상 기본문제〉, 〈덩샤오핑이론 기본문제〉이고, 5개 당대 과목은 〈당대 세계경제〉, 〈당대 세계과학기술〉, 〈당대 세계법제〉, 〈당대 세계군사 및 중국 국방〉, 〈당대 세계사조〉이다. 또한 1990년 〈당교 업무 강화에 관한 통지〉를 통해 당교의 기능은 간부 교육뿐 아니라 연구와 정책 자문 기능이 새롭게 부여되어 이른바 '삼위일체(교육, 연구, 자문)'의 기능을 수행하는 기관으로 재정립되었다(周志成 1990,: 35-37). 이로써 1990년대 이후 중앙당교는 연구와 정책 자문에서도 활발한 기능을 수행했다. 단적인 예로 2003년 중앙당교 부교장 왕웨이광(王偉光)에 따르면, 14차(1992년)부터 16차(2002년) 당대회까지의 보고서와 총서기 연설문은 모두 당교에서 작업한 것이었다(Shambaugh 2008b, footnote 56).

간부들의 전문성 강화를 위해 중앙당교의 교육 대상 범위를 1986년부터 성급 간부로 확대하고, 연간 일정 시간 이상은 반드시 별도의 연수기관에서 학습에만 몰두하게 하는 '직장 외 학습(脫産學習)' 제도를 실시하였다. 또한 간부들의 정책 및 행정 능력 제고를 위해 1988년부터 국가행정학원 설립을 준비하여, 1994년 정식으로 각급 행정학원을 설립했다. 이로써 1990년대 이후 간부 교육체계는 당교와 행정학원 양대 체계를 골간으로 전국적인 교육체계를 구축했다.

3. 후진타오 집권 이후 '학습형 정당' 건설과 간부 교육의 강화

개혁개방 이후 교육체계의 확대와 교육과정의 개신을 위한 일련의 조치는 2002년 후진타오 총서기 등장 이후 완전한 체계성을 확립하는 단계로 진입했다. 제4세대 지도부 등장과 거의 같은 시기에 진행된 중국의 WTO 가입으로 인해, 중국의 시장경제 체제는 과거 계획경제에서 시장경제로의 전환단계(轉軌期)를 넘어 국제적 규범과 제도에 완전히 편입되는 새로운 단계(接軌期)에 진입했다. 중국과 세계 사이의 교류가 한층 더 활발해지고, 세계 시장에서 협력과 경쟁도 새로운 단계에 진입한 것이다. 또한 이 시기에 국내적으로 기존의 성장만능주의적 경제발전 방식을 둘러싼 내부반성과 논란이 시작되었다. 연해 지역과 내륙지역 간, 도시와 농촌 간, 그리고 계층 간 빈부격차가 심화되면서 기존의 '선부론'에 입각한 불균형 발전론에서 '공동 부유론'에 입각한 균형발전론의 전환을 모색했다. 지식인들 사이에서도 사상적 분화가 시작되어 자유주의 진영과 신좌파 진영 간에 상반된 정책대안을 두고 치열한 논쟁이 전개되었다(馬立誠 · 凌志軍 2011).

이러한 환경변화 속에서 후진타오 지도부는 '평화적 부상(和平崛起)', '과학적 발전관(科學發展觀)', '조화사회(和諧社會)' 등과 같은 대내외 정책의 새로운 정책 이념(policy ideas)을 제시했다. 이들 개념은 일반 당원은 물론이고, 당 간부들도 그 함의를 정확히 이해하기 어려운 비교적 난해한 개념들이었다. 모든 간부가 당의 새로운 지도이념과 정책 기조를 정확히 이해하도록 하기 위해 좀 더 체계적이고 일상화된 학습시스템 구축이 긴요했다.

이런 배경에서 후진타오 지도부는 당 중앙부터 기층 당원까지의 일상화된 학습체계를 강조하는 이른바 '학습형정당(學習型政黨)' 건설을 강조했다. 학습형정당 개념의 기원은 MIT의 피터 센게(Peter Senge) 교수가 제시한 학습과 기업조직 수명 사이의 상관성에 관한 연구에서 아이디어를 얻은 것으로 알려진다. 기업의 평균수명이 40년에 머무른 이유가 학습역량과 밀접한 관계가 있으며, 조직이 긴 생명을 유지하기 위해서는 반드시 학습이 일상화된 '학습형 조직'을 만들어야 한다는 것이다(Senge 1990). 특히 센게 교수가 강조하는 새로운 환경에 적응하려는 조직의 창조적 능력은 반드시 '학습형 조직' 건설을 통해서만 가능하다는 주장은 중국공산당의 당내 이론가들에게 큰 호응을 얻었다. 2000년대 들어 중국이 세계화와 시장화에 더 깊숙이 편입된 이후 더욱 어렵고 복잡한 환경에 직면한 상황에서, 당의 새로운 진로와 지도력 유지를 위해서는 당을 학습형 조직으로 혁신해야 한다는 것이다.

학습형 정당 건설은 2009년 당17기 4중전회 보고에서 '마르크스주의 학습형 당 조직 건설'을 당의 중요한 전략적 임무로 규정하고, 각급 당 조직을 학습형 조직으로 건설할 것을 제안하면서 당 건설 사업의 핵심 의제가 되었다. 2010년 2월에는 중공중앙 판공청에서 〈학습형 당 조직 건설 추진에 관한 의견(關于推進學習型黨組織建設的意見)〉을 각급 당 조직에 '통지(通知)' 형식으로 발표했다. 이후 18차(2012년), 19차(2017년) 당대회 보고에서도 '마르크스주의 학습형 당 조직 건설'은 당 건설 사업의 핵심 의제로 계속 제안되었다.

후진타오 지도부의 학습형정당 건설을 위한 조치는 다방면에서 전개되었다. 우선 최고 지도부인 정치국원 집단학습을 시작했다. 후진타오 총서기 당선 직후인 2002년 12월 26일 런민대학(人民大學) 쉬충더(許崇德) 교수와 우한대학(武漢大學) 저우예중(周葉中) 교수의 "헌법과 전면적 샤오캉(小康) 사회 건설의 관철 및 이행"이라는 주제로 첫 번째 학습을 실시했다. 중앙정치국 집단학습은 시진핑 총서기 시기에도 계속되고 있으며, 16기(2002~2007년) 시기에 총 44회, 17기(2007~2012년) 시기에 총 33회, 18기(2012~2017년) 시기에 총 43회 실시되었다(中國共産黨新聞網). 집단 학습의 주제는 중앙판공청 책임하에 중앙정책연구실에서 관련부처 및 연구기관과 협의하여 선정한다. 주제는 당의 지도이념, 경제, 국제정세, 국방, 사회복지 등 국정 관련 모든 의제가 다루어진다. 학습이 종료된 후 중국공산당 신문망에 주제와 학습개요, 그리고 총서기의 마무리 발언(總結講話)을 인터넷을 통해 공개한다. 이를 통해 각급 당 간부들은 후속 학습을 진행하는 시범과 확산 효과를 가져온다(馮俊 · 鄭金洲 · 周志平 · 戴振宇 2016, 41-42).

간부 교육 강화를 위한 또 하나의 중요한 조치로서 2005년 3월 푸동(浦東), 옌안(延安), 징강산(井剛山) 세 곳에 중앙조직부에서 직접 관할하는 국가급 간부학원을 설립했다. 당교와 행정학원 양대 축으로 운영되던 간부 교육체계의 강화를 위해 다시 세 개의 기관을 추가로 설립한 것이다. 이들 기관은 한편으로 간부들이 시장경제와 국제화라는 새로운 변화에 적응하도록 돕고, 다른 한편으로 개혁개방 이후에 입당한 젊은 간부들을 상대로 당의 역사와 혁명 전통 교육을 강화하기 위한 필요에서 설립되었다. 또한 2006년 1월 중앙다롄경리고급학원(中央大連經理高級學院)을 설립하였는데, 이는 국유기업과 금융기관 고위관리자를 대상으로 당의 지도이념과 정책에 대한 이해 제고를 목적으로 한다. 당 중앙조직부에서 관장하는 세 개의 간부학원은 중앙조직부장이 교장을 겸직하고 있으며, 다롄학원은 국유자산관리감독위원회에서 관장한다.

〈표 1〉 개혁개방 이후 간부 교육 관련 당 중앙 및 국무원 발표 주요 문건

연도	규정 명칭	공포 주체
1977	〈중공중앙의 각급 당교 업무에 관한 결정〉	중공중앙위원회
1979	〈전국 당교 업무좌담회 요약〉	중앙조직부, 중앙선전부, 중앙당교
1980	〈당 고급 · 중급 간부 교대교육 강화에 대한 보고〉	중공중앙위원회
1980	〈간부 교육 업무 강화에 관한 의견〉	중앙선전부, 중앙조직부
1980	〈고등교육기관, 중등전문학교의 간부 단기 연수 및 연수반 개설의 잠정 방식에 관한 통지〉	교육부, 재정부, 국가계획위원회
1983	〈중공중앙의 당교 교육 정규화에 관한 결정〉	중공중앙위원회
1983	〈중공중앙, 국무원의 중앙 당정기관 간부 교육업무에 관한 결정〉	중공중앙위원회, 국무원
1984	〈간부 교육업무 강화에 관한 보고〉	중공중앙위원회
1987	〈중앙당교 업무 개혁에 관한 보고〉	중앙정치국회의
1990	〈당교 업무 강화에 관한 통지〉	중공중앙위원회
1991	〈1991~1995년 전국 간부 교육계획 요점〉	중앙조직부
1991	〈청년 간부 육성 및 교육 강화에 관한 결정〉	중공중앙위원회
1992	〈중공중앙의 청년 간부 육성 및 교육 강화에 관한 실시 의견〉	중앙조직부
1995	〈우수 청년 간부 육성 및 선발 강화에 관한 통지〉	중공중앙위원회
1996	〈1996~2000년 전국 간부 교육계획〉	중공중앙위원회
2001	〈2001~2005년 전국 간부 교육계획〉	중공중앙위원회
2003	〈전국 간부 학습교육 교재 개발 5개년 계획(2003~2007)〉	중앙조직부
2006	〈간부 교육연수 업무 조례〉	중공중앙위원회
2006	〈2006~2010년 전국간부 교육계획〉	중공중앙위원회
2008	〈공무원 교육 규정〉	중앙조직부, 인력자원사회보장부
2008	〈중국공산당 당교 업무 조례〉	중공중앙위원회
2010	〈행정학원 업무 조례〉	국무원
2010	〈2010~2020년 간부 교육 개혁 개요〉	중공중앙위원회
2013	〈2013~2017년 전국 간부 교육 계획〉	중공중앙위원회
2015	〈간부 교육 업무 조례〉	중공중앙위원회

출처: 조호길 · 리신팅(2017: 242-243).

Ⅲ. 중국공산당의 간부 교육체계와 내용

1. 교육기관 및 주요 프로그램

간부 교육기관의 수는 중국공산당의 당원 수 만큼이나 빠르게 증가했다. 2010년대 현급 이상의 간부 교육기관만 약 4,500개에 이르며, 여기에 지방에서의 각종 훈련기관과 대학 위탁 교육 등 각종 교육프로그램을 합치면 약 8,000여 개의 교육과정이 운영되는 것으로 알려져 있다. 현급 이상 간부 교육기관의 구성은 당교 3,100개, 행정학원 300개, 간부학원 400개, 부문 업종 훈련센터 600여 개이고, 교육기관 종사자는 10만 8천 명에 달한다(馮俊 · 鄭金洲 · 周志平 · 戴振宇 2016, 3).

방대한 교육기관을 입체적으로 이해하기 위해서는 종적 체계와 횡적 체계로 나누어 볼 필요가 있다. 우선 종적 체계는 여느 국가기관과 마찬가지로 국가급부터 성급, 시급, 현급으로 구성되어 있다. 가장 방대하고 체계적으로 구축된 당교의 경우 국가급 당교로서 당 중앙위에서 관할하는 중앙당교가 있고, 아래로 각 성, 시, 구, 현 등 모든 행정단위의 당 위원회에서 당교를 운영한다. 당교는 동급 당 위원회의 지도(領導)를 받는 직할 기구로 편재되고, 업무적으로는 상급 당교의 지도(指導)를 받는다. 당교의 교장은 일반적으로 동급 당 위원회의 당서기 또는 부서기가 겸직하고, 일상적 업무를 담당하는 상무 부교장은 동급 당 위원회 정직(正職) 간부 중 일인이 맡는다.

횡적으로는 비교적 정형화된 교육기관으로서 당교, 행정학원, 사회주의학원이 있다. 또한 다양한 유형의 간부학원, 부문 업종별 훈련기관, 당이 지정한 일반대학의 간부기지(幹部基地) 교육, 기타 각급 당 위원회의 필요에 따라 설립한 교육훈련 기관, 국내외 대학과 공동 운영하는 교육프로그램, 인터넷 교육강좌 프로그램 등 매우 다양한 형식이 있다.

골간이 되는 교육기관은 당교, 행정학원, 사회주의학원이며 성급 이하에서는 이들 3개의 기관을 일반적으로 통합 운영한다. 중앙(국가급)의 중앙당교와 국가행정학원도 2018년 국가기구 개편에서 하나의 기구로 통합 운영되어 당교와 행정학원은 중앙부터 기층까지 '하나의 기구, 두 개의 팻말(一個機構 兩塊牌子)' 체제로 운영되고 있다. 당교는 급별로 3,000개 이상이 운영되고, 성급 이하 행정학원은 47개(성급 32개, 부성급 15개), 직할시 산하의 구현(區縣), 지급시(地市級) 행정학원은 384개다. 사회주의학원은 당 통일전선부에서 관장하는 기관으로서 소수민족 및 종교계 인사, 민주당파, 각 계층 대표 등 비공산당원을 대상으로 하는 교육기관이다.

〈표 2〉 국가급 간부 교육 기관

교육 기관	주요 기능	주요 교육 대상	주요 교육 내용	창립 일자	주관 부처
중공 중앙 당교	당의 중고위급 영도 간부의 교육 및 교대 교육을 담당하는 최고 학부, 중국공산당 이데올로기의 학습 · 연구 · 홍보를 위한 중요 거점	당의 중고위급 영도 간부 및 마르크스주의 이론 연구 종사 간부, 5대 간부 유형, 성부급 지도자, 대도시 및 지급시(地級市)의 시장, 특별 선출된 현위원회 서기, 민족 업무 담당 간부, 부부급(副部級) 또는 동일 직급 승진 이전의 중앙급 젊은 간부 및 일부 국유기업, 통전부(統戰部), 서부 지역 소재 성(省)의 특별연수반	마르크스-레닌주의, 마오쩌둥 사상 및 중국 특색 사회주의 이론 체계, 이론 기초, 세계적 관점, 전략적 사상, 당성(黨性) 수양	1933. 3.	당중앙 위원회
국가 행정 학원	중고위급 국가공무원의 연수를 담당하는 신형 학부이자 고위층 행정 경영 및 정책 연구 인재 육성을 위한 중요 거점	중고위급 공무원, 고위층 경영 및 정책 연구 인재	공복의식, 정부 경영 및 준법 행정 능력	1949. 9.	국무원
중국 푸둥 간부 학원	중앙직속사업기관, 국가급 간부원, 국제 교육협력 교류 플랫폼	중고위급 당정 영도 간부, 기업과 사업기관의 고위층 관리자, 고위급 전문기술 주요 인재, 해외 파견 사절, 군 간부 등 지도 인재	개혁개방 의식, 중국 특색의 사회주의 신념, 현대화 건설 관련 지식 및 역량 교육, 혁명 전통 교육 및 기본 국정 교육	2005. 3.	중앙 조직부
중국 징강산 간부 학원	중앙 직속 사업기관, 국가급 간부 연수 기지	당정 영도 간부, 기업 경영 관리자, 전문 기술자 및 군 간부	중국공산당의 당사(黨史), 창당 이념, 혁명 전통 교육 및 기본 국정 교육	2005. 3.	중앙 조직부

중국 옌안 간부 학원	중앙 직속 사업기관, 국가급 간부 연수기지	당정 영도 간부, 기업 경영 관리자, 전문기술자 및 군 간부	당성(黨性), 당사 및 당풍(黨風) 교육	2005. 3.	중앙 조직부
중앙 다롄 경리 고급 학원	중앙조직부 직속 사업 기관, 주로 '기업'의 역할을 담당	중앙기업, 국가 중점 금융 기관, 각 성 소속 중점 국유 기업의 고위급 경영 관리자 및 예비 인재	국유기업 개혁 및 발전 과정의 핵심 내용과 난제, 현대기업 경영 문제	2006. 1.	국유 자산 감독 관리 위원회
중앙 사회 주의 학원	중국공산당이 이끄는 통일전선 성격의 정치 학원, 민주당파와 무당파 인사의 연합학교로 당의 통일전선 업무를 담당하는 중요 부처	민족종교계 대표인사, 새로운 사회계층의 대표인사 등 민주당파와 무당파 인사 등을 포함하는 비(非)중공영도 간부 중심	마르크스주의 이론, 특히 중국 특색 사회주의 이론 체계, 통일전선 이론 및 다당 협력 이론 등	1956. 10.	중앙 통전부

출처: 조호길 · 리신팅(2017, 246-247).

주요 대학에서도 간부 교육은 폭넓게 실시되고 있다. 2009년 9월 1일, 중앙조직부와 교육부가 공동 발표한 〈대학 간부 교육기지 건설에 관한 의견〉에서 베이징대, 칭화대(清華大) 등 전국 13개 주요 대학에 전국적 수준의 간부 교육훈련 기지를 건설하여 운영 중이다. 전국적 수준의 기지 외에 성급 고등교육 연수기지도 140여 개가 있다.[39] 일반대학에서의 간부 교육은 주로 대학의 개방적 학풍과 최신 연구성과 등 전문지식 전수에 중점을 두고 진행한다. 이런 교육은 대학의 정식 학위과정과 별개로 진행되는데, 주로 특정 주제의 전문주제반(專題班) 형식으로 진행된다. 예컨대 베이징대학은 '베이징 영도 간부 재경 전문주제반', 베이징사범대는 역사 관련 전문주제반을 운영한다. 칭화대학의 경우 비학위 사회교육 인원이 연간 약 10만 명에 달하는데, 이 중 당정간부와 기업관리자가 2/3를 차지한다. 해외 대학과의 협조사업 형태의 교

39 13개 대학은 베이징대, 칭화대 외에 런민대(人民大學), 베이징사범대(北京師範大學), 난카이대(南開大學), 푸단대(復旦大學), 저장대(浙江大學), 난징대(南京大學), 우한대(武漢大學), 중산대(中山大學), 쓰촨대(四川大學) 시안교통대(西安交通大學), 하얼빈공대(哈爾濱工程大學)이며, 2015년에 농업 및 농촌간부 전문 교육 기지로 시베이농림과기대(西北農林科技大學)이 추가되어 현재 14개 대학이 운영 중이다(中国组织人事报, 2012年05月21日).

육도 진행되는데, '칭화-하버드 고급영도간부 연수반', '칭화-예일 도시 환경 지속가능발전 고급연수반', '중산대-옥스포드 전문 강좌' 등이 있다(張亞 · 孫瑋 · 王世龍 2012, 36-38).

또한 간부 해외 교육도 활발하게 진행하고 있다. 1993년 중앙조직부가 홍콩에 경제관리 연수반을 최초로 파견한 이후 간부 해외연수 제도는 간부 교육의 중요한 제도로 정착되었다. 17차 당대회 이후 '학습형 정당' 건설의 일환으로 해외연수가 크게 확대되었는데, 2010년부터 영도 간부를 대상으로 하는 '182 프로그램'이 운영되고 있다. 이 프로그램으로 3년간 세계 유수 대학 및 관련 기관에 100여 차례에 걸쳐 약 3천 명이 연수를 받았다. 해외연수는 주로 특정 주제를 중심으로 프로젝트를 통해 진행되고 있다. 예컨대 중앙조직부, 상무부, 유엔개발계획(UNDP)이 2005년부터 '샤오캉(小康) 사회 지도자 연수 프로젝트'를 공동 진행하는데, 5개의 세부 주제를 미국, 영국, 캐나다, 프랑스의 주요 대학에 위탁하여 진행하고 있다.[40]

2. 교육 대상 및 내용

간부 교육의 대상과 교육 시간, 교육 내용 등에 대해서 당 중앙위원회는 5년 주기로 발표하는 지침을 통해 상세하게 규정하고 있다. 가장 최근의 발표는 2013년 9월 28일에 발표한 〈2013~2017년 전국 간부 교

40 5개 주제 및 연수기관은 1) 옥스퍼드대학과 케임브리지대학의 '당대 경제 및 사회의 지속 가능한 조화 발전' 연구 과정, 2) 토론토 대학의 '현대 공업발전 노선과 전통공업 개조' 전문 연구과정, 3) 호주국립대학과 시드니대학의 '현대 농업발전과 농촌 건설' 전문 연구 과정, 4) 브리티시 컬럼비아대학의 '현대 기업발전 전략 및 관리' 전문 연구 과정, 5) 프랑스 국립행정학원의 '당대 교육발전의 흐름 및 교육 관리' 전문 연구 과정이다(조호길 · 리신팅 2017, 248-249).

육연수 규획〉(이하 〈규획〉)과 2015년 10월 18일 발표한 〈간부 교육 연수 업무 조례〉(이하 '조례')다(中國政府網: 2013年09月28日; 中國政府網, 2015年10月18日). 〈규획〉에 따르면 교육연수 대상의 분류는 당정간부, 기업경영 관리자, 전문기술자, 청장년 간부, 기층 간부 5개 유형으로 크게 나뉜다. 이 중 가장 중요한 교육 대상은 현처급 이상 당정간부와 우수 청장년 간부가 해당한다. 간부 유형별로 연수 단계와 단계별 교육기관도 상이하다. 예를 들어 중앙조직부는 연간 성급 간부 500명, 현시급 서기 500명, 공무원 4천 명, 고위 전문가 500명을 대상으로 연수를 진행한다. 이 중 영도 간부는 2년에 1회씩 '직장 외 연수(脫産學習)'를 이수해야 하고, 모든 공무원은 5년에 1회씩 교육을 받아야 한다. 또한 중앙선전부는 매년 고등교육기관 학자 700명을 대상으로 연수를 진행한다.

또한 〈규획〉에서는 간부 교육 개선의 주요 방향으로 직장 외 연수와 온라인 교육 확대로 정하고, 각 기관 및 간부 대상별로 교육 참여 시수 등을 구체적으로 규정했다. 현처급 이상 간부의 경우 기관(單位)별 직장 외 연수 참여는 연 30% 이상, 직장 내를 포함한 참여율은 50% 이상으로 정하고 있다. 또한 현처급 이상 간부의 일 인당 직장 외 연수 시수는 연간 110시간 이상으로 규정하고 있다. 이는 일일 8시간 교육을 가정하면 약 3중에 해당하는 시간이다. 온라인 교육 보급률 확대를 위한 지침도 제시했는데, 청국급 이상 간부 교육은 2015년까지 100% 보급하고, 현처급은 2017년까지 90%, 과급 이하는 2017년까지 80% 기준을 제시했다(〈표 3, 4〉 참조). 〈조례〉에서는 성부급, 청국급, 현처급 영도 간부는 5년에 1회씩 당교, 행정학원, 간부학원 및 관련 부처의 인가를 받은 기타 연수기관에서 3개월 또는 550시간 이상의 연수를 받도록 규정하고 있다.

〈표 4〉 당정간부 온라인 연수에 대한 계량적 지표

간부 유형	전국 온라인 연수 보급률(%)			1인당 연간 최저 연수 시간
	2013	2015	2017	
청국급	80	100	-	50
현처급	50	80	90	50
과급 이하	20	50	80	80

출처: 中共中央, "幹部教育培訓工作條例,"(2015); 조호길 · 리신팅(2017, 254).

〈표 3〉 간부의 직장 외 연수에 대한 계량적 지표

간부 유형	연간 기관별 직장 외 연수 비중 최저기준(%)	연관 기관별 간부 연수 참여율 최저기준(%)	1인당 직장 외 최저 연수 시간
현처급 이상 당정 영도 간부	30	50	110
과급 이하 간부	25	40	90
비공무원 기층 간부	25	40	40
기업경영 관리자	30	50	110
전문 기술자	20	50	90

출처: 中共中央, "幹部教育培訓工作條例,"(2015); 조호길 · 리신팅(2017: 254).

간부 교육의 내용은 일곱 가지 범주에서 세부 과목 등이 정해진다(馮俊 · 鄭金洲 · 周志平 · 戴振宇 2016, 26-29). 1) 정치이론: 마르크스-레닌주의, 마오쩌둥 사상 중요 고전 학습, 중국 특색 사회주의 이론 교육으로서 덩샤오핑 이론, 삼개대표론, 과학적 발전관, 시진핑 주요 연설 등. 2) 당사, 당성, 당풍 및 국정: 당장(黨章)과 당의 역사, 혁명 전통, 형식주의와 관료주의를 배격하는 작풍 교육, 반부패와 당 기율 등. 3) 정책 법규: 당과 국가의 주요 정책과 법규 교육. 4) 업무 지식 훈련: 업무 분야별 전문 지식 및 행정실무. 5) 문화 소양: 과학기술 발전에 따른 기본 과학교육과 문학, 예술, 역사, 철학 등 인문 지식. 6) 기능훈련: 외국어, 컴퓨터, 문서작성법, 언론매체 대응법, 응급사건 대처법 등. 7) 국제화 관련: 국제정세, 국제법, 국제조직 및 중국의 대외정책 등.

한편 각 교육기관에 따라 교육의 중점이 다르며, 이에 따라 서로 다른 기능과 커리큘럼을 제공한다. 국가급 교육기관의 차이만 살펴보면, 중앙당교는 당의 사상과 전략적 노선 및 중요 정책현안에 대한 정확한 이해를 제공하는 것이 가장 중요하다. 간부 연수는 연수부(進修部)와 육성부(培訓部)로 구분하여 진행한다. 연수부는 성부급, 지청급 간부의 교대 연수를 진행한다. 그 가운데 1999년부터 시작된 이후 매년 춘절(春節) 전후에 7~10일간 진행하는 '성부급 연수반(省部級主要領導幹部專題研討班)'은 중앙당교의 교육 기능 중 최고위층을 상대로 하는 매우 중요한 행사다. 관례적으로 개강식은 총서기의 기조 강연으로 시작하고, 수료식에는 총리가 마무리 강연을 진행한다. '성부급 연수반'에서는 총서기가 제시한 향후 1년간 당-국가의 총 방침을 바탕으로 이를 각 부처 및 지방정부에서 구체적으로 현실화하는 방안에 대해 심층적인 토론을 전개한다. 토의는 조별 분임 토의 형식으로 진행되고, 이론적 배경과 외국의 경험 등 전문 지식을 제공하기 위해 당교 교수 1~2인 각 조에 투입된다(조호길 · 리신팅 2017, 349).

흥미로운 점은 이런 수업 과정에서 참여자들 간의 토론이 매우 활발하고 자유롭게 진행된다는 점이다. 국가정책의 대기조는 당 중앙에서 분명하게 제시되지만, 구체적 실현 방도나 세부적인 정책은 열린 해답이고 정부의 각 부문과 지방정부의 사정에 따라 다양하고 차별화된 접근이 필요한 경우가 대부분이다. 따라서 중앙당교의 수업 중에도 활발하고 자유로운 토의를 보장한다.[41] 최근 십여 년 동안 중앙당교와 정기적인 학술 교류를 진행한 바 있는 성균중국연구소 양갑용 교수의 언급에 따르면, 중앙당교 교수들 역시 마찬가지다. 이들은 외부에서는 당의 공식 입장을 벗어나지 않는 보수적인 발언을 하지만, 실제 당교 내부에서 문을 닫고 내부자들끼리 토론할 때는 거의 무제한적인 토론의 자유가 보장된다.[42]

---

41 중앙당교 교수와의 인터뷰(2018.07.20. 베이징)

42 현대중국학회, 고대 아세아문제연구소 공동 주최 학술회의 중 발언(2018.10.26. 서울)

육성부는 청장년 간부 및 신장(新疆), 시장(西藏) 등 소수민족 간부에 대한 연수를 담당하며 교육 기간은 6개월 이상이다(조호길 · 리신팅 2017, 256-257). 특히 육성부에서 진행하는 '청장년 간부 육성반(中青年幹部培訓班)'은 각급 간부가 정치적으로 도약하기 위한 중요한 통로다.[43] 청장년반은 1반과 2반으로 나뉘는데, 청장년 1반(中青1班)은 차관급(省部級) 진급을 앞둔 국장급 예비 간부를 상대로 6개월간 진행되며, 청장년 2반은 40세 전후의 국장과 부국장을 대상으로 1년간 진행된다. 중국에서 영도 간부로 승진하기 위해서는 우선 당 조직부에서 관리하는 '예비 간부(後備幹部)'에 선발되어야 한다. 예비 간부는 통상적으로 가장 어렵고 복잡한 지역(또는 분야)에 배치하여 검증을 거치는데 여기서 우수한 근무 평정을 받아야 한다. 이와 함께 예비 간부는 당교의 청장년 간부 연수반을 이수해야 각급 당 조직의 지도자(領導)급으로 승진할 수 있다. 후춘화(胡春華), 조우창(周强) 등 차기 6세대 지도부 군으로 언급되는 지도자들 역시 이 과정 이수를 통해 성부급 영도자로 승진할 수 있었다.[44]

---

43 중앙당교뿐 아니라, 각급 당교 등 간부 교육 기관에서의 연수는 그 자체로서 간부승진을 위한 중요한 통로(pipeline)로 기능하고 있다. 중국공산당에서 간부승진을 위한 인사평가는 근무지에서의 업적, 고위층과의 인적 네트워크(꽌시; 關係) 등의 요인 외에도, 개인 '당안(當案)'에 기록된 교육과정에서의 '태도와 발언(態度和表現)' 평가도 반영된다. 또한, 수일에서 수개월 동안 진행되는 교육 기간에 참여자들은 다양한 인적 네트워크를 구축하고 자신의 평판도를 높임으로써 승진의 기회를 포착한다. 당교 교육이 간부승진에 미치는 영향에 대해서는 Lee(2015: chap.3)를 참조.

44 후춘화, 조우창 외에도 1995년에 중앙당교 '청장년 간부 육성반'을 이수한 지도자는 궈셩쿤(郭聲琨), 자오커즈(趙克志), 왕쥔(王君), 리지헝(李紀恒) 등 다수가 있다. 한편 중국공산당의 예비간부 제도는 1983년 후야오방이 성부급 예비 간부 1,000명을 선발하여 사전 육성한 데서 시작된 제도다. 1990년대 이후 모든 직급별로 예비 간부 제도가 체계화되어, 2009년경에 성부급 1,000명, 지청급 6,000명, 현처급 40,000명 수준의 예비 간부 체계를 갖추었다. 중국공산당의 예비 간부 제도에 관해서는 공개된 자료가 매우 제한적이라 선발 과정이나 규모 등에 대해 거의 알려지지 않았지만, 대략을 알 수 있는 자료는 李章軍(2009), 조호길 · 리신팅(2017, 154-163)을 참조. 또한 중국의 엘리트정치와 정치적 통합에서 예비 간부 체계의 중요성에 관한 연구는 Tsai and Chien-Wen(2015)을 참조.

2005년 신설된 3개의 간부학원 역시 각기 특화된 교육 내용을 가지고 운영된다. 푸동 간부학원은 시장경제 수용에 따른 '현대화와 혁신'이 교육의 중점이며, 주요 교육 대상은 상대적으로 개방과 현대화 정도가 낮은 서부 내륙지역의 간부들이다. 가장 개방적이고 현대화한 푸동 지역에서 중국과 세계 각국의 현대화 경험에 대한 학습을 통해 낡은 관념을 버리고 창의적인 발상을 갖도록 독려한다. 교육 방식도 매우 다양하게 진행되는데 강의실 강의 교육, 사례연구와 역할 학습, 현대화 사례 현장학습이 각각 1/3의 비중을 차지한다. 이와 달리 징강산과 옌안 간부학원은 당사(黨史)와 혁명 전통 교육, 당의 이념과 전략에 치중한다. 주요 교육 대상도 개혁개방 이후에 입당한 젊은 세대와 연해 발달 지역 간부들을 대상으로 한다(Chin 2011, 24-26).

IV. 간부 교육과 정치적 통합

중국공산당 중앙의 공식적 언급에 따르면, 간부 교육은 기본적으로 "이론 무장, 당성 교육, 실무능력 배양, 신지식 함양"의 4가지 내용으로 구성되며, 궁극적 목적은 "광대한 간부들의 이상적 신념의 견고화, 이론적 수양의 향상, 당성 수양 및 강화, 업무 작풍의 개선, 도덕적 자질(德)과 실무능력(才)의 현저한 향상"에 있다(中共中央 2013). 간부 교육 관련 내용과 체계는 간부 개인적 요구에 부응하기보다는, 당 중앙의 조직적 필요에 따라 진행하는 일종의 '명령식 교육(指令性 教育)'으로 운영된다. 즉 모든 간부가 당의 노선과 방침을 정확하게 이해함으로써 사상적 통일을 달성하는 것이 가장 중요한 교육목표라 할 수 있다.

4가지 교육 내용의 의의를 좀 더 구체적 살펴보면, 먼저 '이론 무장'

이란 당의 노선과 지도이념의 내용을 정확하게 이해하도록 하는 교육을 일컫는다. 개혁개방 이후 새로운 지도부가 등장할 때마다 제시된 새로운 지도이념(삼개대표론, 과학적 발전관, 조화사회 건설론, 네 가지 전면 실현, 평화적 부상론, 신형국제관계 등)에 대한 학습을 통해 간부들의 사상적 통일성을 제고하겠다는 것이다. 두 번째 '당성 수양'은 당에 대한 확고한 믿음을 바탕으로 충성심을 제고하는 것이다. 당의 혁명 전통과 선배 세대의 희생, 사회주의 이상에 대한 믿음을 통해 당 조직과 간부 개인의 신념을 일체화시키도록 한다. 즉 당과 당원의 정치적 일체감(identification)을 제고하는 것이다. 셋째, 실무능력 배양은 개방성과 다양성이 증가하는 시대적 변화에 따라, 갈수록 복잡하고 각종 위험 요인이 증가하는 당과 국가 행정 처리에서 숙련된 관리능력을 함양하기 위한 것이다. 넷째, 신지식 함양은 시장화, 정보화, 세계화 추세의 강화에 따라 금융 및 무역 등 경제이론, 국제정세 변화, 과학기술 기초지식, 환경문제 등에 대한 새로운 지식 습득을 의미한다. 이론 무장과 당성 수양 영역의 교육이 당 중앙에 대한 복종과 충성심 제고에 초점을 둔 '정치 교양'의 성격이라면, 실무 및 신지식은 상대적으로 실용적 성격의 교육이라 할 수 있다.

이상 네 가지 교육목표 중 어떤 분야에 더 치중하는지를 살펴봄으로써 간부 교육의 궁극적 지향과 목표가 무엇인지를 이해할 수 있다. 2007~2008년 사이 중앙당교 및 성, 시, 현급 지방 당교의 교육 내용 12건에 대한 분석을 진행한 리(Lee 2015, 157-175; 227-228)의 연구에 따르면, 전체 교육 내용을 당 건설, 공공 관리, 국내외 정세 문건(briefings), 법과 정책, 기타 5개 분야로 나누어 각각의 비중을 조사한 결과 '당 건설 분야'의 교육이 전체 교육 내용의 약 33%로 가장 큰 비중을 차지한다. 그 다음은 공공 관리(중앙 25.04%, 성급 20.4%), 정책과 법(중앙 8.35%, 성급 20.99%), 정세 문건(중앙 17.7%, 성급17.08%), 기타(중앙 16.79%, 성급 6.7%)

순이다(〈그림 1〉 참조). 이 연구의 샘플이 12개로서 중국의 각급 당교 총수가 3,000여 개에 이른다는 점을 고려하면 매우 작은 규모라는 한계가 있지만, 당교 교육과정을 입수하기가 쉽지 않은 점을 고려하면 제한적이나 유의미한 분석이 가능할 것으로 보인다.

〈그림 1〉 각급 당교 교육 내용의 영역별 비중(2007-2008)

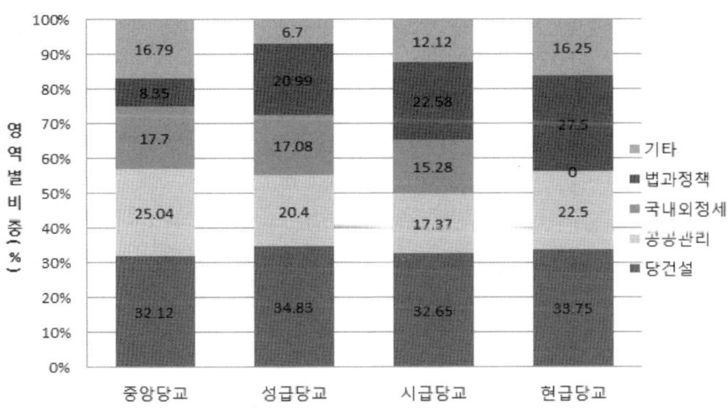

출처: Charlotte P. Lee(2015), p.174.

간부 교육 내용의 의의를 좀 더 깊이 있게 알아보기 위해 리(Lee, 2015)의 분석 내용을 중국공산당의 공식적 교육목표 네 개의 영역을 기준으로 다시 분류하면 다음과 같다. 이론 무장은 '국내외 정세 브리핑' 및 '법과 정책' 영역이 해당하며, 당성 수양은 '당 건설' 교육이 해당한다. 실무능력 향상과 신지식 함양은 '공공 관리'와 '기타' 영역의 교육 내용이 혼재되어 있다. 이런 기준에 따라 간부 교육 내용의 영역별 비중을 다시 정리하면, 이론 무장 교육은 평균 32.4%(중앙 26.5%, 성급 38.07%, 시급 37.86%, 현급 27.5%)를 차지하고, 당성 수양 교육은 33.3%(중앙 32.12%, 성급 34.83%, 시급 32.65%, 현급 33.75%)를 차지한다. 실용적 성격이 강한 실무능력(공공관리)과 기타(신지식) 분야의 교육은 명확한 구분이 쉽지 않은 혼합 성격이라 할 수 있다. 두 영역을 합치면 평균 34.3%(중앙 41.83%, 성급 27.1%, 시급 29.59%, 현급 38.75%)를 차지한다. 당 중앙에 대한 충성심 제고와 사상적 통일을 목적으로 하는 정치 교양 영역(이론 무장, 당성 수양)이 2/3를 차지하고, 실용 교육(실무 및 신지식 함양)이 1/3을 차지한다.

〈그림 2〉 간부 교육목표에 따른 교육 내용 비중

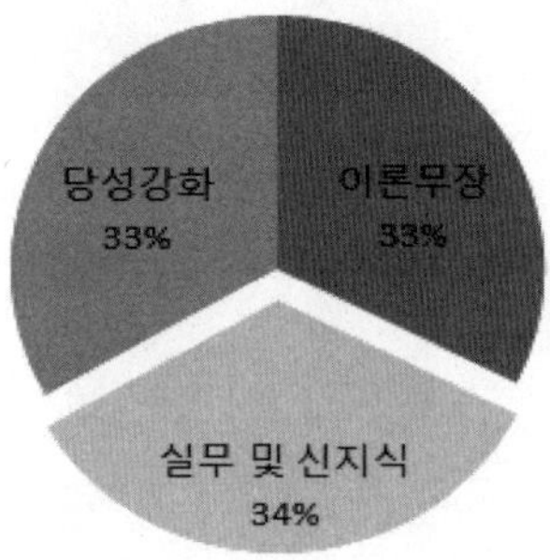

요컨대 중국공산당 간부 교육의 내용은 정치 교양 성격이 실용 교육의 두 배를 차지하며, 간부 교육의 가장 중요한 목적은 당에 대한 '충성심 제고'와 '이념적(정치적) 통합'에 있음을 확인할 수 있다. 다시 말해서 당 간부 교육의 일차적 목적은 충성 교육과 정치적 일체감 확보(또는 '의지의 통합')에 있으며, 실무능력 제고 등은 2차적 목적이라 할 수 있다(俞可平 2014, 8-9; 조호길 · 리신팅 2017, 229).

사상 통일과 당성 강화를 중시하는 간부 교육 및 학습 전통은 이 글의 제II절에서 언급한 바와 같이 마오쩌둥 시대 혁명 전통에서부터 연유하는 중국공산당의 오랜 전통이자 역사적 경험에서 나온 것이다. 그런데 개혁개방 이후, 특히 후진타오 시기 '학습형정당' 건설을 주창하면서 진행되는 새로운 교육체계에서는 이전과 다른 특징이 있다. 마오쩌둥 시기에 추구했던 사상 통일이 주로 당내 교조주의적 혁명이론과의 '사상투쟁'을 통한 혁명 정당 건설에 초점을 두고 진행된 것이라면, 후진타오 시기에는 시장화와 세계화의 심화에 따른 당 간부들의 '적응과 이해력 제고'에 초점을 둔 사상 통일이라는 점에서 다르다. 또한 마오쩌둥 시기 당내 사상 통일의 목표가 개인 권위 강화로 귀결된 반면, 후진타오 시기 학습형정당의 결과는 당 중앙에 대한 조직적 충성심 제고를 목표로 했다는 점도 큰 변화라 할 수 있다(Tsai and Nicola 2013).

이처럼 개혁개방 간부 교육체계의 정비와 강화, 그리고 조직적 일체감 제고를 통해 중국공산당은 중앙의 노선과 방침이 국가권력 전반에 침투할 수 있는 조직적 기반을 구축할 수 있었다. 개혁개방 이후 시장화, 세계화, 정보화 추세의 강화는 물론이고, 사회적 다원성 증대에 따른 국내외의 민주화 압력에도 불구하고 일당 지배가 존속할 수 있고, 효율적인 정책집행이 가능할 수 있는 조직적 기반을 갖출 수 있었다. 중국공산당의 강한 생명력을 간부 교육체계의 효과만으로 설명하는 것은 부족할 수 있지만, 적어도 간부들의 높은 충성도와 정치적 일체감을 형성하는 가장 중요한 조직적 기반이라는 점은 분명하다 할 것이다.

V. 맺음말

시진핑 집권 이후 중국 정치는 당 중심으로의 권력 집중이 더욱 강화되는 추세를 보이고 있다. 중국 사회의 시장화, 개방성, 다양성의 증대에도 불구하고, 중국의 정치체제는 당 중심의 중앙집권적 통치를 더욱 강화하는 다소 아이러니한 방향성이 아닐 수 없다. 특히 방대한 국가 규모, 날로 복잡해지고 불확실성이 커져가는 국내외 정세에서 당 중앙 중심의 일원적 권력구조가 어떻게 효과적으로 작동할 수 있는지, 또 당의 노선과 정책이 국가권력 전반에 어떻게 효과적으로 스며들 수 있는지 매우 흥미로운 질문이라 할 수 있다. 이 글은 그 답의 일단을 중국공산당의 방대한 간부 교육시스템의 효능에서 확인해보았다. 머리말에서 제기한 세 가지 질문을 중심으로 이 글의 논지를 정리하면 다음과 같다.

첫째, 중국공산당의 학습 전통은 어떻게 계승 발전되고 있는가? 학습정당으로서의 중국공산당의 전통은 크게 세 단계의 시기를 거쳐 질적인 변화와 발전이 진행되었다. 첫 번째 시기는 마오쩌둥 시기로서 항일혁명운동 시기 이른바 마오쩌둥식 혁명론(마르크스주의 중국화)을 정립하기 위한 필요성에서 시작되었다. 현재까지도 가장 방대한 규모로 간부 교육의 골간을 유지하는 당교는 1933년에 설립되었다. 건국 후 반우파투쟁, 문화대혁명의 과정에서 간부 교육의 중점이 마오쩌둥 개인권위 강화, 관료와 지식인의 사상개조 노동 단련이 강조되면서 당교가 폐쇄되는 등의 일시적 퇴보도 있었다. 두 번째 시기인 개혁개방 시대 들어 덩샤오핑의 '간부사화' 방침에 따라 간부 교육체계는 상설화, 정규화, 제도화 개혁 방침에 따라 크게 발전했다. 각급 당교의 기능을 크게 강화하고 교육과정에 대한 대폭적인 개정이 이루어졌다. 또한 1994년에는 행정학원을 설립하여 국가공무원에 대한 체계적 교육시스템도 구축하는 등 간부 교육의 체계성이 제고되었다. 세 번째 시기인 2002년 후진타오 집권 이후에는 당 건설 사업의 핵심 의제로 제시한 '학습형정당' 건설을 제시하면서, 간부 및 당원의 일상적이고 조직적인 학습체계가 구축되었다. 이로써 당의 새로운 지도이념에 대한 통일적 이해와 정치적 일체감을 획기적으로 강화시켰다. 2002년 처음 실시된 이후 현재까지도 계속되는 중국정치국원의 집단학습, 2005년 푸동, 옌안, 징강산에 신설한 국가급 간부학원은 이런 변화를 반영한 것이다. 이 시기 구축된 간부 교육체계는 시진핑 시대에도 큰 변화 없이 그대로 계승되고 있다.

둘째, 방대한 교육체계는 어떻게 구성되고 작동되는가? 중국공산당은 현급 이상 간부 교육기관만 약 4,500개에 이르고, 각종 교육훈련 프로그램을 합치면 약 8,000개 이상의 프로그램이 운영되고 있다. 중앙부터 기층까지 체계적으로 운영되는 대표적 교육기관은 당교, 행정학원, 사회주의학원이며, 이들 기관은 일반적으로 통합운영된다. 그 밖에 중앙조직부에서 관할하는 푸동, 옌안, 징강산 간부학원과 국유자산감독관리위원회에서 관할하는 나톈징리고급학원 등이 운영된다. 이들 기관은 지역, 연령, 직무 특성 등에 따라 차별화된 교육과정을 제공함으로써 시장화, 국제화 등 새로운 환경 변화에도 당이 능동적이고 통일적으로 적응할 수 있는 조직적 기반을 제공하고 있다. 모든 간부가 직급에 따라 일정 시간 이상의 강도 높은 교육을 의무적으로 이수해야 한다. 단적인 예로 현처급 영도 간부 이상의 경우 연간 110시간(약 3주) 이상의 '직장 외 연수'를 받아야 한다. 또한 교육과정 이수 과정에서 형성된 간부 개인에 대한 평판 및 인적 네트워크(關係)는 승진에도 중요한 요소로 작용한다. 대표적으로 중앙당교에서 진행하는 '청장년 1, 2반'은 간부들이 정치적으로 한 단계 도약하기 위한 중요한 통로로 작용하기 때문에 중간 간부들이 매우 선망하는 교육과정이다.

셋째, 간부 교육이 당의 정치적 통합과 국가 통치 능력 향상에 어떻게 기여하는가? 중국공산당 간부 교육은 '이론 무장, 당성 수양, 실무능력 배양, 신지식 함양'이라는 네 가지 목표로 진행된다. 이 중 정치 교양 영역(이론 무장, 당성 수양)이 2/3를 차지하고, 실용 교육(실무능력, 신지식)이 1/3의 비중을 차지한다. 즉 정치 교양이 실용 교육의 두 배를 차지하는바, 간부 교육의 일차적 목적은 당에 충성심 제고와 정치적 일체감 확보에 있음을 알 수 있다. 이런 학습 전통은 마오쩌둥 시기부터 형성된 것이지만, 후진타오 집권 이후 당의 집정능력 향상과 '학습형정당' 건설을 강조하면서 더욱 강화된 결과다. 방대한 교육체계의 학습을 통해 간부들은 당의 지도이념을 자신의 정치적 신념으로 내면화하고, 당과 자신의 정치적 일체감을 형성하게 된다. 즉 중국공산당의 간부 교육체계는 당 중앙의 지도이념과 정책이 모든 국가권력 기관에 통일적으로 스며들 수 있는 가장 중요한 조직적 기반이자, 정치적 충성심을 고양하는 용광로라 할 수 있다.

이 연구를 통해 개혁개방 이후 시장화, 세계화, 정보화 추세의 강화, 그리고 날로 복잡해지고 어려운 국내외적 환경 변화에도 불구하고 중국공산당의 리더십과 강한 생명력이 가능한 이유를 중국공산당 간부 교육의 효능에서 확인할 수 있었다. 물론 간부 교육의 효능만으로 당의 정치적 통합 능력이나 중국 정치의 안정성의 모든 것을 설명하기에는 부족함이 있다. 기존의 많은 연구에서 설명하듯이, 개혁개방 이후 중국공산당의 통치 정당성에 가장 중요한 요소였던 당 지도이념의 유연한 변화와 적응 능력, 안정적 경제성장과 국민 대중의 만족감 유지, 엘리트 정치의 통합과 정치 제도화의 진전 등 많은 요인에 의해 중국 정치의 안정성은 설명될 수 있다. 그럼에도 불구하고 방대한 간부 교육체계의 효능이 중국공산당의 리더십과 정치적 통합의 미시적, 조직적 기초를 제공하고 있다는 점 또한 주목해야 할 요인이라 할 수 있다.

「 참고문헌 」

조영남. 2006. 『후진타오 시대의 중국 정치』. 서울: 나남.

조호길 · 리신딩. 2017. 『중국의 정치권력은 어떻게 유지되는가: 강력한 당-국가체제와 엘리트 승계』. 서울: 메디치.

毛澤東. 1993. 『毛澤東選集 第2卷』. 北京: 人民出版社.

鄧小平. 1993. 『鄧小平文選 第3卷』. 北京: 人民出版社.

王香平. 2011. 「"黨的第一代中央領導集團推動的三次大規模學習活動及其經驗啓示」, 『毛澤東鄧小平理論研究』 第7期.

王先俊. 2010. "新中國成立初期的幹部教育培訓." 『當代中國史研究』 第17卷 第1期.

李小三. 2009. 『中國共産黨幹部教育簡史』. 北京: 中央文獻出版社.

李冲鋒. 2009. "建國六十年來的幹部教育發展及其啓示." 『國家教育行政學院學報』 10月號, pp.19-24.

周志成. 1990. "試論建立'三位一體'黨校新體制." 『求是』 第8期.

馬立誠, 凌志軍. 2011. 『交峰: 當代中國三次思想解放實錄』. 北京: 中國人民出版社.

鐘國興. 2010. 『從'第五項修練'到學習型政黨』. 北京: 中央黨校出版社.

馮俊 · 鄭金洲 · 周志平 · 戴振宇. 2016. 『中國幹部教育』. 北京:人民出版社.

張亞 · 孫瑋 · 王世龍. 2012. "幹部培訓高校基地的創新路徑與功能發揮研究." 『黨史文苑』 第8期.

兪可平. 2014. "中共的幹部教育與國家治理." 『中共浙江省委黨校學報』 第3期.

李章軍. 2009. "我國大力選拔後備幹部." 『政府法制』 第28期.

中共中央. 2013. "2013-2017年全國幹部教育培訓規劃." 『中國政府網』 2013年09月28日.

中共中央. 2015. "幹部教育培訓工作條例." 『中國政府網』 2015年 10月 18日.

Brødsgaard, Kjeld Erik, and Yongnian Zheng. 2004. "Introduction: bringing the Party back in." In Kjeld Erik Brødsgaard and Yongnian Zheng (eds.). *Bringing the Party Back In: How China is Governed.* 1-21. Singapore: Eastern University Press.

Chin, Gregory T. 2011. "Innovation and Preservation: Remaking China's National Leadership Training System." *The China Quarterly* 205, 24-26.

Dickson, Bruce. 2016. *The Dictator's Dilemma: The Chinese Communist Party's Strategy for Survival.* Oxford : Oxford University Press.

Hadenius, Axel, and Jan Teorell. 2007. "Pathways from Authoritarianism." *Journal of Democracy* 18(1), 143-156.

Lai, Hongyi. 2010. *The Domestic Sources of China's Foreign Policy: Regimes, leadership, priorities and process.* New York: Routledge.

Lampton, David L. ed. 2001. *The Making of Chinese Foreign Policy in the Era of Reform,*

1978-2000. Palo Alto: Stanford University Press.

Lee, Charlotte P. 2015. *Training the Party: Party Adaption and Elite Training in Reform-era China*. Cambridge: Cambridge University Press.

Li, Cheng. 2005. "The new bipartisanship within the Chinese Communist Party." *Orbis* 49(3), 387-400.

Liu, Alan P.L. 2003. "Rebirth and Secularization of the Central Party School in China,. *The China Journal* 62. 108-109.

Nathan, Andrew J. 2003. "Authoritarian resilience." *Journal of Democracy*, 14(1). 6-17.

Shambaugh, David. 2008a. *China's Communist Party: Atrophy and Adaptation*. Washington D.C: Woodrow Wilson Center.

_____. 2008b. "Training China's Political Elite: the Party School System," *The China Quarterly* 196, 827-844.

_____. 2016. *China's Future*. Cambridge: Polity Press.

Saich, Tony. 1995. "Writing and Rewriting History? The Construction of the Maoist Resolution on Party History." Tony Saich and Hans van de Ven. eds. *New Perspectives on the Chinese Communist Revolution*. Armonk: M.E. Sharpe. 299-338.

Senge, Peter M. 1990. *The fifth discipline: The art and practice of the learning organization*. New York: Doubleday/Currency.

Tsai, Wen-Hsuan and Chien-Wen Kou. 2015. "The Party's Disciples: CCP Reserve Cadres and the Perpetuation of a Resilient Authoritarian Regime." *The China Quarterly* 221, 1-20.

Tsai, Wen-Hsuan and Nicola Dean. 2013. "The CCP's Learning System: Thought Unification and Regime Adaption." *The China Journal* 69, 87-107.

Zeng, Jinhan. 2014. "Institutionalization of the Authoritarian Leadership in China: A Power Succession System with Chinese Characteristics?." *Contemporary Politics* 20, 294-314.

7장

중국의 권위주의 통치 안정화 기획 : 치리(治理) 개혁을 통한 권위주의 통치의 세련된 제도화[45]

| 정주영 |

Ⅰ. 서론

중국 정치체제의 본질과 지향은 무엇이며, 과연 민주로 전환될 것인가는 중국 국내외 모두의 관심과 연구의 대상이다. 1978년 개혁개방 이후 미국을 비롯한 서구 선진국들의 중국에 대한 수용과 지원은 중국의 민주화에 대한 기대와 자신감에 기인한 것이었다.[46] 또한 그간 개혁개방의 과정에서 중국 국내 학자들이 제시한 정치개혁의 궁극적 목표 지점 또한 바로 '민주'였다. 1990년대 개혁의 선후를 둘러싸고 치열하게 전개되었던 개혁 논쟁의 최종적 승자 신권위주의의 구상에서도 민주는 최종적 종착지였다.[47] 물론 중국 정치개혁 논의에서 '민주'의 정치적 본

---

45 이 글은 『중국지식네트워크』 제13집(2019)에 게재된 논문을 중국 권위주의 정치 기획과 치리 개혁의 관계를 중심으로 대폭 수정 · 보완한 것이다.

46 서구의 중국 문제 전문가와 이론가들은 근대화론적 시각에서 중국의 경제적 발전은 결국 정치적 민주화를 야기하게 될 것이고 정치적 민주화와 자유화는 중국공산당 정권의 와해로 귀결될 것이라는 예측을 내어놓았다(Chang 2001). 미국 후버연구소의 Henry S. Rowen은 2015년이 되면 중국에 정치 민주화가 실현될 것이라고 1996년에 이미 예언성 발언을 하기도 했었다(Rowen 1996, 61).

질에 대한 이해는 서구의 그것과는 상이한 것이었지만 말이다. 21세기에 들어와 중국 국내 정치 담론에서 민주는 인류 보편의 가치로서 그 위상을 인정받으며 형식적으로나마 민주에 대한 고민과 제도적 실천이 시도되었다. 적어도 후진타오 시대까지는 '중국식 민주'의 제시, 당내 민주와 기층 선거제도 등의 눈에 보이는 변화들이 포착되었다.

그러나 가능성으로만 제기되었던 G2 국가 중국의 세계 패권국으로의 도약이 가시화되고 있는 현시점의 중국 정치개혁 담론에서 '민주'는 오히려 퇴보하고 '권위주의적 통치'가 강화되고 있는 양상을 보이고 있다. 시진핑 총서기 집권 이후 강력한 반부패 투쟁을 시작으로 전개된 개혁은 당 영도에 대한 정당성 강화와 당의 통치 능력 강화로 확장되었고, 치리(治理)의 현대화 개혁과 법치의 실현이 중국의 새로운 정치 기획의 얼개를 엮어가고 있다.[48] 현재까지 전개된 이러한 중국 정치개혁을 정리하면 공산당 일당독재의 권위주의 통치의 안정화와 강화가 정치개혁의 최우선적 목표이며, 이를 위한 정치개혁방안으로 치리 현대화와 법치 강화를 추진하고 있다고 도식화할 수 있다. 그렇다면 당의 영도와 법치가 강화된 권위주의적 정치 모델에서 인민 참여의 확대와 제도화를 의미하는 '치리'가 가지는 의미는 무엇이고 그 정치적 기능은

---

47 1980년대 개혁개방을 시작한 중국이 정치개혁과 경제개혁의 우선순위를 두고 벌인 발전 방향과 관련된 논쟁은 1980년대 후반 '先경제개혁, 後정치개혁' 즉 先경제발전, 後민주화의 '신권위주의'로 귀결되었다.(陈尧 2006) 전체주의-권위주의-민주주의로의 점진적 3단계 민주발전 구상에서 신권위주의는 권위주의를 최종적 종착지인 민주로 가기 위한 과도기적 단계로 설정하였다.(신봉수 2006)

48 다수의 연구와 논문에서 중국의 치리(治理)는 거버넌스와 혼용되어 사용되고 있다. 그러나 본 논문에서는 중국이 현재 추진 중인 '치리 개혁'이 정치학 일반에서 통용되는 '거버넌스(governance)'와 개념적 차이가 있음을 분명히 하고, 이러한 개념상의 차이에 기반하여 중국 정치개혁을 분석하고자 하므로 이 두 용어를 구분하여 사용하고자 한다. 우선 중국이 추진 중인 개혁 내용을 지칭할 때는 '치리'를 사용하고, 정치학 일반 개념을 지칭할 때는 '거버넌스'를 사용하겠다.

무엇이 될 것인가? 이 질문은 '민주'라는 용어가 주변화된 현 중국 정치 모델의 본질과 지향을 알기 위해 필수적으로 규명되어야 문제이다. 본 연구는 중국이 '치리 개혁'을 중국에서 전개되고 있는 민주와 관련된 담론과 연계하여 분석함으로써 그것이 실제 의미하고 지향하는 내용을 정리하고 권위주의 정치기획에서 치리 개혁의 의미를 도출해보고자 한다.

'치리(治理)'는 정부 중심의 공적 조직과 사적 조직 간의 형성된 상호 협력적인 조정 양식을 의미하는 개념인 거버넌스(Governance)를 차용한 것이고 영문으로 'Governance'를 사용하고 있다. 때문에 국내 대다수의 연구와 논문에서 그 역어(译语)로 '거버넌스'를 사용하고 있다. 그러나 '치리'가 정치학 일반 개념으로서의 거버넌스와 그 전제와 지향이 다르다는 점에서 이 글에서는 '거버넌스'와 구분하여 사용하고자 한다. '거버넌스'와 '치리'의 차이에 대한 분석은 중국 정치체제와 개혁의 본질과 지향을 분석하는 데 기본적인 근거들을 제공하며, 이 글이 질문하고 탐구하는 핵심적 내용이다.

본 장의 본론은 크게 두 부분으로 구성된다. 우선 II절에서 중국의 새로운 권위주의 정치의 안정과 정당성 강화를 위해 추진된 기존 민주 담론에 대한 비틀기, 즉 중국적 담론 조작을 분석하고 그것이 중국의 치리 개혁을 통해 어떻게 체현되는가를 살펴볼 것이다. 그리고 III절에서 중국 치리 개혁의 실제 내용과 한계에 대한 분석을 통해 중국 치리 개혁의 의미를 규정해보고자 한다. 결론에서는 중국 권위주의 정치 기획에 대한 분석 내용을 종합하여 정리하고자 한다.

II. 중국의 민주 담론 비틀기와 치리(治理) 개혁

1. 중국의 새로운 정치 기획과 민주에 대한 담론 전환

중국의 권위주의 정치체제의 비민주성에 대한 대내외적인 비판과 민주화에 대한 압력은 더욱 증대되고 있다. 국내적으로는 이미 자유, 민주 등을 보편적 가치로 수용하는 중국 국민의 수가 많아짐에 따라 그에 대한 요구도 강해지고 있다.[49] 또한, 중국이 경제적으로뿐만 아니라 정치적으로도 영향력이 확대됨에 따라 글로벌 리더로서의 중국의 자질과 역할에 대한 요구와 견제도 점차 커지고 있다. 중국은 정치체제의 독재적 기제들, 비민주성과 인권탄압 등으로 세계의 비판을 받고 있으며, 90년대 중반 이후 다년간 소프트파워의 강화를 위해 노력을 견지해 왔음에도 불구하고, 여전히 '위험한 국가'라는 낙인을 지우지 못했다.[50] 이러한 이유로 중국은 권위주의적 정치제도를 유지하면서도 민주적이라는 이미지를 만들어 '민주 없는 민주'를 인정받아야 하는 딜레마에 빠져있다. 이러한 국내외적인 요구와 압력이, 중국몽이라는 거대한 꿈을 꾸는 중국으로 하여금 새로운 권위주의 정치 기획을 추동하게 하였다.

중국의 비민주성에 대한 서구 민주주의 국가들의 비판에 대해 중국의 대응은 세 단계로 변화되었다. 건국 이후 지속되던 '거부와 저항'에서 2000년대 중반 이후 '소극적 수용'의 단계로 변화되었으며, 현재는 자유민주주의 모델에 대항적인 중국식 정치 모델을 만들고 그 우월성

49 2012년 중국 지식인을 대상으로 한 심층 인터뷰 조사에서 가장 많은 응답자가 민주주의를 다른 정치체제보다 좋다고 여기고 있으며 민주를 인류의 보편적 가치로 받아들이고 있음을 확인할 수 있었다(Lee 2013, 344).

50 중국의 소프트파워가 확대되고 있지만, 중국 정치의 부패와 불평등 그리고 부족한 민주와 인권 및 법치는 서구 국가들에게는 여전히 혐오의 대상이 되고 있다. (Nye 2005)

을 적극적으로 주장하고 있다. 첫 번째 '거부와 저항' 단계에서 중국은 민주를 서구식 자유민주주의 제도와 등치 시키며 이에 대한 부정과 억제의 태도를 취했다. 이러한 민주주의에 대한 중국 지도부의 인식에는 외적 요인이 크게 작용했는데, 우선 당 지도부가 민주주의를 '중국을 자본주의 세계에 편입시키려는 평화적 전복전략(peaceful evolution)'으로 인식했기 때문이다. 이에 개혁 초기 당 지도부는 공산당 리더십 유지(다당제와 의회제 반대), 프롤레타리아독재의 유지(부르주아 민주 자유 반대), 공적 소유제의 유지(사유제 반대), 마르크스주의 유지, 개혁개방을 위한 역량 집중을 강조하게 되었다. 그다음의 외적 요인은 아시아 국가들의 경제발전과 민주주의에 대한 평가에서 기인하였다. 중국은 아시아의 권위주의적 국가 주도의 경제발전을 보면서 경제발전 수준이 낮은 아시아 국가들이 현실 속에서 추진하는 민주화의 한계를 인지하게 된 것이다. 이에 기반하여 중국은 민주의 신화 비판과 함께 동아시아 발전모델을 추구하면서 국가가 부유하고 안정될 때까지 민주를 유보한다는 신권위주의 전략을 세우게 되었다.

두 번째 단계에서 중국은 민주를 소극적으로 수용했다. 2000년대 중반 이후 중국 사회가 당면한 시대 과제가 정치체제 개혁에 있음을 인식하면서 자유주의적 개혁을 주장하는 반체제 지식인과 관변 지식인은 물론이고, 정치지도자들까지도 정치체제 개혁과 민주화를 절박한 과제로 받아들이게 되었다. 2005년 10월 국무원은 『중국의 민주정치 건설』(이하 『백서』)을 발간하여 민주주의의 보편성과 특수성을 구별하며 민주주의에 대한 조심스러운 도입을 시도하였다. 『백서』는 "민주주의는 단순히 서방세계의 전유물이 아니라 인류 정치 문명의 발전성과"이며 "세계 각국 인민의 보편적 요구"라고 민주를 가치 중립적인 인류 보편의 가치로 수용하였다. 그러나 민주의 보편성과 함께 중국은 민주의 특수성을 주장하는데, 『백서』에서 "각국의 민주는 내부에서 생성되는 것이지 외부에서 강압적으로 부여되는 것"이 아니고 각 국가가 처한 특수한 역사적, 사회적 상황과 조건에서 발전하는 것임을 강조하였다(國務院新聞辦公室 2005). 『백서』와 더불어 2006년에 저명 정치학자 위커핑(兪可平)이 발간한 『민주는 좋은 것』은 중국 지식인 사회에 민주주의 담론의 폭발적인 확산을 가져왔다(閻健 主編 2006). 위커핑은 이 책에서 민주 개념에 대한 재해석과 가치 중립화를 통해 그간 불온시 되었던 용어를 중국 정치개혁안으로 가지고 들어왔다. 이후 중국 정치지도자들의 연설이나 문서에서도 민주주의의 보편성을 인정하고 중국의 국가 상황(國情)에 맞는 '중국 특색의 민주주의'를 강조하는 내용이 빈번히 등장하였다. 그러나 중국에서 일관되게 주장된 '중국식 민주'는 '중국공산당 영도(일당지배)의 유지'를 그 핵심적 내용으로 하고 있어 권위주의의 다른 이름으로 그 모순성이 비판받았다. 그러나 이 시기까지만 해도 중국은 중국이 제시하는 민주의 실질적 내용의 허구성이 의심받고 비판받았을지라도 '민주'라는 용어를 사용하고 중국의 정치체제가 '민주적'임을 입증하기 위한 노력을 경주하였다.

그러나 세 번째 단계라고 규정될 수 있는 시진핑 집권 이후 현재까지 중국은, 서구식 민주에 대한 철저한 부정과 함께 중국적 맥락으로 재규정된 '민주' 개념에 기반한 권위주의 정치개혁 담론을 발전시켜 가고 있다. 이 시기의 중요한 특징은 중국이 서구적 정치 모델과 본격적인 정치 모델 경쟁을 시작했다는 것이다. 이를 위해 새로운 정치기획의 토대 구축을 위하여 중국은 '민주' 담론에 대해 비틀기를 시도하였다. 즉, 기존의 서구식 민주 담론에서 쟁점이 되었던 민주에 대한 평가 기준을 중국의 논리를 지원하고 체제에 유리한 것으로 전환하여 새로운 논의를 할 수 있는 담론의 기반을 마련한 것이다.

서구 자유민주주의의 중국 정치체제에 대한 비판의 핵심은 정권 성립의 정당성이라 할 수 있다. 민주(民主)를 국민 스스로 대표자를 선택하고, 감시하고, 질책하고, 심지어 권좌에서 내려오게 할 수 있는 것을 국민이 갖는 권리의 가장 기본적인 내용으로 생각하는 자유민주주의의 논리에 따르면, 중국공산당 일당 지배는 정권 성립과 지배 정당성의 측면에서 태생적 한계를 가지는 것이다. 이에 대해 중국 학자들이 강하게 역공을 했다. 민주의 본질은 대표자 선출의 형식이 아니라, 대표자의 통치 과정에서 찾아야 한다는 것으로 그간 서구가 제기했던 논점과는 다른 방향에서 문제를 제기하는 것이다.

구체적으로 중국 학자들이 제기하는 민주에 대한 질문들은 다음과 같다. 첫째, 중국 학자들이 민주와 관련하여 제일 먼저 제기했던 질문은 민주의 보편성과 특수성에 관한 것이었다. 2005년 중국 국무원이 『백서』를 통해 강조한 것은 민주의 보편성과 함께 민주의 특수성이었다. 민주라는 가치는 보편적일 수 있지만, 유일하면서 보편적으로 적용될 수 있는 민주주의 모델은 없다는 것이다(房寧 2005). 정용녠(郑永年)은 "실천은 진리를 검증하는 기준이다."라는 덩샤오핑의 "실천론"을 논거로 민주정치의 효과는 나라마다 다르며 민주주의도 각 국가의 실천 속에서 검증되어야 함을 강조했다. 정용녠에 따르면 많은 저발전 국가의 정치 엘리트들이 자국의 국정과 민주가 발전할 수 있는 사회경제적 조건을 무시하고 맹목적이고 급진적으로 민주제도를 도입했기 때문에 문제가 발생한 것이다(郑永年 2015). 따라서 민주화를 "서구화"로 등치 시킬 수 없으며 그 실현 방식에 있어 각 국가의 국정에 기반한 특수성이 인정되어야 한다는 것이 중국의 주장이다. 두 번째 질문은 민주의 형식과 본질에 대한 질문이다. 왕사오광(王绍光)은 서구의 고전 철학자들이 "정체(政体)"에 대한 고민을 했다면, 중국의 철학자들은 "정도(政道)"에 대한 고민을 해왔다고 하면서 중요한 것은 형식이 아니라 본질이라고 주장한다(王绍光 2011, 56-57). 형식으로 본질을 표현하는 것은 매우 중요하나 그것이 본질적인 것은 아니라고 강변하며, 선거, 다당제, 삼권분립 등의 일련의 제도 형식을 본질인 양 강조하고 있는 서구를 비판하고 있다(郑永年 2015).

그렇다면 중국이 생각하는 민주의 본질은 무엇인가? 우선 중국은 대표자를 국민이 선출하는 자유경쟁 선거가 민주 실현의 대표적 방식처럼 인식되는 것에 대해 근본적인 문제를 제기하고 있다. 왕샤오광은 대표자 선출 방식의 민주성보다 중요한 것이 국가 통치의 과정에서 민주가 실현되는 것이라고 강조한다(Wang 2008, 58-59). 이러한 현대 중국 정치학자들의 주장은 중국의 전통적 민본사상과도 상통하는 것이다. 민본사상에서 핵심은 "민(民)이 주인이 되는 것"이 아니라, "민(民)을 위하여 주인이 되는 것"이며, 따라서 민중은 단지 군주치국(君主治國)의 합법성을 부여할 뿐 국가정권 수립의 합법적 근거가 아니었다(李秋高 2011, 134).

그렇다면 이러한 일련의 질문들을 통하여 중국이 주장하고 싶은 것은 무엇인가? 정리하자면, '인민이 주인이 된다.'라는 민주의 보편적 가치는 인정하지만, 그 실현 방식, 즉 제도는 나라마다 다른 특수성을 가지므로 서구적 민주제도(자유경쟁 선거, 다당제, 삼권분립)로 중국의 민주를 평가해서는 안 된다는 것이다. 특히 민(民)을 주인으로 한다는 민주의 본질 실현이라는 측면에서 보자면 현재 서구의 자유경쟁 선거는 실패의 측면들이 많다고 비판한다. 따라서 민주에 대한 질문은 "대표 선출의 민주성"에 있는 것이 아니라, "대표자의 통치 과정에서의 민주성"으로 전환되어야 한다는 것이다. 중국 학자들의 주장에 따르면 질 좋은 민주정치는 능력을 갖춘 인재가 민의에 기반한 정치를 하는 것이다. 홍콩대학의 왕샤오광(Shaogung Wang)은 자유경쟁 선거를 통해 국가의 통치자를 선출하였으나 그 통치자가 당선 이후 민심에 이반한 정책을 펼친 국가와 선거가 아닌 방식으로 선발되었으나 통치자가 민심을 적극적으로 수용하고 그에 기반한 정책을 펼친 국가를 비교하며 의미심장한 질문을 던진다. "전자의 국가가 민주국가이고, 후자의 국가가 비민주국가인가?"(Wang 2008, 58-59).

이러한 주장을 통해 중국은 공산당 지배 정당성에 직접적인 위협이 되는 선거 민주를 거부하고, 민주의 본질에 관한 질문을 제기함으로써, 민주주의 담론의 쟁점을 대표자의 '선출'에서 '통치의 과정'으로 비틀어 버림으로써 민주가 없는 권위주의적 정치체제를 옹호하기 위한 논리적 기반을 세워가고 있다. 즉, 선거로 선출되지 않는 공산당의 지배 정당성과 공산당 일당 지배의 문제를 우회적으로 돌아나가면서, 민의에 기반을 두지 않는 대표자의 통치 정당성을 '통치 과정'에서 국민의 참여에 대한 평가를 통해 확보하고자 하는 것이다. 중국으로서는 기존 서구의 입장에서 제기하는 쟁점들을 그대로 수용하고 그에 응수하는 상황에서는 중국이 서구식 기준에 '맞다, 틀리다'라는 식의 논리 전개에 제약을 받을 수밖에 없다. 즉, 기존 민주 담론에서 중국이 A라는 민주적 요소가 부재(혹은 부족)하기 때문에 비민주적이라는 비판을 받았다면, 이제 중국은 민주를 실현하기 위해서는 'A가 아니라 B가 더 중요'하며, '중국의 B는 서구의 B보다 우월'하므로 중국의 민주가 서구의 민주보다 질적인 측면에서 더 우월하다고 주장할 수 있는 것이다. 이처럼 비틀어진 민주 담론에서 중국이 자국의 정치체제의 민주성을 주장할 수 있는 근거는 국민의 참여, 즉 '치리' 개혁의 성과이다.

2. 거버넌스 개념 수용과 치리 개혁 추진의 정치적 의도성과 효과

시진핑 정부는 18기 3중전회에서 전면심화개혁의 총 목표를 중국 특색의 사회주의 제도를 잘 발전시키는 것과 국가 치리 체계를 건설하고 치리 능력의 현대화를 힘 있게 추진하는 것(全面深化改革的总目标是完善和发展中国特色社会主义制度, 推进国家治理体系和治理能力现代化)으로 설정함으로써 치리 개혁의 본격적인 추진을 공식화하였다. 또한, 2020년까지 개혁의 결정적인 성과를 내야 한다는 개혁 시간표도 제시하였다. 이로써 치리 개혁은 시진핑 정부의 집권기를 관통하는 핵심적인 정치개혁안으로서의 위상을 가지게 되었다.

거버넌스 이론은 그간 국가가 전담해 왔던 책임을 사회와 같이 공동으로 부담하고, 보다 효율적으로 사회를 관리할 수 있다는 점에서 중국이 차용하기에 매력적인 관리 방식이다(정주영 2004, 227). 대중의 권리의식이 제고되고, 인터넷 등을 통한 권리수호 행위가 증가하면서 기존의 강제적인 사회통제 방식이 제대로 작동하기 힘든 상황에서 정치적 동원과 행정적 관리에 단순하게 의존했던 전통적인 모델에서 탈피해 다원적인 사회 주체가 참여하여 문제를 공동으로 해결한다는 것은 효율적인 하나의 방식일 뿐만 아니라, 민(民)의 참여를 통한 통치 정당성까지 획득할 수 있는 일석이조의 방안이다.

중국 학자들도 중국 권위주의 정치체제의 안정을 위한 방안으로 참여의 확대와 제도화를 강조하고 이에 대한 이론적 모색을 계속하고 있다. 수이셩 자오(Zhao 2010)는 중국 정치를 단순히 '억압적'이라고 묘사하는 것은 정확하지 않다고 반박하면서, 참여가 확대된 효율적인 중국 권위주의 모델을 제시하였다. 또한, 그는 중국 학자들은 정치적 참여와 감시를 확대하고, 법치에 기반하는 더욱 효율적이고 발전된 일당 체제를 만들려고 노력하고 있으며, 이전의 중국 정치 기획은 가치 중립적(a value -free)이었으나 현재는 가치가 부과되어 있다(a value added transition)고 강조한다(Zhao 2010, 424-425). 보다 적극적으로 권위주의와 민주주의의 결합을 시도하는 연구도 있는데, 허바오강(Baogang He)과 웨렌(Mark E. Warren)은 거버넌스 주도(governance-driven)의 협의로 이끌어가는(deliberation-led) 협의 권위주의(deliberative authoritarianism)를 구상하였다. 협의 권위주의는 민간이 참여하는 갈등 조정과 의사결정의 메커니즘으로서, 정부가 의사결정을 명령하고 통제하는 권위주의의 보완물로 규정되는 "하이브리드" 권위주의 정권의 개념과 차별적임을 강조했다(He & Warrenm 2011).

그러나 중국공산당이 거버넌스에 더욱 매력을 느낄 수밖에 없는 이유는 그것이 중국 권위주의 정치기획에서 공산당 지배의 정당성을 침해받지 않으면서 권위주의 최대의 난점인 "참여"의 문제를 해결할 수 있다는 점이다. 거버넌스에서 주목하는 것은 대표의 선출이 아니다. 그보다는 관련 주체 간 어떠한 논의 구조와 결정의 매커니즘을 구성하는가에 더 초점이 맞추어진다. 다양한 사회 주체의 "참여"의 문제를 민주주의로 해결하려 할 때는 대표자의 선출에 대한 민주적 권리와 선거 참여까지를 포괄하게 된다. 그러나 거버넌스로 참여의 문제에 접근하면 대표자의 선출이 아닌 운영 과정의 민주성에 더 집중하기 때문에 중국으로서는 일당독재의 정당성 문제를 우회하면서 거버넌스로 인한 참여의 민주적 효과를 획득할 수 있다. 중국이 '선거 민주'에서 '통치 과정의 민주'로 논쟁점을 전환한 정치 담론 전환의 기반 위에 차용된 거버넌스적 아이디어는 일당독재의 권위주의적 통치 정당성을 훼손시키지 않으면서 중국적 맥락의 민주를 발전시킬 수 있는 실질적 방안이 될 수 있다.

정리하자면, 거버넌스는 주체의 자격을 묻는 것이 아니라, 주체 간 어떠한 논의구조를 통해 최대의 효과를 얻을 수 있는가에 질문의 초점이 맞추어진다. 따라서 거버넌스 아이디어를 차용한 치리 개혁은 선거 민주를 시행하지 않는 중국의 권위주의 정치 기획에서 공산당 독재의 비민주성 비판을 비껴 나가서 사회 제 주체의 참여를 확대시키고 민주적 이미지를 제고시킬 수 있는 활로가 될 수 있다.

III. 중국 치리 개혁의 통치적 속성

1. 치리 개념의 보수성

거버넌스 개념 자체가 가지는 다의성과 모호성은 그에 대한 다양한 해석과 함께 오인(誤認)의 요소를 내포하고 있다.[51] 거버넌스는 오랜 기간 국가 업무와 관련하여 통치기구나 기능, 정부(government)와 동의어로 사용되었으며, 다양한 이해관계자로 구성된 구체적인 기구나 직업에 대한 방향 지시에 주로 국한되어 사용되었다(Jessop 1998). 그러나 1980년대 국가 기능의 실패에 대해 기존의 정부 운영 방식을 보완, 대치하려는 노력이 시도되면서 정부 및 통치(Government)를 거버넌스 개념과 분리해서 사용해야 할 필요성이 제기되고 거버넌스 개념이 보편적인 전문용어로 등장하였다(권기창 · 배귀희 2006). 때문에 현대적 거버넌스의 형태는 전통적 형태에서의 국가의 사회와 시장에 대한 고도의

51 제솝은 "일관성 있는 하나의 거버넌스 이론이 있는 것도 아니고 거버넌스 이론이 무엇인지를 명확히 이해하는 것조차 쉽지 않다."라고 지적하고 있다.(Kjær, 이유진 역, 2007)

개입성, 그로 인한 정부의 과도한 팽창과 관료화의 폐단을 수정하고 불확실성, 국제화, 상호의존성의 증대와 같은 외부환경의 변화에 적응하기 위해 보다 참여적, 시장 중심적, 유연화 등의 특징을 강조하며 다양하게 변화하게 되었다. 현대 발전된 거버넌스 개념에서 정부 중심의 공적 조직과 사적 조직 간의 허물어진 경계에서 참여 행위자는 정책 결정에 있어 정부 주도의 통제와 관리에서 벗어나 주체적인 행위자로서의 지위를 가지고 협의와 합의 과정을 통하여 정책을 결정하고 집행해 나가는 자율성과 독립성이 강조된다(Pierre & Peters 2000).

중국의 치리(治理)가 거버넌스 이론을 수용하고 영문 'Governance'를 그대로 사용하면서 한국의 대다수 연구에서 '거버넌스'로 번역 · 사용되고 있으나 치리를 정치학 일반의 거버넌스 개념과 등치 하여 사용할 수 있는지는 엄밀히 따져보아야 한다. 중국에서 거버넌스는 1980년대 '다스리고 관리한다.'라는 뜻을 지닌 단어 "整治調理(治理)"의 축약어로 사용되다가 1990년대 이후 정치개혁의 담론에 유입되어 그 의미가 확대되었다(俞可平 2002, 193). 1990년대 중국은 적절한 안정 기제가 마련되지 못한 상황에서 사회적 분열과 반목이 확대되어 가던 때였다. 이익관계가 분화되고 사회적 가치관이 변화하는 한편 국유기업 개혁으로 노동자들의 대량 실업이 발생하고 빈부격차가 확대되어 인민들의 불만과 저항이 사회적인 위기감으로 확대되고 심각한 사회적 분열과 갈등이 문제시되었다(孫立平, 2003). 이러한 배경에서 1998년의 '국무원기구개혁 방안에 관한 결정'이라는 문건에 '사회 관리'라는 표현이 중국에 처음 등장하였으나 '사회 관리'의 하향적 통제방식의 비효율성과 이것이 오히려 반발과 모순을 초래할 수도 있음이 지적되었다. 대중의 권리의식 제고와 인터넷의 발전으로 인한 대중들의 사회 참여 방식의 변화는 단순히 '관리'의 차원을 넘어서는 새로운 아이디어와 제도를 요구하였다(정규식, 2019). 즉, 현실에서 기존의 강제적인 사회통제 방식이 제대로 작동하기 힘들어지면서 '사회 관리'에서 '사회 치리'로의 전환이 모색되기 시작한 것이다. 이렇듯 초기 '치리' 구상의 중요한 배경과 목표는 사회의 분열과 갈등 상황의 안정적 통제와 관리에 있으며, 기존의 정부 주도적 국정 운영 방식에 대한 획기적 전환에 있는 것이 아니었다. 중국 민주와 거버넌스의 대표적 연구자인 위커핑(俞可平 2014)은 '좋은 치리(善治)'와 '나쁜 치리(惡治)'를 구분하여 그 개념을 제시한다. 그는 '좋은 치리'를 공공의 이익을 최대화하는 것을 추구하는 사회 관리 과정으로 규정하고 그 본질적인 특징을 국가와 사회가 가장 이상적인 상태에 처해 있는 것, 정부와 공민이 사회 정치 사무에 대하여 협력하는 거버넌스 이거나 혹은 관과 민의 공치(共治)로 제시하고 있다. 그러나 치리에서 가장 이상적인 국가와 사회의 상태는 "당 위원회의 지도 아래 정부 책임과 사회 협력, 대중 참여, 법치 보장이 함께 하는 구조"이며, 본질적으로는 국가 및 정부가 주도하는 것이다(王浦劬 2014).

중국 치리의 철저한 국가 주도성은 시진핑 주석의 여러 발언에서도 확인할 수 있다. 일례로 2014년 2월 중국 공산당 성급 간부 학습에 참여한 시진핑은 민주에 대한 중국적 논리와 마찬가지로 거버넌스의 개념적 보편성 및 그 수용에 대한 발언과 함께 거버넌스의 국가별 제도적 특수성을 강조한다. 그는 "한 국가가 어떤 형태의 거버넌스 체제를 선택하는가는 그 국가의 역사적 전승, 문화적 전통, 경제사회적 발전 수준이 결정하는 것이며, 이는 곧 그 나라의 인민이 결정하는 것이다."라고 강조한 바 있다. 이러한 치리는 당의 정치 결정력을 유지하고 당 영도의 국가정권을 공고하게 유지하는 것을 핵심으로 해야 한다는 '당 중심 치리 전략'과 사회주의 핵심 가치 발현과 강화의 역사적 과제 수행 및 중국 특색과 국정에 기반하여 추진될 것을 요구받는다(양갑용, 2014).

정리하면 중국의 '치리'는 특정 문제와 관련된 다양한 이해당사자들이 참여하여 문제를 해결하는 거버넌스의 개념과 방식을 수용하였으나 거버넌스가 전제로 하는 참여 주체들의 국가로부터의 독립성과 자율성 및 자기 조향성(self-steering)과 관련된 민주적 요소들까지 내재화한 것은 아니었다. 정치학에서 일반적으로 통용되는 거버넌스가 국가의 공식적인 주체(정부기구)뿐만 아니라 정책과 정책집행에 영향력을 줄 수 있는 행위자 전체를 포함하는 광범위한 제도적 범위에 거버넌스의 초점을 두고 있다. 이때 특기할 만한 것은 거버넌스의 구조와 운영은 참여 주체들의 국가로부터의 독립성과 자율성이 전제되는 관계에 기반하며, 심지어 정부가 포함되지 않는 호혜적 상호 의존의 다양한 형태까지 상정한다는 것이다. 반면, 중국은 정부가 포함되지 않는 제도, 중국의 사회주의 체제나 정부의 통제를 벗어난 조직 구성은 불가능하다(Jessop 1998). 이렇게 볼 때 중국의 '치리'는 거버넌스보다는 통치에 더 가깝다.

2. 중국 권위주의 정치에서 치리 개혁의 한계

일반적으로 정치과정에서 '통치'나 '관리'에서 '거버넌스'로의 전환이 갖는 중요한 함의는 무엇보다 다원적인 주체와 민주적인 참여를 중시하기 시작했다는 것이다. 중국에서도 정치적 동원과 행정적 관리에 단순하게 의존했던 전통적인 모델에서 탈피해 정부 주도하에서 다원적인 주체가 참여하는 '사회 치리' 체제의 수립은 공적영역에서 당 조직뿐만 아니라 각종 '사회조직'과 공민 등의 참여가 가능하게 했다. 중국 내부에서도 이에 대한 해석이 엇갈리게 나타났다. 치리 개혁을 보편적인 거버넌스 원칙과 결부시켜 긍정적으로 평가하는 일련의 의견들이 있다.

이들은 중국의 치리 개혁을 "이상적 유형과 토착적 특색의 통일"이라고 인식하며 중국에서 국제사회에서 통용되는 표현을 더 많이 사용하게 되었으며 다원성에 입각한 거버넌스 통로와 민주 및 평등의 요소가 증가하였다고 평가한다. 그러나 다른 한 측에서는 "사회 거버넌스가 실제로 가리키는 것은 사회를 거버넌스 하는 것"이며 따라서 "특정 거버넌스 주체가 사회를 관리"하는 것에 지나지 않는다고 비판한다.(張靜 2010). 그러나 어떠한 측이든지 간에 공통으로 지적될 수 있는 중국 치리 개혁의 근본적 한계는 자명해 보인다. 그것은 중국 치리가 민주적 정치 환경을 전제로 하고 있지 않으며, 민주를 정치적 목적으로 상정하고 있지도 않다는 데 있다. 즉, 치리 개혁은 주체의 한계가 공산당 일당 통치라는 국가의 권력 독점과 통제의 선을 넘어서지 못한다는 맹점을 가진다.

중국공산당의 최고 정치적 목표는 공산당 일당 지배를 안정적으로 유지하고 강화하는 것이다. 따라서 시진핑 총서기는 정치개혁의 한계를 명확히 하여, 그 어떠한 개혁도 공산당의 영도권에 도전하거나 그것을 약화시킬 수 없음을 명확히 했다. 즉, 공산당 영도는 어떠한 정치개혁을 시행해도, 국민주권과 대면해서도 흔들릴 수 없는 것으로, 중국공산당 정치 기획의 핵심은 이러한 공산당 영도의 권위주의적 프레임을 유지하면서 권위주의의 본원적 한계를 극복하는 것이다. '치리 개혁'에서도 역시 당의 영도권은 불가침의 경계로 제시된다.

중국공산당 제18기 3중전회 〈결정〉에서 "국가 치리 체계와 능력은 국가 제도와 제도 집행 능력의 집중적인 발현"이며 "국가 치리 체계는 당의 영도 하에 국가를 관리하는 제도 체계"이며 따라서 "긴밀하게 상호 연결된 상호 협조적인 국가 제도"로 표현된다. 그러므로 "국가 치리 능력은 바로 국가 제도를 운용하여 사회 각 방면의 사무를 관리하는 능력을 말하며 이는 개혁과 발전 그리고 안정, 내정과 외교 그리고 국방, 치당(治黨)과 치국(治國) 그리고 치군(治軍) 등 각 방면을 포괄한다."

중국 내 많은 학자도 치리의 중요성과 필요성을 언급하면서도 당의 결정력이나 당의 우위에 훼손을 가해서는 안 된다는 기본 전제에 동의하고 있다. 그리고 방법에 있어서 중국은 헌법적 가치를 훼손하지 않고 '법에 의한 통치'(依法治國)를 구현하는 것을 중요하게 제기한다(王紹光 2014, 102-103). 세춘타오(夏春涛 2014)는 국가 치리 체계와 능력은 국가 제도와 제도 집행 능력의 집중적인 체현이기 때문에 중국에서는 "당이 인민을 선도하여 국가를 관리하는 제도 체계 구축에 중요한 지표"라고 규정하였다. 그는 국가 거버넌스 능력은 국가 제도 관리 능력이며, 안정적인 개혁과 발전과 상호 보완적으로 추진되어야 하며, 이는 중국 특색의 사회주의를 제도화하고 규범화하며 질서화하는 데 매우 중요한 요소라고 인식하고 있다. 왕푸취(王浦劬 2014)는 거버넌스 개혁의 필요성을 인식하고 특히 국가 거버넌스, 정부 거버넌스 그리고 사회 거버넌스의 중요성과 이들 간의 상호 연계 필요성을 강조한다. 이는 거버넌스의 필요성을 인정하고 개혁을 추진하되 중국공산당의 영도가 전제되어야 하며, 이른바 인민의 근본적인 이익에서 출발해야 하고 의법치국이라는 법치에 기반을 두어야 한다는 사실이다. 따라서 중국이 거버넌스 개혁을 추진하는 데 있어서 민주, 공정, 공평, 정의 등 소위 공동의 가치 지향을 가져야 하며, 국가와 정부 그리고 사회가 상호 연계되어 밀접하게 차이를 관리해 나가야 한다는 점을 강조한다. 왕푸취는 중국의 사회 거버넌스는 "당 위원회의 지도 아래 정부 책임과 사회 협력, 대중 참여, 법치 보장이 함께 하는 구조인데, 이는 일종의 중국 특색의 사회 관리로서, 본질적으로 국가정치 권력과 정부 거버넌스 권력의 운용이 그 핵심이며, 따라서 국가 및 정부 거버넌스가 주도하는 것이다."라고 중국

거버넌스의 국가 중심성을 지적하고 있다.

거버넌스의 주체는 정부의 일방적인 주도가 아니라 의제에 따라 다양한 이해당사자들과 정부가 공동으로 정책을 결정하는 체제를 의미한다고 할 때, 거버넌스가 추구하는 사회적 네트워크를 형성하기 위해서는 두 가지 전제가 충족되어야 한다. 첫째, 정치권력으로부터 독립적이고 자율적인 조직의 확산과 보급이다. 둘째, 시민사회와의 하향식 커뮤니케이션이나 일방적 목적성을 지닌 행위를 발휘할 수 없도록 국가권력이 분권화되어야 한다. 그러나 현재 중국 치리는 국가의 틀에 갇혀있으며, 민주적이고 독립적인 사회적 네트워크 구성이나 국가권력으로부터의 독립성이 전혀 담보되고 있지 못하다. 그리고 당국가체제라는 체제 제약을 받고 있는 상황에서 중국의 거버넌스 개혁의 근본 토대가 되는 여러 행위자의 자발성은 현저히 체제 내로 수렴되고 있는 형국이다. 장징 교수(张静 2015)는 "경직된 '관리와 감시'의 이념을 넘어서지 못한 채 어떻게 '거버넌스 능력의 승급'을 기대할 수 있단 말인가?"라는 질문을 중국의 미래를 향해 던지고 있다. 국가 주도 네트워크 하에서의 파트너십의 단순한 증가는 행위자들의 자율성을 확장시킨다기보다는 오히려 전통적 국가권력의 교묘한 확장된 통치의 다른 이름에 불과하다.

IV. 결론

시진핑 정부 들어와서 발표된 정치개혁안들과 중국 국내 정치학자들의 정치 담론에 대한 분석을 통해 중국이 민주에 대한 논쟁점을 전환함으로써 자유민주주의 모델과는 상이한 논리적 기반을 만들고, 그 위에 자국의 권위주의 정치 모델을 발전시킬 수 있는 실천적 개혁들을 배치하였다는 사실을 발견하였다. 시진핑 집권기의 정치개혁은 민주주의 이론에서 대표자의 선출과 권력 제약 및 국민주권 등의 핵심적 이론을 부정하고 '통치의 과정'과 참여의 확대를 중심으로 하는 민주 담론으로 전환함으로써 선거로 선출되지 않는 공산당의 지배 정당성의 취약성과 공산당 일당 지배의 비민주적 문제를 우회적으로 비껴가며 권위주의 통치 정당성의 논리적 기반을 형성하였다. 그리고 비틀어진 민주 담론으로 정당화된 권위주의 통치를 제도화하기 위한 실천적 방안으로 치리 개혁과 법치를 추진하고 있다. 이러한 시진핑 집권기 권위주의 정치 기획의 중요한 특징 중 하나는 '민주'가 사라지고 그와 유사한 효과를 발현할 수 있는 '치리'가 전면에 세워졌다는 것이다. 본 연구는 중국에서 현재 전체 정치개혁을 관통하는 화두로서의 치리 개혁이 실제 민주 이론과 비교하여 어떻게 규정될 수 있으며 그 지향은 무엇인지에 대한 분석을 통해 중국 권위주의 정치 기획의 본질과 지향에 대해 규명하고자 하였다.

현재 추진 중인 중국의 치리 개혁은 공산당 일당독재의 권위주의 통치 강화와 안정화라는 정치적 목표를 위해 당과 국가의 지배와 통제하에서 국가 중심의 사회적 네트워크를 구성하고 파트너십을 구축 · 활용하는 것이다. 따라서 이는 공공권력과 권위에 기반한 보편적 거버넌스 개념과 근본적인 전제와 작동 원리에서부터 차이를 갖는 것이며, 오히려 정부나 국가권력 기초의 통치(統治, government)가 교묘하고 세련되게 확장된 것으로 볼 수 있다.

중국 권위주의 정치 모델에 관한 연구는 최근 민주주의, 권위주의에 대한 새로운 이론적 모색과 논의로 인해 그 중요성이 더 부각되었다. 21세기는 인류 역사상 가장 많은 인구와 국가가 민주주의를 향유하는 시대이다. 그것은 인류 보편의 가치로 인정되는 민주, 자유, 평등 등을 가장 잘 담보해 낼 수 있는 제도로 민주주의가 선택받았다는 의미로 해석할 수 있다. 그러나 지난 민주의 실행 과정에서 나타난 실망과 회의는 민주주의에 대한 질문을 바꾸고 있다. 이제 질문은 어떤 체제가 민주주의인가 비민주주의인가, 또는 어느 정도로 민주적 또는 비민주적인가가 아니라, 그 체제가 어느 정도의 민주의 질과 성과를 담보하고 있는가로 전환되었다. 그리고 정치체제의 "질"에 대한 관심은 권위주의에 대한 새로운 해석과 연구 필요성을 증폭시켰다. 민주주의가 폭발적으로 확대되면서 민주는 '좋은 것', 권위주의는 '나쁜 것'에 대한 편견이 보편화되었으나 민주주의의 결함과 역기능이 비판의 도마 위에 오르면서 그간 업그레이드된 권위주의 정치를 새롭게 보고, 그 안에서 새로운 가능성을 타진하려는 시도가 전개되고 있는 것이다(Diamond 2014, Geddes 2003). 이러한 변화된 조류 속에서 중국의 권위주의적 정치 기획 또한 그 중요성이 부각되었다.

중국의 국제사회로의 수용과 성공은 다른 국가들의 중국에 대한 비판 일변도의 연구 시각을 교정하고 중국의 내적 질서와 논리에 대한 이해의 중요성을 강조하게 되었다. 그리고 중국은 민주주의와 자본주의가 가진 문제점들에 대한 반성적 시각과 함께 새로운 대안 모색의 아이디어와 길을 열어주는 하나의 방법으로 제시되었다. 중국이 '방법으로서의 중국'이 될 수 있었던 것은 그것이 사회주의와 자본주의의 성공적 혼합체제(hybrid system)로서의 가능성을 보여주었기 때문이다. 정치 모델 영역에서도 현재 중국의 실험이 민주와 권위주의의 성공적 혼합체제를 만들어 낼 수 있을 것인가에 대한 가능성과 기대가 있었던 것이 사실이다. 그러나 중국의 권위주의 정치 기획이 민주가 들어설 곳 없는 권위주의적 통치 일색이라면 그것에 대한 매력이 가능할지는 매우 불투명하다.

민주주의 자체를 문제로 삼고 이를 중국 권위주의 정치체제에 대한 논의와 연결시키는 연구는 두 가지 측면에서 유의해야 한다. 우선 민주주의에 대한 비판적 연구가 민주주의 가치 자체의 존엄성을 훼손해서는 안 된다는 것이다. 비판의 대상은 가치가 아니라 가치의 적용, 실현 방식과 제도 등의 실천적 차원이기 때문이다. 또한 중국 권위주의 체제를 평가하는 기준에 대한 엄정성이 유지되어야 한다. 이는 인류가 정치 발전의 목표를 어디에 두고 있는가의 문제와 직결된다. 중국 정치 모델이 그 목표를 어디에 두고 있는지는 중국 정치 모델을 평가하는 그 어떠한 기준보다 중요하다. 그런 측면에서 중국 치리 개혁에 대한 평가 또한 비판적일 수밖에 없을 것이다.

[참고문헌]

신봉수, 2006, "신권위주의 이론과 쟁점" 『평화연구』 제14권 2호

이정남. 2017. "시진핑의 권력 강화와 중국 권위주의 체제의 변화 : 경쟁적 독재에서 확립된 독재로의 전환인가?," 『중소연구』 제41권 제1호.

林毅夫 · 李周 · 蔡昉, 임경훈 옮김, 1996,『중국의 기적: 발전전략과 경제개혁』, 서울: 백산서당.

양갑용, 2014, "중국의 거버넌스 개혁," 『한중사회과학연구』 제12권 제4호

张静, 김도경 역, 2015, ""사회거버넌스의 조건" : 중국 사회 거버넌스의 위험은 어디에 있는가?" 성균차이나브리프』 3권 4호

정규식, 2019, "중국 '사회거버넌스 담론'의 형성과 '노동'의 미주침," 『성균차이나브리프』 7권 2호

정주영. 2004. "중국의 새로운 국가-사회관계: 민간영역의 거버넌스," 『시민사회와 NGO』 제2권 제2호.

정주영. 2017. "강대국 중국의 정치발전 모델 탐색 : 소프트파워 자원이 될 수 있는가?," 『현대중국연구』 제19집 3호.

조원빈 · 이희옥. 2015. "2010년 아시아 국가들의 "좋은 민주주의" 지표," 『정치 · 정보연구』 제18권 2호.

주성수. 2004. 『정치과정에서의 NGO』, 서울: 한양대학교 출판부.

연합뉴스. "시진핑, 법치로 공산당 영도 체제 부정해선 안 돼"(검색일: 2015.04.30).

陈尧. 2006. 『新权威政权的民主转型』, 上海: 上海人民出版社.

房宁. 2005. 「中国的民主政治建设: 叁大亮点凸显中国民主」, 人民网, http://politics.people.com.cn/GB/30178/3788551.html(검색일: 2005.10.22.).

国务院新闻办公室. 2005. 『中国的民主政治建设』(白皮书).

孙立平, 2003. 『断裂-20世纪90年代以来的中国社会』, 北京: 社会科学文献出版社

阎健. 2006. 『民主是个好东西: 俞可平访谈录』, 北京: 社会科学文献出版社.

俞可平 等. 2002. 『中国公民社会的兴起与治理的变迁』, 北京: 社会科学文献出版社.

王浦劬. 2014. 「国家治理,政府」, 『求是』, 第8期.

王绍光. 2011. 「政体重要,还是政道重要」, 『民主与科学』, 第4期.

王绍光. 2011. 「不应淡忘的公共决策参与模式 : 群众路线」, 『思想空间』.

王绍光. 2014. 「中国的'代表型民主'」, 『中共杭州市委党校学报』, 第1期 .张维为, 2015, 「从中美比较看中国道路的意义」, 『理论导报』, 第8期.

郑永年. 2014. 「开放,竞争和参与:实践逻辑中的中国政治模式」 『人民日报 · 海外版』 (검색일: 2014.06.12).

郑永年. 2015. 「反思民主是为了中国更快,更好的民主化」 http://zhengyongnian.blogchina.com/(검색일: 2015.02.28).

Bell, Daniel, 2015. *The China model : political meritocracy and the limits of democracy*, Princeton : Princeton University Press, 2015.

Dahl, Robert A. 1971. Polyarchy: Participation and Opposition, New Haven, Yale University Press, 1971

Diamond, Larry. 1999. *Developing Democracy: Toward Consolidation*, Baltimore: Johns Hopkins University Press.

_____. 2002. "Thinking about Hybrid Regimes" *Journal of Democracy* 13(2)

_____. 2014, *Democracy in decline*, Johns Hopkins University Press

Friedman, Edward. 2000. *What if China doesn't democratize? : implications for war and peace*. Armonk, N.Y. : M.E. Sharpe

Gilboy, George J & Read, Benzamin L. 2008. "Political and Social Reform in China: Alive and Walking," Washington Quarterly, Vol. 31, No. 3, 2008

Gilley, Bruce. 2003. "The Limits of Authoritarian Resilience," *Journal of Democracy*, Vol. 14, No. 1.

_____. 2004. China's Democratic future: How It Will Happen and Where It Will Lead, New York, Columbia University Press, 2004

Geddes, Barbara. 2003. *Paradigms and Sand Castles: Theory Building and Research Design in Comparative Politics*. Ann Arbor: The University of Michigan Press.

He, Baogang & Warren, Mark E. 2011. "Authoritarian Deliberation:The Deliberative Turn in Chinese Political Development", *Perspectives on Politics*, Vol. 9/No. 2

Huntington, Samuel P. 1991, *The Third Wave: Democratization in the Late Twentieth Century*,
Norman : University of Oklahoma Press.

Jessop, B. 1998. "The Rise of Governance and the Risks of Failure: the Case of Economic Development", *International Social Science Journal*, 50, (1).

Nye, Joseph S. 2005. "The Rise of China's Soft Power" *Wall Street Journal Asia*, 29.

Lardy, Nicholas R. 1994. *China in the World Economy*. Washington, D.C.:Institute for International Economic.

Levitsky, Steven and Lucan A, Way. 2010. *Competitive Authoritarianism: Hybrid Regimes After the Cold War*, Cambridge: Cambridge University Press.

Lee, Jungnam. 2013. "Perceptions of Democracy Among Chinese Intellectuals", *Asian Perspective* 37.

Linz, Juan. 1964. "An Authoritarian Regime: the Case of Spain", in Eric Allardt and Yrjo Littunen (eds.), *Cleavages, Ideologies and Party Systems*, Helsinki: Westernarck Society.

Moore, Thomas G. 1996. "China as a Latecomer: Toward a Global Logic of the Open Policy," *Journal of Contemporary China* 5(12).

Nathan, Andrew. 2003. "Authoritarian Resilience" *Journal of Democracy* 14(1).

Nye, Joseph S. 2005. "The Rise of China's Soft Power" *Wall Street Journal Asia*, 29.

Pei, Minxin. 2007. "How Will China Democratize?", *Journal of Democracy*, Vol. 18, No. 3
Rowen, Henry S. 2007. "When Will the Chinese People Be Free?," *Journal of Democracy*, Vol. 18, No. 3.
Schedler, Andreas. 2006. "The Logic of Electoral Authoritarianism," in Andreas Schedler ed., Electoral Authoritarianism: *The Dynamics of Unfree Competition*, Boulder, Colo. : L. Rienner Publishers.
Schumpeter, Joseph. 1947. *Capitalism, Socialism, and Democracy*, New York: Harper.
Wang, Shaoguang. 2008. "Changing Models of China's Policy Agenda Setting", *Modern China*, Vol. 34, No. 1.
Zakaria, Fareed. 2008. "China Shouldn't Be Inscrutable" Newsweek Vol. 152 Issue 6
Zhao, Suisheng. 2010. "The China Model: can it replace the Western model of modernization?", *Journal of Contemporary China*, 19.
Gordon G, Chang. 2001. The Coming Collapse of China, New York: Random House.
Henry S, Rowen. 1996 "The Short March: China's Road to Democracy", The National Interest; Washington Iss. 45.